ABC

Von A bis Zett

Wörterbuch für Grundschulkinder

von
Gerhard Sennlaub

Cornelsen

Inhaltsverzeichnis

3. Wörterverzeichnis

4. Sprachschätze

5. Englisch

Goldene Regel,
wie man richtig kontrolliert:
Ein Finger im Buch,
ein Finger im Heft.
Buchstabe für Buchstabe,
dabei leise mitsprechen.
Am Schluss:
Hefte tauschen und
ein Partnerkind
kontrollieren lassen.

1. Anfangswortschatz 4

1. Anfangswortschatz

Laut für Laut:
25 Wörter

der **Hase**
die **Hose**
der **Juli**
der **Juni**
lesen
das **Lexikon**
malen
die **Minute**
der **Monat**
der **Name**
die **Nase**
rot
rufen
das **Telefon**

das **Ei**
fein
das **Haus**
die **Haut**
laut
leise
die **Maus**
reisen
die **Seife**
weit
die **Zeit**

Was Kinder in der Schule tun und nicht tun

fragen
antworten
arbeiten
freuen
helfen
hören
denken
laufen
lernen
schlafen
lesen
geben
gehen
bewegen

malen
schlagen
schreien
quaken
reden
rufen
reisen
rechnen
trinken
singen
turnen
üben
schreiben

Namen von Tieren und anderen Wesen

der **Vogel**
der **Hase**
die **Kuh**
der **Hund**
der **Käfer**
das **Pferd**
die **Katze**

die **Ente**
die **Eule**
der **Igel**
das **Monster**
die **Maus**
die **Raupe**
die **Hexe**

Besondere Namen in der Familie

der **Bruder**
die **Schwester**
der **Onkel**
die **Tante**
der **Vater**
der **Papa**
die **Puppe**
die **Mutter**
die **Mama**

der **Freund**
die **Freundin**
der **Sohn**
die **Tochter**
der **Junge**
das **Mädchen**
der **Teddy**
der **Opa**
die **Oma**

Essen und Trinken

Reihum-Lesen: Nur Namen von Flüssigem, nur Namen von Obst, nur Namen von Ungenießbarem, nur, was man beim Essen tut…

das **Gemüse**

die **Pizza**

das **Kraut**

die **Seife**

die **Zwiebel**

essen

der **Apfel**

das **Ei**

das **Wasser**

der **Igel**

der **Saft**

die **Biene**

beißen

der **Zucker**

die **Birne**

das **Obst**

die **Spagetti**

das **Brot**

die **Raupe**

die **Frucht**

das **Brötchen**

trinken

die **Pommes**

Wie Blumen und wie Menschen sein können

leicht	weiß
alt	laut
still	blau
groß	rot
schön	bunt
fein	krank
flüssig	dunkel
gesund	grün
schwarz	lieb
böse	hell
klein	gelb
reich	neu
frisch	gut
leise	frech

Was ist lebendig?

Reihum-Lesen macht Spaß:

die **Ampel**
der **Apfel**
der **Bruder**
der **Computer**
der **Igel**
der **Nebel**
der **Onkel**
der **Dezember**
das **Fenster**
der **Finger**
der **Stängel**

der **Vogel**
der **Käfer**
der **Kalender**
der **Körper**
die **Wurzel**
der **Oktober**
die **Schwester**
die **Tochter**
der **Vater**
der **Winter**
die **Puppe**

Ei, ei, ei –
eine kleine Rätsel-Eierei

heiß,
w🥚ß

f🥚n,
r🥚n,
kl🥚n

r🥚ch
w🥚ch

eins,
zw🥚,
dr🥚

🥚ne M🥚se,
zw🥚 M🥚sen

das Kleid,
die Kl🥚der

bleiben,
ich bl🥚be

arb🥚ten,
die Arb🥚t

🥚ne Am🥚se

m🥚ne S🥚fe

d🥚ne Arb🥚t

h🥚ßer Br🥚

Mädchennamen

Hier sind die Namen der Mädchen versteckt. Rate, welche gibt es?

An

na ne ni gel ja ke zu

A

li mi le na ni si ta

na ra bel ne za fa ra

Jungennamen

Hier sind die Namen der Jungen versteckt. Rate, welche gibt es?

A	An
chim dam	ders ton dy
leps lex	gelo put drej

HU OS AL AU AN

GUST KAR WIN TON GO

1. Anfangswortschatz

Welche Namen passen
zu den Tieren?

E Mem

---

lisa mil mo rik gon ba beni

El Ma

---

la len mar sa ja ke way

Em Bur

---

ma mi sel ba mely sa

Die Umweltmonster

Sie bestehen aus lauter Abfall.
Sie stinken nach Gas.
Wenn sie durchs Land ziehen,
lassen sie Giftwasser unter sich.
Setze passende Namen zusammen.

Nachtmonster

Tagmonster

SCHLAM RUP WITSCH PI
LA KO PI KI MODO
MATSCH KE GOLO HULU
BABU WUDU FRODU PIPS

Wichtige Wortarten
erkennst du an der Farbe:

Nomen (Namenwörter) sind blau:

der **Abend**

Verben (Tunwörter) sind rot:

singen

Adjektive (Wiewörter) sind grün:

groß

2. Wörterverzeichnis

2. Wörterverzeichnis

Wie man im Wörterverzeichnis nachschlägt

Lösungen → Ⓛ Seite 319

Ehe du anfängst, solltest du bei deiner Lehrerin oder deinem Lehrer das ABC gelernt und immer wieder geübt haben.
Danach kannst du alleine weiterarbeiten.
Wenn du das einfach der Reihe nach tust, braucht dir niemand mehr zu helfen.
Nimm dir jeden Tag höchstens zwei Aufgaben vor.

Dieses Zeichen heißt: Suche dir ein Partnerkind. Arbeite mit ihm zusammen.

1. Sprich die ABC-Buchstaben wie ein Gedicht. So:
   A B C D E F G
   H I J K L M N O P
   Q R S T U V W
   X Y Z

2. Ein Kind sagt einen Buchstaben. Beispiel: „Y!"
   Das andere nennt die ganze Zeile:„X Y Z!"

3. Ein Kind sagt einen Buchstaben. Beispiel: „N!"
   Das andere nennt die beiden Buchstaben danach: „O P!"
   Oder:
   ☆ Erfindet selbst Partnerspiele zum ABC.

4. Sprich das ABC so schnell, wie du kannst.
Kontrolliere mit dem Sekundenzeiger einer Uhr.
Beurteile dein Ergebnis selbst:

• Mehr als 15 Sekunden:	Du kannst noch nicht zufrieden sein. Übe jeden Tag weiter.
• 12 bis 15 Sekunden:	Du bist schon gut!
• 8 bis 12 Sekunden:	Du bist richtig gut.
• Unter 8 Sekunden:	Absolute Spitze!

5. Ordne die Mädchennamen nach dem ABC.
Ⓛ Achte auf den ersten Buchstaben.
Schreibe so: Anna, ...
Sofie, Anna, Lena, Hanna, Emma

6. Ordne die Jungennamen nach dem ABC.
Ⓛ Schreibe so: David, ...
Murat, Paul, Felix, Jonas, David

7. Ordne diese Familiennamen nach dem ABC:
Ⓛ *Wagner, Meier, Lehmann, Seiler, Posser*
Oder:
★ Ordne alle zehn Vornamen aus den Aufgaben 5 und 6 nach dem ABC.

8. Sucht seltene oder lustige Namen.
Macht eigene Listen und stellt sie vor.

Alles, was du ins Heft schreibst, braucht eine Überschrift. Die lautet jedes Mal: Nachgeschlagen.

9. Benutze von nun an das 2. Wörterverzeichnis.
Es sind die Seiten mit dem blauen Rand.
Auf welcher Seite stehen die Wörter,
die mit *C, J, U, Q, N, I, O, V* anfangen?
Schreibe so: C: S. 28, …

10. Wie heißt das erste Wort, das so anfängt:
Ba, Ha, St, Ce, Sp, Ta, Va?
Schreibe so: Baby S. 27, …

11. Suche die Namen von Sachen,
die man essen oder trinken kann
und die so anfangen:
Te, Qu, Br, Sa, Ku, Sp, Zw, Ge

12. Suche die Namen von Tieren,
die so anfangen:
Ku, P, A, M, Schm, R, B, V
Oder:
★ Schreibe die Namen der gesuchten Tiere
nach dem ABC geordnet auf.

13. Sucht alle Zahlwörter von eins bis zehn und
schreibt sie mit der Seitenzahl auf.
Oder:
★ Sucht alle zwölf Monatsnamen und
schreibt sie mit der Seitenzahl auf.

Denke an die Überschrift: Nachgeschlagen.

Auch Wörter, die alle mit dem gleichen Buchstaben anfangen, kannst du nach dem ABC ordnen. Dann kommt es nicht nur auf den ersten, sondern auch auf den zweiten Buchstaben an. Beispiel:

E	**a**	
E	**b**	**er**
E	**c**	
E	**d**	**uard**
E	**e**	
E	**f**	**eu**

14. Lege dir eine ABC-Liste von **a** bis **f** an
Ⓛ und ordne ein:
Abend, Ader, Affe, Aal, acht

Oder:

☆ Lege dir eine ABC-Liste von **a** bis **z** an und ordne ein: *Ofen, Ort, Ohr, Obst, Onkel, Oma, Oktober, Ozean, Opa, Osten*

15. Ordne und schreibe ohne Liste:
Ⓛ *Pommes, Pizza, Quatsch, Ring, Puppe*

16. Schreibe nur die Wörter, die man großschreibt. Das Wörterbuch hilft dir.
VERKEHR, STUNDE, ABEND, JEDER, WIND, WOLKE, STADT, VORSICHTIG, JULI, ALT

Denke an die Überschrift: Nachgeschlagen.

Die Buchstaben **ä, ö, ü** und **äu** sind so eingeordnet, als hätten sie nicht ihre Umlautpünktchen; **ä** ist wie **a**, **ö** wie **o**, **ü** wie **u** und **äu** wie **au** eingeordnet.

17. Ordnet die folgenden Wörter in Gruppen: Wörter mit **ü**, Wörter mit **ä**, Wörter mit **ö**.
Ⓛ Ordnet jede Gruppe für sich nach dem ABC:
Rücken, können, wünschen, plötzlich, müde, hören, böse, spät, zwölf, Brötchen, Stängel

18. Ordne nach dem ABC.
Kontrolliere mit dem Wörterverzeichnis:
Flügel, Tisch, Blume, Käfer, Klasse, füllen, Brötchen, Tür, böse, Körper
Oder:
Ordne zusätzlich diese Wörter nach dem ABC:
nämlich, füllen, nur, hören, früh, Herz

19. Wie heißen mehrere?
Ein Kind bearbeitet die erste Zeile, das Partnerkind die zweite Zeile.
Kontrolliert mit dem Wörterverzeichnis:
Apfel, Haut, Nacht, Blatt, Bild, Platz, Saft,
Feld, Gras, Geld, Hund, Kind, Kleid, Wald

Denke an die Überschrift: Nachgeschlagen.

20. Zwei Wörter stehen nicht im Wörterverzeichnis.
Sucht sie und schreibt sie auf.
Sie ergeben den Namen des Lümmels,
der an allen Schreibfehlern schuld ist.
Man schreibt ihn mit Bindestrich.
Kalender, Birne, Buchstaben, Zwiebel, hundert, Spaß, Oktober, Schere, Kraut, Gespenst, Freitag, Freund

21. Schreibe sechs Wörter aus dem Kasten, die man großschreibt.
Oder:
Schreibe alle Wörter aus dem Kasten, die man großschreibt.

WIND	*FREITAG*	*ÜBERALL*	*MITTE*
LICHT	*STUNDE*	*HINTER*	*HEFT*
JUNI	*ZUERST*	*ZEIT*	*FREUDE*
ERSTE	*GEBURT*	*GELD*	*KÄLTE*

22. Suche die Wörter und schreibe sie mit der Seitenzahl auf. Addiere alle Einerzahlen:
rechts, faul, schnell, gestern, eng, Zirkus, ordentlich, wild, rund
Oder:
Addiere nur die Einerzahlen der Adjektive (Wiewörter).

Denke an die Überschrift: Nachgeschlagen.

A a

ab
der **Abend,**
die **Abende**
aber
abholen
acht
der **Affe,** die **Affen**
alle, alles
als
also
alt,
noch **älter**
am Abend
die **Ampel,**
die **Ampeln**
an der Ampel
andere
anders
anfangen
die **Angst,**
die **Ängste**
ankommen
anrufen
wir **antworten**
anziehen
der **Apfel,** die **Äpfel**
der **April**
die **Arbeit,**
die **Arbeiten**
wir **arbeiten**
der **Arm,** die **Arme**
der **Ast,** die **Äste**
auch
auf
die **Aufgabe,**
die **Aufgaben**
aufmachen
aufstehen
das **Auge,** die **Augen**
der **August**
aus
aussehen
das **Auto,** die **Autos**

B b

das **Baby,** die **Babys**
backen
baden
der **Ball,** die **Bälle**
die **Bank,** die **Bänke**
der **Bauch,**
die **Bäuche**
bauen
der **Baum,**
die **Bäume**
bei
alle **beide**
das **Bein,** die **Beine**
beißen
sie **bekam**
bekommen
der **Berg,** die **Berge**
beschreiben
besser
das **Bett,** die **Betten**
bewegen,
es **bewegt** sich
bezahlen
die **Biene,**
die **Bienen**
das **Bild,** die **Bilder**
ich **bin**
die **Birne,**
die **Birnen**
bis morgen
du **bist**
bitten
das **Blatt,**
die **Blätter**
blau
bleiben,
es **bleibt**
blond
blühen,
es **blüht**
die **Blume,**
die **Blumen**
die **Blüte,**
die **Blüten**

A B C D E F G H I J K L M N O P Q R S T U V W X Y Z

bluten
der **Boden**,
die **Böden**
böse
braun
brechen, sie bricht
bremsen
es bricht
der **Brief**,
die **Briefe**
bringen,
sie bringt
das **Brot**, die **Brote**
das **Brötchen**,
die **Brötchen**
der **Bruder**,
die **Brüder**
das **Buch**,
die **Bücher**
bunt
der **Busch**,
die **Büsche**

C c

der **Cent**, die **Cents**
der **Christbaum**,
die **Christbäume**
der **Clown**,
die **Clowns**
der **Computer**,
die **Computer**

D d

da
damals
danken
dann
ich darf
das
gut, dass du kommst!
davon
dein Freund
deine Freundin
in deiner Jacke
in dem Haus
gib den Ball!
denken
wo denn ?
der
des Vaters Hose
der Dezember
dich
dick
die
der Dienstag,
die Dienstage
dies
diese Frau
dieser Mann
das Diktat,
die Diktate
das Ding, die Dinge
dir
doch
der Donnerstag,
die Donnerstage
dreckig
drei
an dritter Stelle
du
dumm
dunkel
durch
dürfen, sie darf

A B C D E F G H I J K L M N O P Q R S T U V W X Y Z

E e

eben
ehrlich
das **Ei,** die **Eier**
eigen
ein
eine
an **einem** Tag
für **einen** Freund
mit **einer** Hand
eines Tages
einfach
eins
einzeln
an **einzelnen** Tagen
das **Eis**
der **Elefant,**
die **Elefanten**
elektrisch
elf
die **Eltern**
das **Ende,** die **Enden**
endlich
eng
die **Ente,** die **Enten**
er
die **Erde**
erklären
erschrecken
erst
erste
als **Erster**
erzählen
es
wir **essen,** sie isst
euch
euer Lehrer
die **Eule,** die **Eulen**
eure Lehrerin
der **Euro,** die **Euros**
ewig

F f

die **Fabrik,**
die **Fabriken**
fahren, sie fährt
das **Fahrrad,**
die **Fahrräder**
er **fährt**
fallen,
sie **fällt**
falsch
die **Familie,**
die **Familien**
fangen,
er **fängt**
faul
der **Februar**
fehlen
der **Fehler,**
die **Fehler**
feiern
fein
das **Feld,** die **Felder**

das **Fenster,**
die **Fenster**
der **Fernseher**
fertig
fest,
noch **fester**
finden
der **Finger,**
die **Finger**
fleißig
fliegen,
er **fliegt**
der **Flügel,**
die **Flügel**
flüssig
fort
fragen,
er **fragt**
die **Frau,** die **Frauen**
frei
der **Freitag,**
die **Freitage**
freiwillig

fremd
der **Fremde**,
die **Fremden**
die **Freude**,
die **Freuden**
sich **freuen**
der **Freund**,
die **Freunde**
die **Freundin**,
die **Freundinnen**
frisch
froh,
noch **froher**
die **Frucht**,
die **Früchte**
früh,
noch **früher**
der **Frühling**
füllen
der **Füller**, die **Füller**
fünf
für
der **Fuß**, die **Füße**

G g

ganz fertig
eine **ganze** Stunde
ein **ganzer** Tag
der **Garten**,
die **Gärten**
geben, sie gibt
die **Geburt**,
die **Geburten**
der **Geburtstag**,
die **Geburtstage**
die **Gefahr**,
die **Gefahren**
gefährlich
gegen
gehen,
er **geht**
gelb
gelbe Blumen
das **Geld**,
die **Gelder**
das **Gemüse**

genau
genug
geschehen
das Geschenk,
die Geschenke
das Gesicht,
die Gesichter
gestern
gesund
gesunde Zähne
er gibt
das Glas,
die Gläser
das Glück
das Gras,
die Gräser
grau
groß,
noch größer
grün
gucken
gut, besser

H h

das Haar,
die Haare
haben, sie hat
der Hals, die Hälse
halten,
er hält
die Hand,
die Hände
hart, härter
der Hase, die Hasen
sie hat, er hatte
das Haus,
die Häuser
die Haut,
die Häute
die Hecke,
die Hecken
das Heft, die Hefte
heiß und kalt
heißen
helfen, er hilft

hell
das **Hemd,**
die **Hemden**
her damit!
der **Herbst**
der **Herr,** die **Herren**
das **Herz,** die **Herzen**
heute
die **Hexe,** die **Hexen**
hier
die **Hilfe,** die **Hilfen**
er **hilft**
der **Himmel,**
die **Himmel**
hin
hinfallen
hingehen
hinter mir
holen
hören
die **Hose,** die **Hosen**
der **Hund,** die **Hunde**
hundert

I i

ich
die **Idee,** die **Ideen**
der **Igel,** die **Igel**
mit **ihm**
für **ihn**
mit **ihnen** allen
ihr Bruder
ihre Puppe
im Haus
immer
in dem Haus
innen
ab **ins** Bett!
die **Insel,** die **Inseln**
insgesamt
interessant
interessieren
sie **isst** alles auf
es **ist** Zeit

J j

ja
jagen
das Jahr, die Jahre
jährlich
der Januar
jede Frau
jeder Mann
jedes Kind
jemand
jetzt
jubeln
der Juli
jung
der Junge,
die Jungen
der Juni

K k

der Käfer, die Käfer
der Kalender,
die Kalender
kalt
die Kälte
ich kam (von kommen)
er kann (von können)
kaputt
die Katze,
die Katzen
kaufen
kein Tag
keine Stunde
keiner weiß das
das Kind, die Kinder
das Kino, die Kinos
klar
die Klasse,
die Klassen
das Kleid,
die Kleider

klein
kochen
kommen
können, er kann
der Kopf, die Köpfe
der Körper,
die Körper
was kosten die Bücher?
was kostet ein Buch?
der Krach
krank
das Kraut,
die Kräuter
kriegen,
er kriegt
der Kuchen,
die Kuchen
die Kuh,
die Kühe
kurz

L l

lachen
wir laden ein
das Land, die Länder
lang, lange
langsam
lassen,
er lässt
laufen,
sie läuft
laut,
noch lauter
lauter Arbeit
das Leben
wir leben,
er lebt
legen,
sie legt
der Lehrer,
die Lehrer
die Lehrerin,
die Lehrerinnen

leicht
leise
lernen
lesen, er liest
das letzte Mal
die Leute
das Lexikon
das Licht, die Lichter
lieb
lieben
das Lied, die Lieder
liegen,
er liegt
er liest
die Lippe,
die Lippen
das Loch, die Löcher
los
die Luft, die Lüfte
lügen
lustig

M m

machen
das Mädchen,
die Mädchen
ich mag das
der Magen,
die Mägen
der Mai
geh mal weg!
wir malen Bilder
die Mama
die Mami
man sieht es
manchmal
der Mann,
die Männer
männlich
der März
die Maschine,
die Maschinen
die Maus,
die Mäuse

mehr wert

mein

für **meine** Mutter

wir **meinen** es gut

von **meiner** Mutter

der **Mensch,**

die **Menschen**

merken

messen

das **Messer,**

die **Messer**

der/das **Meter,**

die **Meter**

für **mich**

die **Milch**

die **Minute,**

die **Minuten**

von **mir**

mit

mitmachen

mitnehmen

der **Mittag,**

die **Mittage**

die **Mitte** finden

der **Mittwoch**

ich **möchte**

mögen, sie mag

möglich

der **Monat,**

die **Monate**

der **Montag,**

die **Montage**

der **Morgen**

morgen früh

müde

der **Mund,**

die **Münder**

die **Musik**

ich **muss**

müssen, sie muss

die **Mutter,**

die **Mütter**

die **Mütze,**

die **Mützen**

N n

nach
der **Nachbar,**
die **Nachbarn**
der **Nachmittag,**
die **Nachmittage**
nachsehen
der **nächste** Tag
die **Nacht,**
die **Nächte**
nah
die **Nähe**
die **Nahrung**
der **Name,**
die **Namen**
nämlich
die **Nase,** die **Nasen**
nass
natürlich
der **Nebel,** die **Nebel**
nehmen, sie nimmt

nein
nennen
das **Nest,**
die **Nester**
nett
das **Netz,** die **Netze**
neu
neun, zehn, elf
nicht
nichts
nicken
nie
niedlich
niemand
sie **nimmt** (von nehmen)
noch
die **Not,** die **Nöte**
die **Note,** die **Noten**
der **November**
nun
nur
die **Nuss,** die **Nüsse**

A B C D E F G H I J K L M N **O** **P** Q R S T U V W X Y Z

O o

ob
oben
das **obere** Stockwerk
das **Obst**
obwohl
oder
offen geblieben
oft, öfter
ohne
das **Ohr,** die **Ohren**
der **Oktober**
die **Oma,** die **Omas**
der **Onkel,**
die **Onkel**
der **Opa,** die **Opas**
ordentlich
ordnen
die **Ordnung,**
die **Ordnungen**
der **Ort,** die **Orte**
das **Ostern**

P p

ein **paar** Tage
packen
das **Paket,**
die **Pakete**
der **Papa,** die **Papas**
das **Papier,**
die **Papiere**
die **Pappe,**
die **Pappen**
passen
passieren
die **Pause,**
die **Pausen**
die **Person,**
die **Personen**
pfeifen
das **Pferd,**
die **Pferde**
wir **pflanzen**
pflegen,
sie **pflegt**

pflücken
der Pinsel,
die Pinsel
die Pizza, die Pizzen
oder: Pizzas
der Platz, die Plätze
platzen
plötzlich
der Plural
die Polizei
der Polizist,
die Polizisten
die Pommes
der Preis, die Preise
probieren
der Punkt,
die Punkte
die Puppe,
die Puppen
putzen

Qu qu

das Quadrat,
die Quadrate
quaken
der Quark
der Quatsch
quatschen
die Quelle,
die Quellen
quer
quetschen

A B C D E F G H I J K L M N O P Q **R** S T U V W X Y Z

R r

das **Rad,** die **Räder**

der **Rand,**

die **Ränder**

rasch

sie **rasen**

wir **raten**

die **Raupe,**

die **Raupen**

rechnen

die **rechte** Hand

rechts

reden

die **Regel,**

die **Regeln**

der **Regen**

regnen

das **Reh,** die **Rehe**

reich sein

die **Reihe,**

die **Reihen**

rein

reingehen

reisen

reiten

rennen

retten

richtig

riechen

der **Ring,** die **Ringe**

der **Rock,** die **Röcke**

rollen

der **Roller,** die **Roller**

rosa

rot

der **Rücken,**

die **Rücken**

rufen

ruhig

rund

runterfallen

die **Rutsche,**

die **Rutschen**

wir **rutschen**

S s

die **Sache**,
die **Sachen**
der **Saft**,
die **Säfte**
sagen,
er **sagt**
das **Salz**
der **Samen**,
die **Samen**
der **Samstag**,
die **Samstage**
der **Sand**
sandig
er **sang** schön
der **Satz**,
die **Sätze**
sauber
sausen
schaffen
schalten
scharf
schauen
schaukeln
scheiden
scheinen
schenken
die **Schere**,
die **Scheren**
schicken
schieben
schief
schießen
das **Schiff**,
die **Schiffe**
schimpfen
schlafen,
er **schläft**
schlagen,
er **schlägt**
schlau
schlecht

schleudern
schließen
schlimm
der Schluss,
die Schlüsse
der Schlüssel,
die Schlüssel
schmecken
schmeißen
der Schmetterling,
die Schmetterlinge
schmutzig
der Schnee
schneiden
schnell
schon
schön
der Schrank,
die Schränke
schreiben,
sie schreibt
schreien
die Schrift,
die Schriften
der Schuh,
die Schuhe
die Schule,
die Schulen
der Schutz
schwach
der Schwanz,
die Schwänze
schwarz
schwer
die Schwester,
die Schwestern
schwimmen

sechs
der **See,** die **Seen**
sehen, er sieht
sehr
die **Seife,** die **Seifen**
sein Heft
seine Hefte
in **seiner** Tasche
seit gestern
die **Seite,** die **Seiten**
die **Sekunde,**
die **Sekunden**
selber
selbst
selten
senden
der **September**
setzen
sich
sicher
sie und er
sieben
er **sieht** (von sehen)

sie **sind**
wir **singen,**
er **singt**
sitzen,
er **sitzt**
so
sofort
sogar
der **Sohn,** die **Söhne**
sollen
der **Sommer,**
die **Sommer**
sondern
die **Sonne,**
die **Sonnen**
der **Sonntag,**
die **Sonntage**
sonst

die **Spagetti**
sparen
der **Spaß**,
die **Späße**
spät
der **Spaziergang**,
die **Spaziergänge**
das **Spiel**, die **Spiele**
spielen
spitz
der **Sport**
sprechen,
sie **spricht**
springen,
er **springt**

die **Stadt**,
die **Städte**
die **Stange**
der **Stängel**
stark
stecken
stehen,
er **steht**
steigen
steil
der **Stein**, die **Steine**
wir **stellen** es hin
sterben
der **Stift**, die **Stifte**
still
die **Stimme**,
die **Stimmen**
die **Stirn**, die **Stirnen**
der **Stock**,
die **Stöcke**
stolz
stören
stoßen

die **Straße**,
die **Straßen**
der **Strauch**,
die **Sträucher**
streicheln
der **Streit**
das **Stück**,
die **Stücke**
die **Stunde**,
die **Stunden**
suchen
die **Suppe**,
die **Suppen**

T t

der **Tag**,
die **Tage**
die **Tante**,
die **Tanten**
die **Tasche**,
die **Taschen**
tausend
der **Teddy**,
die **Teddys**
der **Tee**, die **Tees**
das **Telefon**,
die **Telefone**
der **Teller**,
die **Teller**
die **Temperatur**,
die **Temperaturen**
teuer
der **Teufel**,
die **Teufel**
der **Text**, die **Texte**

A
B
C
D
E
F
G
H
I
J
K
L
M
N
O
P
Q
R
S
T
U
V
W
X
Y
Z

das **Thermometer,**
die **Thermometer**
tief
das **Tier,** die **Tiere**
der **Tisch,** die **Tische**
die **Tochter,**
die **Töchter**
toll
der **Topf,** die **Töpfe**
tot umfallen
tragen,
er **trägt**
der **Traum,**
die **Träume**
traurig
treu
trinken
trocken
trotzdem
tüchtig
wir **tun** alles
die **Tür,** die **Türen**
turnen

U u

üben, sie übt
über
überall
überhaupt
übrig
sie **übt**
die **Übung,**
die **Übungen**
die **Uhr,** die **Uhren**
um
und
der **Unfall,**
die **Unfälle**
uns
unser Haus
unsere Wohnung
unten im Keller
unter dem Sofa

V v

der **Vater,** die **Väter**

verbieten

vergessen,

er **vergisst**

der **Verkehr**

verlieren

verloren

verstehen

versuchen

viel Zeit

vier

der **Vogel,** die **Vögel**

voll

vom Vater

von dem Vater

vor dem Haus

vorbei

vorher

vorn, vorne

vorsichtig

W w

der **Wagen,**

die **Wagen** rollen

der **Wald,**

die **Wälder**

wann

es **war** einmal

warm

die **Wärme**

warten

warum

was

waschen,

er **wäscht**

das **Wasser**

geh **weg** !

der **Weg,**

die **Wege**

wegfahren

weglaufen

wehtun, es tat weh

weich

das **Weihnachten,**
die **Weihnachten**
weil
weinen
weiß
weit und breit
noch **weiter**
weitergehen
welche
welcher
die **Welt,**
die **Welten**
wem gehört das?
für **wen** ist das?
wenig
wenn ich gehe
wer
wir **werden,** es wird
werfen, er wirft
das **Wetter**
wie
wieder
wiederkommen
wiegen
die **Wiese,**
die **Wiesen**
wild
ich **will**
der **Wind,**
die **Winde**
der **Winter,**
die **Winter**
wir
es **wird** schön
er **wirft**
wirklich
wo
die **Woche,**
die **Wochen**
wohnen
die **Wolke,**
die **Wolken**
wollen, er will
das **Wort,** die **Worte**
wünschen
es **wurde** hell

Z z

die **Zahl,** die **Zahlen**

wir **zahlen** Geld

zählen

der **Zahn,**

die **Zähne**

die **Zehe,** die **Zehen**

zehn, elf, zwölf

zeigen,

er **zeigt**

die **Zeit,** die **Zeiten**

die **Zeitung,**

die **Zeitungen**

das **Zelt,** die **Zelte**

der/das **Zentimeter,**

die **Zentimeter**

der **Zettel,**

die **Zettel**

das **Zeug**

ziehen

das **Zimmer,**

die **Zimmer**

die **Zipfelmütze,**

die **Zipfelmützen**

der **Zirkus,**

die **Zirkusse**

der **Zoo,** die **Zoos**

zu

der **Zucker**

zuerst

der **Zug,** die **Züge**

zuletzt

zum Beispiel

zur ersten Stunde

zurück

zusammen

zwanzig

zwei

an **zweiter** Stelle

die **Zwiebel,**

die **Zwiebeln**

zwischen

zwölf

Die fett gedruckten Wörter heißen Hauptstichwörter. Die gelben Striche bei den Stichwörtern zeigen, wo du ein Wort trennen kannst:

das **Ab|teil,** die Abteile
ab|wärts
der **Ab|wasch**

Hinter manchen Wörtern steht eine kurze Erklärung in Klammern:

be|harr|lich (hartnäckig)

Manchmal steht in eckigen Klammern ein Hinweis, wie man ein Wort ausspricht:

der **Brow|ser** [sprich: brauser]

Ein Pfeil hinter den Wörtern rät dir, noch an einer anderen Stelle nachzuschlagen:

auf|tre|ten
→ treten,
der Auftritt

Mehr Informationen zu einem Wort erhältst du bei den Pfeilen zu den Wörterbuchteilen Wortfelder → W oder Regionalsprachen → R :

abmachen,
→ W *vereinbaren*

3. Wörterverzeichnis

3. Wörterverzeichnis

Wie man alle Wörter findet

Lösungen → Ⓛ Seite 319

Wenn die Anfangsbuchstaben gleich sind

Wenn die ersten Buchstaben gleich sind, ordnen wir nach dem zweiten. Wenn die aber auch gleich sind? Dann ordnen wir eben nach dem dritten Buchstaben.

Beispiel:

	a	
Ba	b	**y**
Ba	c	**h**
	d	
	e	
	f	
Ba	g	**ger**

Wenn auch die dritten Buchstaben gleich sind, ordnen wir nach den vierten Buchstaben.

1. Schreibe eine ABC-Liste von **a** bis **l** und ordne ein:
Ⓛ *Backe, Bagger, Bahn, baden, bald*

Oder:

★ Schreibe eine ABC-Liste von **a** bis **z** und ordne ein:
Backe, Bagger, Barren, bald, Bast, Bayern, Banane

Alles, was du ins Heft schreibst, braucht eine Überschrift. Die lautet jedes Mal: Nachgeschlagen.

2. Ordne diese Wörter in eine ABC-Liste:
Ⓛ *Latte, laden, lachen, lahm, Lack,*
Lappen, Lager, lang, lassen, Lampe
Oder:
★ Ordne ohne ABC-Liste „im Kopf“:
Latte, kochen, laden, lachen, Mutter, lahm, lang, Mut

3. Ordne diese Namen ohne Liste nach dem ABC:
Ⓛ *Martin, Anna, Anton, Sonja, Marie, Sofie*
Oder:
★ Suche acht Vornamen mit **L** und **M** und
ordne sie nach dem ABC.

4. Schreibt geordnet nach dem ABC:
quer, passen, Rübe, Rücken, rudern, rufen,
Ⓛ *ruhig, Rummel, rund, schwer, schwarz*

5. Schreibt diese Wörter in der richtigen Reihenfolge.
Aber beratet euch vorher! Das Wort genau
Ⓛ in der Mitte ist das Lösungswort:
Kahn, Kamel, Junge, Juli, Kanne, Kasse, Kopf,
Kupfer, krank, lahm, lächeln, Zappelphilipp, Angeber

6. Nur für freiwillige Könner: Schreibt diese Wörter
nach dem ABC geordnet.
★ Das Wort in der Mitte ist das Lösungswort.
Ⓛ Es heißt im Russischen звезда:
sterben, sternklar, Sternbild, stereo, sterblich,
Sternsinger, steril, Stern, stets

Denke an die Überschrift: Nachgeschlagen.

Bei Nomen die Einzahl suchen
Im zweiten Wörterverzeichnis wird die Einzahl (der Singular) der Wörter zuerst genannt. *Häuser* findest du also unter *Haus.*

7. Suche die Einzahl dieser Wörter:
Bänke, Symbole, Cousins, Termine, Eskimos, Quellen, Garnituren, Majestäten, Zwiebäcke

8. Von manchen Wörtern gibt es keine Mehrzahl.

Andere Wörter gibt es **nur** in der Mehrzahl.
Bei einer dritten Gruppe sind Einzahl und Mehrzahl **gleich**.
Bei einer vierten Gruppe haben die Wörter sogar **zwei** Mehrzahlformen.
Ordnet so (innerhalb jeder Gruppe alphabetisch):
keine Mehrzahl: das Chaos, …
nur Mehrzahl: …
Einzahl und Mehrzahl gleich: …
zwei Mehrzahlformen: …
Chaos, Ballon, Barren, Alpen, Rahmen, Computer, Durst, All, Lärm, Kuchen, Charts, Gangster, Artikel, Trümmer, Tunnel, Pizza

Vergiss nicht die Überschrift: Nachgeschlagen.

Bei Verben die Grundform suchen
Wenn du das Wort *schnitt* suchst,
musst du bei *schneiden* nachschlagen.

9. Suche dir vier oder sechs Wörter aus und schreibe sie mit ihrer Grundform.
Schreibe so: schnitt – schneiden, …
schnitt, brachte, schlief, aß, rief, gestohlen, fuhr, gesessen, nimmt

10. Suche die Grundformen der Verben.
Schreibe so: werfen – wirf!, geben – …
wirf!, gib!, nimm!, sieh!, iss!, vergiss!, hilf!, lies!, miss!

Vorsilben „wegdenken"
Viele Wörter haben eine Vorsilbe.
Zum Beispiel: ***an****stellen*, ***weg****laufen*.
Es gibt davon so viele, dass sie nicht alle im Wörterbuch stehen können.
Suche solche Wörter ohne ihre Vorsilbe, bei ***an****stellen* also *stellen*, bei ***weg****laufen laufen*.

11. Schreibe von den Wörtern nur die, die mit Vorsilbe im Buch stehen:
abschließen, anschlagen, ausmerzen, anfangen, abstimmen, entreißen, ausschütteln, runterspringen, wegschmeißen, entschuldigen

Vergiss nicht die Überschrift: Nachgeschlagen.

Auf Nebenstichwörter achten

Im Wörterbuch sind alle Hauptstichwörter **fett** gedruckt. Aber dahinter stehen oft Nebenstichwörter. Viele Wörter, die du suchst, sind Nebenstichwörter. Sobald du ein ähnliches Hauptstichwort gefunden hast, musst du auch auf die Nebenstichwörter achten.

12. Schreibe nur die Wörter, die auf einer Seite mit gerader Seitenzahl stehen:
die Hilfe, der Wecker, zielen, sie schlief, ärgerlich, nachdenklich, er rannte
Oder:
Mache es zusätzlich genauso mit diesen Wörtern:
der Wächter, bedenklich, die Anschrift, pausieren, zuckersüß, sie nimmt, die Dressur, riskieren, sie sieht

13. Schreibt zuerst die Wörter untereinander.
Schreibt danach hinter jedes Wort sein Hauptstichwort.
Schreibe so: abrollen – rollen, ...
abrollen, die Flüsse, marschieren, die Ponys, einklemmen, totenstill, ausklopfen, anschnallen, zwecklos

Vergiss nicht die Überschrift: Nachgeschlagen.

Zusammengesetzte Wörter trennen

Sehr viele Wörter sind aus zwei Wörtern zusammengesetzt. Beispiel: **Kuhstall.**
Auch diese Wörter haben nicht alle in einem Wörterbuch Platz. Aber es gibt einen Trick. Man kann sie wieder auseinandernehmen und getrennt nachschlagen.
Beispiel: *Kuh* steht in diesem Buch und *Stall* auch.

14. Sucht im Wörterverzeichnis und schreibt jedes Mal beide Seitenzahlen. Zieht anschließend die kleinere Seitenzahl von der größeren ab:
Kuhstall, Flussbrücke, Autobatterie, Brillenetui, Tannenwald, Nachhilfelehrer, Kamelhaar, Winterschläfer, Wassereimer, Seedeich

Das Wort *Dosenöffner* ist aus *Dose* und *Öffner* zusammengewachsen. Und *Öffner* stammt von *öffnen* ab. Auch solche Wörter kann man meist nur getrennt finden.

15. Erst sucht jeder für sich und schreibt dann jedes Wort und beide Seitenzahlen dahinter. Vergleicht dann eure Ergebnisse.
Ballonfahrer, Bohrmaschine, Diamantenschleifer, Büchsenöffner, Straßenkreuzung, Klammeraffe

Vergiss nicht die Überschrift: Nachgeschlagen.

16. Bei den folgenden Wörtern fehlt s, ss oder ß.
Schreibe jedes Wort erst mit Bleistift vollständig auf einen Zettel. Kontrolliere mit dem Wörterbuch.
Schreibe dann das Wort endgültig in dein Heft.
das Gra■, na■, flie■en, der Flu■, kü■en, das Ki■en, der Mi■t, wi■en, wei■

17. Bei den folgenden Wörtern fehlt k, ck oder kk.

Macht bei jedem Wort erst einen Rate-Wettstreit:
Jeder rät, wie das Wort geschrieben wird.
Dann seht abwechselnd im Buch nach.
Jedes richtig geratene Wort gibt einen Punkt.
Schreibt dann Wort für Wort in eure Hefte.
Überschrift: k – ck – kk.
(Ein Tipp: Macht die zweite Hälfte erst morgen.
Warum? Das werdet ihr schnell merken.)
Da■el, Plasti■, Ma■aroni, le■en, Mechani■er, Schne■e, A■tion, Anora■, Schran■offer, A■u, Bro■oli, Fabri■, Spu■, A■usativ, Überbli■, Klini■, a■tuell, Mosai■, Pun■t, Geldschran■, Pi■ni■, Geni■, Mi■ymaus, Schmu■ästchen, Ele■trolo■, Par■platz, Mathemati■

Nun kennst du alle Tricks beim Wörtersuchen.
Auf der folgenden Seite kannst du sie anwenden.

Vergiss nicht die Überschrift: Nachgeschlagen.

18. Ordne die Spitznamen nach dem ABC:
Flocki, Atze, Bärle, Bobbele, Floh

19. Ordne auch diese Spitznamen nach dem ABC:
Schluri, Schlumpf, Scharli, Schicki, Schlappi

20. Ordne die Wörter für Vater in den verschiedenen Sprachen nach dem ABC.
Mache dies auch mit Mutter und Herz:

Deutsch	Niederländisch	Englisch	Dänisch
Vater	vader	father	fader
Mutter	moeder	mother	moder
Herz	hart	heart	hjert

21. Suche die Einzahl.
Schreibe so: die Saurier – der Saurier, …
Saurier, Dämpfe, Fässer, Fenster, Hämmer, Stämme, Kräuter, Füchse, Fehler, Mädchen

22. Suche die Grundformen der Verben.
Schreibe so: gebracht – bringen, …
gebracht, gelogen, gewonnen, gebrannt, geworden

23. Unter welchem Hauptstichwort findest du diese Adjektive?
Schreibe so: eifrig – Eifer, …
eifrig, geheimnisvoll, kindisch, majestätisch, bedauerlich, regelmäßig, waghalsig

Vergiss nicht die Überschrift: Nachgeschlagen.

A a

der **Aal,** die Aale
das **Aas** (totes Tier)
ab, ab und zu
ab|bie|gen → biegen
die **Ab|bil|dung,** die Abbildungen
ab|bre|chen → brechen, der Abbruch
das **Abc**
der **Abend,** die Abende, am Abend, guten Abend, eines Abends, das Abendessen, → R *Abendessen,* abends, abendlich
das **Aben|teu|er,** die Abenteuer, abenteuerlich
aber
der **Aber|glau|be,** abergläubisch
aber|mals
ab|fah|ren → fahren
der **Ab|fall,** die Abfälle
das **Ab|gas,** die Abgase
der/die **Ab|ge|ord|ne|te,** die Abgeordneten (Abgeordnete sind Mitglieder eines → Parlaments.)

der **Ab|hang,** die Abhänge
ab|hau|en, → W *weggehen*
das **Abi|tur**
der **Ab|le|ger,** die Ableger
ab|ma|chen, → W *vereinbaren*
sich **ab|mü|hen,** ich mühte mich ab, → W *arbeiten*
abon|nie|ren, das Abonnement [sprich: abonnem~~ang~~]
der **Ab|satz,** die Absätze
ab|scheu|lich
der **Ab|schied**
ab|schlie|ßen → schließen, der Abschluss
ab|schnei|den → schneiden, der Abschnitt
ab|schrei|ben → schreiben, die Abschrift
ab|seits (Er ist abseits; er steht im Abseits.)
ab|sen|den → senden, der Absender
die **Ab|sicht,** absichtlich
ab|so|lut
der **Ab|stand,** die Abstände
ab|stim|men, die Abstimmung

das **Ab|teil,** die Abteile
ab|wärts
der **Ab|wasch**
das **Ab|was|ser**
ab|wech|seln, abwechselnd
ab|we|send
ach; Ach wie schön!
die **Ach|se,** die Achsen
die **Ach|sel,** die Achseln
acht, achtzehn, um acht, die Buslinie acht, achtmal
ach|ten, die Achtung, achtgeben / Acht geben
der **Acker,** die Äcker
ad|die|ren, die Addition
das **Ade,** Ade sagen
die **Ader,** die Adern
das **Ad|jek|tiv,** die Adjektive (Wiewort, Eigenschaftswort)
der **Ad|ler,** die Adler (Greifvogel)
adop|tie|ren, die Adoption
die **Adres|se,** die Adressen, adressieren
der **Ad|vent** (Vorweihnachtszeit), der Adentskranz
der **Af|fe,** die Affen
Af|ri|ka, die Afrikaner, afrikanisch
ag|gres|siv (angriffslustig), die Aggression
ähn|lich, die Ähnlichkeit, ähneln
die **Ah|nung,** die Ahnungen, ahnen, ahnungslos
der **Ahorn,** die Ahorne (→ Laubbaum)
die **Äh|re,** die Ähren
das **Aids** (schwere Krankheit)
der **Air|bag** [sprich: ärbäg], die Airbags
der **Air|bus,** die Airbusse
der **Ak|ku,** die Akkus (Akkumulator)
der **Ak|ku|sa|tiv,** die Akkusative (4. Fall)
die **Ak|ne** (Hauterkrankung)
der **Ak|ro|bat,** die Akrobaten, die Akrobatin, akrobatisch
die **Ak|te,** die Akten, die Aktentasche
die **Ak|ti|on,** die Aktionen
ak|tiv (tätig; Gegensatz: passiv), die Aktivität
ak|tu|ell
die **Akus|tik,** akustisch (betrifft das Hören; → optisch)

akut (Gegensatz: → chronisch)

der **Ak|zent,** die Akzente

ak|zep|tie|ren (annehmen)

der **Alarm,** die Alarme

al|bern

der **Alb|traum,** die Albträume

das **Al|bum,** die Alben

das **Ali|bi,** die Alibis (Der Verdächtige hat ein Alibi, weil er nicht am Tatort war.)

der **Al|ko|hol** (verdünnte giftige Flüssigkeit in Bier, Wein, Schnaps usw.)

das **All** (→ Weltall, Weltraum)

Al|lah (ein Name Gottes)

al|le, all

die **Al|lee,** die Alleen

al|lein

der/die **Al|lein|er|zie|hen|de,** die Alleinerziehenden

am **al|ler|bes|ten**

al|ler|dings

die **Al|ler|gie,** die Allergien

al|ler|hand

Al|ler|hei|li|gen

al|ler|lei

al|les, alles Gute

all|ge|mein

all|jähr|lich

all|mäh|lich

der **All|tag,** alltäglich

all|zu, allzu oft

die **Al|pen** (einziges deutsches Hochgebirge)

das **Al|pha|bet,** die Alphabete, alphabetisch

der **Alp|traum,** die Alpträume

als, als ob

al|so

alt, älter, am ältesten, das Alter, der Alte, ein alter Mann, altmodisch

der **Al|tar,** die Altäre

der/die **Al|te,** die Alten

die **Al|ter|na|ti|ve,** die Alternativen (zweite Möglichkeit), alternativ

das **Al|ter|tum**

das **Alu|mi|ni|um** (kurz: Alu)

am (<u>a</u>n de<u>m</u>)

der **Ama|teur** [sprich: amatöhr], die Amateure (Laie; Gegensatz: Profi), die Amateurin

am|bu|lant (ambulante Behandlung beim Arzt; Gegensatz: stationär = in der Klinik)

die **Amei|se,** die Ameisen

Ame|ri|ka, die Amerikaner, amerikanisch

die **Am|pel,** die Ampeln
die **Am|phi|bie,** die Amphibien (erst Wassertiere, später Landtiere)
die **Am|sel,** die Amseln
das **Amt,** die Ämter, amtlich
(sich) **amü|sie|ren,** ich amüsierte mich, amüsant
an (an der Ampel)
der **An|al|pha|bet,** die Analphabeten (Ein Analphabet kann nicht lesen und schreiben.)
die **Ana|nas,** die Ananas/Ananasse
an|bie|ten → bieten
an|bren|nen → brennen
die **An|dacht,** die Andachten, andächtig
an|dau|ernd
das **An|den|ken,** die Andenken
an|de|re, ein anderer/andrer, andernfalls
än|dern, die Änderung
an|ders, etwas anderes/andres
an|dert|halb
der **An|drang**
an|ei|nan|der
der **An|fall,** die Anfälle, anfällig
an|fan|gen → fangen, → W *beginnen,* der Anfang, anfangs
an|ge|ben → geben, der Angeber, angeberisch
an|geb|lich
das **An|ge|bot,** die Angebote
der/die **An|ge|hö|ri|ge,** die Angehörigen
die **An|gel,** die Angeln, angeln
an|ge|nehm
an|ge|sichts (angesichts der Blitze und des Donners)
der/die **An|ge|stell|te,** die Angestellten
die **An|gi|na** (Halsentzündung)
an|grei|fen → greifen, der Angriff
die **Angst,** die Ängste, → W *Angst haben*
ängst|lich
an|gu|cken, → W *angucken*
an|ha|ben → haben
an|hal|ten → halten, → W *anhalten*
der **An|hang,** die Anhänge
der **An|hän|ger,** die Anhänger, anhänglich

A B C D E F G H I J K L M N O P Q R S T U V W X Y Z

der **An|ker,** die Anker
an|kla|gen, die Anklage
an|kom|men → kommen, → W *ankommen,* die Ankunft
die **An|la|ge,** die Anlagen
der **An|lass,** die Anlässe, anlässlich
an|neh|men → nehmen, die Annahme
die **An|non|ce,** die Annoncen, annoncieren
ano|nym (ohne den Namen zu nennen)
der **Ano|rak,** die Anoraks
an|ru|fen → rufen
ans (an das)
an|schau|en, → W *sehen*
an|schei|nend; aber: → scheinbar
an|schlie|ßen → schließen, anschließend, der Anschluss
an|schrei|ben → schreiben, die Anschrift
an|se|hen → sehen, die Ansicht, ansehnlich
der **An|sporn**
der **An|spruch,** die Ansprüche, anspruchsvoll
an|stän|dig, der Anstand
an|statt
an|stel|le/an Stel|le von
an|stren|gend, die Anstrengung
der **An|teil,** die Anteile
die **An|ten|ne,** die Antennen
anti (griechisches Wort: gegen)
das **An|ti|bio|ti|kum,** die Antibiotika (starkes Arzneimittel)
an|tik (altertümlich)
die **An|ti|pa|thie** (Gegensatz: → Sympathie)
der **An|trag,** die Anträge
ant|wor|ten, → W *antworten,* die Antwort
der **An|walt,** die Anwälte, die Anwältin
an|wei|sen → weisen, die Anweisung
an|wen|den → wenden, die Anwendung
an|we|send, die Anwesenheit
die **An|zahl**
die **An|zei|ge,** die Anzeigen
an|zie|hen → ziehen, der Anzug
das **Apart|ment,** die Apartments

der **Apfel,** die Äpfel,
→ R *Apfel*
die **Apfelsine,**
die Apfelsinen
die **Apotheke,**
die Apotheken,
der Apotheker
der **Apparat,**
die Apparate
das **Appartement,**
die Appartements
der **Appetit,** appetitlich
der **Applaus** (Beifall),
applaudieren
die **Aprikose,**
die Aprikosen
der **April**
aqua (Römersprache
Latein: Wasser)
das **Aquaplaning**
(Bei starkem Regen
„schwimmt" das Auto.
→ aqua)
das **Aquarium,**
die Aquarien (→ aqua)
der **Äquator** (Gebiete rund
um die Mitte
der Erdkugel)
der **Araber,** die Araber,
Arabien, arabisch
die **Arbeit,** die Arbeiten,
der Arbeiter, arbeitslos
arbeiten,
→ W R *arbeiten*

der **Architekt,**
die Architekten,
die Architektin
das **Archiv,** die Archive
arg, ärger, → W *schlimm*
ärgern, der Ärger,
ärgerlich, das Ärgernis
das **Argument,**
die Argumente
arm, arm sein, ärmer,
am ärmsten, die Armut,
ärmlich
der **Arm,** die Arme
die **Armee,** die Armeen
der **Ärmel,** die Ärmel
das **Aroma,** die Aromen
(Geruch, Duft), aromatisch
arrogant
(von oben herab)
die **Art,** die Arten,
die Art und Weise
die **Arterie,** die Arterien
(Schlagader)
artgerecht (artgerechte
Tierhaltung, z. B. Kühe
auf der Weide, nicht im
Stall, Hühner frei auf dem
Boden, nicht im Käfig)
artig
der **Artikel,** die Artikel
der **Artist,** die Artisten,
die Artistin
die **Arznei,** die Arzneien
der **Arzt,** die Ärzte, die Ärztin

die **Asche,** die Aschen
der **Ascher|mitt|woch** (für Katholiken Beginn der Fastenzeit, die bis → Ostern dauert)
Asi|en, die Asiaten, asiatisch
der **As|phalt,** asphaltieren
das **Ass,** die Asse
der **Ast,** die Äste, → W *Stock*
äs|the|tisch (schön, geschmackvoll)
das **Asth|ma** (Atemnot-Krankheit)
der **As|tro|naut,** die Astronauten, die Astronautin
das **Asyl** (Aufenthaltserlaubnis für Verfolgte)
der **Atem,** atmen, atemlos
der **Ath|let,** die Athleten, die Athletin
der **At|lan|tik**
der **At|las,** die Atlanten/Atlasse
at|men, die Atmung
die **At|mo|sphä|re**
das **Atom,** die Atome
das **At|ten|tat,** die Attentate
das **At|test,** die Atteste (ärztliche Bescheinigung)
at|trak|tiv, die Attraktion
ät|zen, ätzend
auch
auf, auf einmal
auf|dring|lich
auf|ei|nan|der
der **Auf|ent|halt,** die Aufenthalte
auf|fal|len → fallen, auffällig
auf|for|dern, → W *bitten*
die **Auf|ga|be,** die Aufgaben
auf|ge|hen → gehen, der Aufgang
auf|ge|regt
auf|grund/auf Grund (aufgrund/auf Grund der Blitze und des Donners)
auf|ha|ben → haben
auf|hän|gen → hängen, (Er hängte die Wäsche auf; als sie aufgehängt war, hing sie da.)
auf|he|ben → heben
auf|ma|chen, → W *öffnen*
auf|merk|sam, die Aufmerksamkeit
auf|neh|men → nehmen
auf|pas|sen, → W *zuhören*
auf|räu|men, der Raum
auf|recht
auf|re|gen, die Aufregung
auf|rei|ßen → reißen, → W *öffnen*
auf|rich|tig

der **Auf|satz,** die Aufsätze
auf|schnap|pen
der **Auf|schnitt**
die **Auf|sicht,** der Aufseher
auf|sta|cheln
auf|ste|hen → stehen, der Aufstand
auf|tau|chen, → W *ankommen*
der **Auf|trag,** die Aufträge
auf|tre|ten → treten, der Auftritt
auf|wa|chen
der **Auf|wand,** aufwenden, aufwendig / aufwändig
auf|wärts
auf|we|cken, der Wecker
auf|wen|den → wenden
auf Wie|der|se|hen
der **Auf|zug,** die Aufzüge
das **Au|ge,** die Augen, das Augenlid
der **Au|gen|blick,** die Augenblicke, → W *Zeit,* augenblicklich
der **Au|gust**
aus
die **Aus|bil|dung,** die Ausbildungen
die **Aus|dau|er,** ausdauernd
der **Aus|druck,** die Ausdrücke, ausdrücklich

aufs (auf das Dach)

aus|ei|nan|der
aus|flip|pen
der **Aus|flug,** die Ausflüge
aus|führ|lich
der **Aus|gang,** die Ausgänge, → W *Tür*
aus|ge|rech|net
aus|ge|zeich|net
aus|gie|big
der **Aus|gleich,** die Ausgleiche
aus|hän|di|gen, → W *geben*
die **Aus|kunft,** die Auskünfte
das **Aus|land,** die Ausländer (→ Einwanderung), ausländisch
(sich) **aus|ma|len,** ich malte mir aus, → W *träumen*
aus|mer|zen (beseitigen)
die **Aus|nah|me,** die Ausnahmen, ausnahmsweise
aus|pro|bie|ren, → W *prüfen*
der **Aus|puff,** die Auspuffe
die **Aus|re|de,** die Ausreden, → W *lügen*
aus|rei|chend
aus|rei|ßen → reißen
aus|rich|ten, → W *berichten*

aus|ruh|en,
→ W *ausruhen*
aus|rut|schen
die **Aus|sa|ge,** die Aussagen
die **Aus|schau,** Ausschau halten, → W *suchen*
aus|schließ|lich
aus|se|hen → sehen
au|ßen, äußerlich
au|ßer, außerdem
au|ßer|halb
äu|ßern, → W *sprechen,* die Äußerung
au|ßer|or|dent|lich
äu|ßerst
die **Aus|sicht,** die Aussichten, aussichtslos
aus|wärts
der **Aus|weis,** die Ausweise
aus|wen|dig
die **Aus|zeich|nung,** die Auszeichnungen
das **Au|to,** die Autos, die Autobahn
das **Au|to|gramm,** die Autogramme
der **Au|to|mat,** die Automaten, automatisch
der **Au|tor,** die Autoren, die Autorin
die **Au|to|ri|tät,** die Autoritäten, autoritär
die **Axt,** die Äxte
der **Azu|bi,** die Azubis

B b

das **Ba|by** [sprich: bejbi], die Babys
der **Bach,** die Bäche
die **Ba|cke,** die Backen
ba|cken, er bäckt/backt, sie backte/buk, → W *kochen,* der Bäcker, das Gebäck, der Backstein
das **Bad,** die Bäder
ba|den
Ba|den (große deutsche Region)
Ba|den-Würt|tem|berg (Bundesland), die Baden-Württemberger, baden-württembergisch
das **Bad|min|ton** [sprich: bädmintn]
die **Ba|ga|tel|le,** die Bagatellen (unwichtige Kleinigkeit)
der **Bag|ger,** die Bagger
das **Ba|guette** [sprich: bagett], die Baguettes
die **Bahn,** die Bahnen, der Bahnhof, Bahn fahren
die **Bah|re,** die Bahren

die **Bak|te|rie,** die Bakterien (winziges Lebewesen)
ba|lan|cie|ren, die Balance
bald, in Bälde
bal|gen, die Balgerei
der **Bal|ken**, die Balken
der **Bal|kon,** die Balkons/Balkone
der **Ball,** die Bälle, Ball spielen
der **Bal|len,** die Ballen
das **Bal|lett**
der **Bal|lon,** die Ballons/Ballone
die **Balz** (Paarungszeit bei Vögeln; → Brunft), balzen
der **Bam|bus**
die **Ba|na|ne,** die Bananen
das **Band,** die Bänder (zum Binden)
der **Band,** die Bände (Buch)
die **Band** [sprich: bänd], die Bands (Musikgruppe)
ban|da|gie|ren [sprich: banda~~sch~~ieren], (Der gebrochene Arm wurde bandagiert.)
die **Ban|de,** die Banden
bän|di|gen
der **Ban|dit,** die Banditen (Räuber), die Banditin
ban|ge, mir ist bange
ban|gen, → W *Angst haben*
die **Bank,** die Banken (Sparkasse)
die **Bank,** die Bänke (Sitzbank)
der **Bank|rott,** bankrott sein (→ Insolvenz)
bar, bar bezahlen
die **Bar,** die Bars (Lokal)
der **Bär,** die Bären
die **Ba|ra|cke,** die Baracken
der **Bar|bar,** die Barbaren (ungebildeter, roher Kerl), die Barbarei
bar|fuß
barm|her|zig, die Barmherzigkeit
das **Ba|ro|me|ter,** die Barometer (misst den Luftdruck)
der **Bar|ren,** die Barren
die **Bar|ri|e|re,** die Barrieren
der **Bart,** die Bärte
der **Ba|salt** (Vulkangestein)
der **Ba|sar,** die Basare (Markt im → Orient)
die **Ba|sis,** die Basen (Grundlage)
der **Bas|ket|ball**
der **Bass,** die Bässe (tiefe Männerstimme)

der **Bast**
bas|ta (italienisch: Es genügt!)
bas|teln
die **Bat|te|rie,** die Batterien
der **Bau,** die Baue (von Tieren)
der **Bau,** die Bauten (Gebäude)
der **Bauch,** die Bäuche
bau|en, der Bau
der **Bau|er,** die Bauern (→ Landwirtschaft), die Bäuerin
das/der **Bau|er,** die Bauer (Vogelkäfig)
der **Baum,** die Bäume
bau|meln, → W *hängen*
die **Baum|wol|le**
Bay|ern (Bundesland), der Bayer, die Bayerin/Bayrin, bayerisch/bayrisch, → S. 251
die **Ba|zil|le,** die Bazillen (eine Art → Bakterie)
be|ach|ten, die Beachtung, beachtlich
der **Be|am|te,** die Beamten, die Beamtin
be|ben, → W *zittern*
der **Be|cher,** die Becher
das **Be|cken,** die Becken
mit **Be|dacht,** bedächtig

der **Be|darf**
be|dau|ern, bedauerlich
be|den|ken, bedenklich, die Bedenkzeit
be|deu|ten, die Bedeutung
be|die|nen, die Bedienung
die **Be|din|gung,** die Bedingungen
das **Be|dürf|nis,** die Bedürfnisse, bedürftig
sich **be|ei|len,** ich beeilte mich
be|ein|flus|sen, die Beeinflussung
be|en|den, die Beendigung
be|er|di|gen, die Beerdigung
die **Bee|re,** die Beeren
das **Beet,** die Beete
be|feh|len, du befiehlst, sie befahl, hat befohlen, → W *befehlen,* der Befehl
be|fes|ti|gen, die Befestigung
sich **be|fin|den** → finden, ich befand mich
be|fol|gen, → W *gehorchen*
be|för|dern, die Beförderung

be|frei|en, die Befreiung
be|frie|di|gend
be|fruch|ten, die Befruchtung
be|gabt, die Begabung
sich **be|ge|ben** → geben, ich begab mich
be|geg|nen, die Begegnung
be|geis|tert
be|gin|nen, sie begann, hat begonnen, → W *beginnen,* der Beginn
be|glei|ten, die Begleitung
be|gra|ben, das Begräbnis
be|grei|fen, sie begriff, hat begriffen, → W *verstehen,* der Begriff
be|hag|lich
be|hal|ten → halten, der Behälter
be|han|deln, die Behandlung
be|harr|lich (hartnäckig)
be|haup|ten, die Behauptung
(sich) **be|herr|schen,** ich beherrschte mich, die Beherrschung

be|her|zi|gen (einen Rat beherzigen)
be|hilf|lich, behilflich sein
be|hin|dern, die Behinderung, der Behinderte
die **Be|hör|de,** die Behörden
be|hut|sam
bei
bei|brin|gen → bringen
beich|ten, die Beichte
bei|de, die beiden Kinder, einer von beiden
bei|ei|nan|der
der **Bei|fall**
das **Beil,** die Beile
das **Bei|leid**
beim (bei dem)
das **Bein,** die Beine
bei|nah, beinahe
bei|sam|men
bei|sei|te, beiseitelegen
das **Bei|spiel,** die Beispiele, zum Beispiel
bei|ßen, du beißt, er biss, hat gebissen
der **Bei|trag,** die Beiträge
ich **be|kam** (von bekommen)
be|kannt, bekanntlich, die Bekanntmachung

die **Be|klei|dung,** die Bekleidungen

be|kom|men → kommen, → W *bekommen*

der **Be|lag,** die Beläge

be|läs|ti|gen, die Belästigung

be|lei|di|gen, die Beleidigung

Bel|gi|en, die Belgier, belgisch

be|lie|big

be|liebt, die Beliebtheit

bel|len, das Bellen

be|loh|nen, die Belohnung

be|mer|ken, → W *sehen,* die Bemerkung

be|mü|hen, die Bemühung

be|nach|rich|ti|gen, die Benachrichtigung

sich **be|neh|men** → nehmen, ich benahm mich, das Benehmen

be|nei|den

der **Ben|gel,** die Bengel, → W *Junge*

be|nö|ti|gen

be|nut|zen

das **Ben|zin**

be|ob|ach|ten, → W *angucken,* die Beobachtung

be|quem, die Bequemlichkeit, es sich bequem machen, → W *setzen*

be|rech|tigt

der **Be|reich,** die Bereiche

be|reit, die Bereitschaft

be|reits

be|reu|en

der **Berg,** die Berge, bergig, bergsteigen

berg|ab, bergauf

ber|gen, er birgt, er barg, hat geborgen, die Bergung

das **Berg|werk,** die Bergwerke

der **Be|richt,** die Berichte

be|rich|ten, → W *berichten*

be|rich|ti|gen, die Berichtigung

Ber|lin (Bundesland und deutsche Hauptstadt), die Berliner, berlinisch / berlinerisch, → S. 250

bers|ten, es barst, ist geborsten

be|rüch|tigt, berüchtigt sein

be|rück|sich|ti|gen, die Berücksichtigung

der **Be|ruf,** die Berufe, beruflich, berufstätig

be|ru|hi|gen,
die Beruhigung
be|rühmt
be|schä|di|gen,
die Beschädigung
be|schaf|fen,
die Beschaffung
be|schäf|ti|gen,
beschäftigt sein,
→ w *arbeiten,*
die Beschäftigung
der **Be|scheid,**
die Bescheide,
ich weiß Bescheid
be|schei|den,
bescheiden sein,
die Bescheidenheit
be|schei|ni|gen,
die Bescheinigung
be|sche|ren,
die Bescherung
be|schlie|ßen
→ schließen,
→ w *vereinbaren,*
der Beschluss
be|schrei|ben
→ schreiben,
die Beschreibung
be|schul|di|gen,
die Beschuldigung
die **Be|schwer|de,**
die Beschwerden
(sich) **be|schwe|ren,**
ich beschwerte mich

be|schwö|ren,
→ w *bitten*
be|sei|ti|gen,
die Beseitigung
der **Be|sen,** die Besen,
der Besenstiel,
→ w *Stock*
be|setzt
be|sich|ti|gen,
→ w *angucken,*
die Besichtigung
sich **be|sin|nen,**
er besann sich,
hat sich besonnen,
→ w *überlegen*
be|sit|zen → sitzen,
der Besitz
be|son|ders
be|sor|gen,
die Besorgung
be|spre|chen
→ sprechen,
die Besprechung
bes|ser, am besten,
es wird besser gehen / bessergehen,
etwas Besseres,
die Besserung (→ beste)
be|stän|dig,
beständig sein
be|stä|ti|gen,
die Bestätigung
be|stat|ten (beerdigen),
die Bestattung

A B C D E F G H I J K L M N O P Q R S T U V W X Y Z

A B C D E F G H I J K L M N O P Q R S T U V W X Y Z

be|stäu|ben, die Bestäubung
bes|te, es ist am besten, ich bin der Beste, ich tue mein Bestes, ich halte es für das Beste
be|ste|chen → stechen, die Bestechung
das **Be|steck,** die Bestecke
be|ste|hen → stehen
be|stel|len, die Bestellung
die **Bes|tie,** die Bestien (wildes Tier; englisch: beast [sprich: biest])
be|stim|men, die Bestimmung, → W *befehlen*
be|stimmt
der **Be|such,** die Besuche, besuchen
be|täu|ben, die Betäubung (→ taub)
(sich) **be|tei|li|gen,** ich beteiligte mich, die Beteiligung
be|ten, das Gebet
be|teu|ern, die Beteuerung
der **Be|ton,** betonieren
be|to|nen, die Betonung
be|trach|ten, → W *sehen,* die Betrachtung
der **Be|trag,** die Beträge
(sich) **be|tra|gen** → tragen, ich betrug mich, das Betragen
be|treu|en, die Betreuung
der **Be|trieb,** die Betriebe
be|trübt, die Betrübnis
be|trü|gen, er betrog, hat betrogen, der Betrüger, der Betrug
das **Bett,** die Betten, → W *Bett,* bettlägerig
bet|teln, → W *bitten,* der Bettler
beu|gen, die Beugung
die **Beu|le,** die Beulen, → R *Beule*
be|ur|tei|len, die Beurteilung
die **Beu|te**
der **Beu|tel,** die Beutel
die **Be|völ|ke|rung,** die Bevölkerungen
be|vor
be|vor|zu|gen, die Bevorzugung
sich **be|wäh|ren,** ich bewährte mich, die Bewährung
(sich) **be|we|gen,** ich bewegte mich, die Bewegung, beweglich

be|wei|sen, er bewies, hat bewiesen, der Beweis
sich **be|wer|ben** → werben, ich bewarb mich, die Bewerbung
be|wil|li|gen, die Bewilligung
die **Be|wöl|kung**, bewölkt
be|wusst, bewusstlos, das Bewusstsein
be|zah|len
be|zie|hen → ziehen, die Beziehung, der Bezug
be|zie|hungs|wei|se
der **Be|zirk,** die Bezirke
das **Bi|ath|lon** (Sport)
die **Bi|bel,** die Bibeln (heiliges Buch von Christen und Juden)
der **Bi|ber,** die Biber
die **Bi|blio|thek,** die Bibliotheken, der Bibliothekar
bie|gen, sie bog, hat gebogen, die Biegung, biegsam
die **Bie|ne,** die Bienen (Bienen sammeln → Nektar und → Pollen an Blüten.)
das **Bier,** die Biere
das **Biest,** die Biester
bie|ten, sie bot, hat geboten
das **Bild,** die Bilder, bildlich
bil|den, die Bildung
das **Bil|lard**
bil|lig
die **Bil|li|on,** die Billionen
ich **bin** (von sein)
bin|den, sie band, hat gebunden, die Binde
bin|nen (innerhalb)
das **Bin|nen|land** (mitten im Land; Gegensatz: Küste)
die **Bio|gra|fie**/ Bio|gra|phie, die Biografien/Biographien (Lebensbeschreibung)
der **Bio|la|den,** die Bioläden
die **Bio|lo|gie,** der Biologe, biologisch
der **Bio|müll** (Man kann ihn → kompostieren.)
das **Bio|top,** die Biotope (Lebensraum mit Pflanzen und Tieren)
die **Bir|ke,** die Birken (→ Laubbaum)
die **Bir|ne,** die Birnen
bis, bis heute
der **Bi|schof,** die Bischöfe, die Bischöfin
bis|her

A B C D E F G H I J K L M N O P Q R S T U V W X Y Z

ein **biss|chen**
du **bist**
bit|ten, er bat, hat gebeten, → W *bitten,* die Bitte; Bitte schön!
bit|ter, bitterkalt
(sich) **blä|hen,** die Blähung
bla|mie|ren, ich blamierte mich, blamabel, die Blamage [sprich: blama~~sche~~]
blank
die **Bla|se,** die Blasen
bla|sen, du bläst, es blies, hat geblasen, → W *wehen*
blass, die Blässe
das **Blatt,** die Blätter, blättern
blau, bläulich, ein blauer Fleck, die Farbe Blau, eine Fahrt ins Blaue, blau-weiß, hellblau
das **Blech,** die Bleche
das **Blei,** bleiern
blei|ben, sie bleibt, sie blieb, ist geblieben
bleich
der **Blei|stift,** die Bleistifte
blen|den, blendend
bli|cken, → W *sehen,* der Blick
blind, der Blinde, blindlings, der Blinddarm
die **Blind|schlei|che,** die Blindschleichen
blin|ken, der Blinker, das Blinklicht
blin|zeln, → W *sehen*
der **Blitz,** die Blitze, blitzen, blitzschnell
der **Block,** die Blöcke
blo|ckie|ren, die Blockade
blöd, blöde
blö|ken, es blökte
blond
bloß
die **Blue|jeans** [sprich: bluh~~dsch~~iens]
blü|hen, es blühte; aber: die Blüte
die **Blu|me,** die Blumen
die **Blu|se,** die Blusen
das **Blut,** bluten, der Bluterguss, blutig
die **Blü|te,** die Blüten, der Blütenstaub
die **Bö**/Böe, die Böen, böiger Wind
der **Bob,** die Bobs
der **Bock,** die Böcke, bockig
der **Bo|den,** die Böden
die **Bo|den|schät|ze** (z. B. Kohle, Erdgas, Erdöl, → Erz)

der **Bo|den|see** (größter See Deutschlands)
der **Bo|gen,** die Bogen / Bögen
die **Boh|le,** die Bohlen
die **Boh|ne,** die Bohnen
boh|ren, der Bohrer
die **Bo|je,** die Bojen
bol|zen
die **Bom|be,** die Bomben, bombardieren
die **Bom|mel,** die Bommeln
der **Bon** [sprich: bong], die Bons (Kassenzettel)
das/der **Bon|bon,** die Bonbons
das **Boot,** die Boote
der **Bord,** die Borde, er geht an Bord, der Bordstein
bor|gen
die **Bör|se,** die Börsen
die **Bors|te,** die Borsten
die **Bö|schung,** die Böschungen
bö|se, → W *schlimm,* boshaft, bösartig, das Böse, nichts Böses, die Bosheit, der Bösewicht
der **Boss,** die Bosse
die **Bo|ta|nik** (Botaniker befassen sich mit dem Reich der Pflanzen.)
der **Bo|te,** die Boten, die Botin, die Botschaft

die **Box,** die Boxen
bo|xen, der Boxer, der Boxkampf
der **Boy|kott,** boykottieren
das **Brach|land,** brach liegen
der **Brand,** die Brände
Bran|den|burg (Bundesland), die Brandenburger, brandenburgisch
die **Bran|dung,** die Brandungen
bra|ten, du brätst, er briet, hat gebraten, → W *kochen,* der Braten
der **Brauch,** die Bräuche
brau|chen, brauchbar
brau|en
braun, bräunen, bräunlich, die Bräune
brau|sen, → W *wehen*
die **Braut,** die Bräute
der **Bräu|ti|gam,** die Bräutigame
brav
bravo
bre|chen, du brichst, es bricht, es brach, ist gebrochen
der **Brei**
breit, die Breite
Bre|men (Bundesland und sehr große Stadt), die Bremer, bremisch

A B C D E F G H I J K L M N O P Q R S T U V W X Y Z

brem|sen, → W *anhalten,* die Bremsung

bren|nen, es brannte, hat gebrannt, der Brand

die **Brenn|nes|sel,** die Brennnesseln

das **Brett,** die Bretter

der **Brief,** die Briefe

die **Bril|le,** die Brillen

brin|gen, sie bringt, sie brachte, hat gebracht

die **Bri|se,** die Brisen

der **Broc|co|li**

der **Bro|cken,** die Brocken, bröcklig / bröckelig

bro|deln, es brodelte

der **Brok|ko|li**

die **Brom|bee|re,** die Brombeeren

die **Bron|chie,** die Bronchien (Teil der Luftröhre)

die **Bron|chi|tis** (Entzündung der → Bronchie)

die **Bron|ze** (Metallmischung)

die **Bro|sche,** die Broschen

das **Brot,** die Brote, → R *Brotscheibe,* die Brotzeit

das **Bröt|chen,** die Brötchen, → R *Brötchen*

der **Brow|ser** [sprich: brauser], die Browser (Programm, mit dem man sich Internetseiten anschauen kann)

der **Bruch,** die Brüche, brüchig

die **Brü|cke,** die Brücken

der **Bru|der,** die Brüder, brüderlich

die **Brü|he,** die Brühen

brül|len, → W *schreien*

brum|men, der Brummer

die **Brunft** (Paarungszeit von Hirschen und Rehen)

der **Brun|nen,** die Brunnen

die **Brust,** die Brüste

sich **brüs|ten,** ich brüstete mich (prahlen)

bru|tal, die Brutalität

brü|ten, die Brut

brut|to, das Bruttogewicht (→ netto)

brut|zeln

der **Bub**/Bu|be, die Buben

das **Buch,** die Bücher, die Bücherei

die **Bu|che,** die Buchen (→ Laubbaum)

der **Buch|fink,** die Buchfinken (→ Singvogel)

die **Büch|se,** die Büchsen
der **Buch|sta|be,** die Buchstaben, buchstabieren
die **Bucht,** die Buchten
der **Bu|ckel,** die Buckel, bucklig/buckelig
sich **bü|cken,** ich bückte mich, der Bückling
bud|deln
die **Bu|de,** die Buden
büf|feln
der **Bü|gel,** die Bügel
bü|geln, das Bügeleisen
die **Büh|ne,** die Bühnen
der **Bul|le,** die Bullen, bullig
der **Bu|me|rang,** die Bumerangs/Bumerange
bum|meln, → R *bummeln,* der Bummel
der **Bund,** die Bünde, das Bündel, das Bündnis
das **Bun|des|land,** die Bundesländer
die **Bun|des|li|ga**
die **Bun|des|re|pu|blik**
der **Bun|des|tag**
die **Bun|des|wehr**
das **Bünd|nis,** die Bündnisse

der **Bun|ga|low** [sprich: bungaloo], die Bungalows
der **Bun|ker,** die Bunker
bunt, der Buntstift
die **Burg,** die Burgen
der **Bür|ge,** die Bürgen, die Bürgin
der **Bur|ger** [sprich: börger], die Burger
der **Bür|ger,** die Bürger (Wer wählen darf, ist Bürger. Sonst ist er nur Einwohner.), die Bürgerin, der Bürgermeister
das **Bü|ro,** die Büros
die **Bü|ro|kra|tie,** die Bürokratien
der **Bur|sche,** die Burschen
bürs|ten, die Bürste
der **Bus,** die Busse
der **Busch,** die Büsche, buschig
das **Bü|schel,** die Büschel
der **Bu|sen,** die Busen
der **Bus|sard,** die Bussarde (Greifvogel)
bü|ßen, die Buße, der Büßer, das Bußgeld
die **But|ter,** die Buttermilch
der **But|ton** [sprich: battn], die Buttons
bzw. (beziehungsweise)

A B C D E F G H I J K L M N O P Q R S T U V W X Y Z

A B C D E F G H I J K L M N O P Q R S T U V W X Y Z

C c

Das C/c am Anfang eines Wortes wird meist wie *k* gesprochen. Wenn nicht, steht das hier in großen oder kleinen Klammern dahinter.

das **Ca|fé,** die Cafés, die Cafeteria
das **Cam|ping** [sprich: kämping], campen
das **Cape** [sprich: käip], die Capes
der **Ca|ra|van,** die Caravans
die **CD** [z], die CDs (Compact Disk), der CD-Player, die CD-ROM
Cel|si|us [z] (10 Grad Celsius: 10° C)
der **Cent** [ß], die Cents
das **Cen|ter** [ß], die Center
der **Cham|pi|gnon** [sprich: schampinj~~ong~~], die Champignons
der **Cham|pi|on** [sprich: tschämpien], die Champions
die **Chan|ce** [sprich: sch~~an~~ß], die Chancen
das **Cha|os,** der Chaot, chaotisch
der **Cha|rak|ter,** die Charaktere [sprich: karakteere]
der **Charme** [sch], charmant
char|tern [sch], der Charterflug
die **Charts** [sprich: tscharts]
der **Chat** [sprich: tschät], chatten
der **Chauf|feur** [sprich: schofföhr], die Chauffeure, die Chauffeurin
der **Chef** [sch], die Chefs, die Chefin
die **Che|mie** [ch] (Chemiker erforschen Wasser, Erde, Luft usw.), chemisch
Chi|na [ch], die Chinesen, chinesisch
der **Chip** [sprich: tschip], die Chips
der **Chi|rurg** [ch], die Chirurgen (Arzt, der operiert), die Chirurgin
der **Chor,** die Chöre
der **Christ|baum,** die Christbäume
das **Chris|ten|tum** (große Weltreligion; → Jesus), der Christ, die Christen

die **Chro|nik,** die Chroniken
chro|nisch (dauernd krank; Gegensatz: akut)
die **Ci|ty**[ß], die Citys
cle|ver
der **Clinch** [sprich: klinsch]
die **Cli|que** [sprich: klicke], die Cliquen
der **Clou** [sprich: kluu], die Clous (Glanzpunkt z. B. eines Festes)
der **Clown** [sprich: klaun], die Clowns
der **Club,** die Clubs
der **Coach** [sprich: koutsch], die Coaches (Trainer)
der **Code** [sprich: coot], die Codes
die/das **Co|la,** die Colas
der **Co|mic,** die Comics
der **Com|pu|ter,** die Computer
der **Con|tai|ner** [sprich: kontäiner], die Container
cool [sprich: kuhl], (kühl, sehr gut)
der **Cou|sin** [sprich: kus~~eng~~], die Cousins, die Cousine/Kusine
der **Cow|boy** [sprich: kaubeu], die Cowboys
die **Creme** [sprich: kreem], die Cremes
der/das **Cur|ry** [sprich: körri]

D d

da, da sein, da gewesen
da|bei, dabei sein, dabei gewesen
das **Dach,** die Dächer
der **Dachs,** die Dachse
der **Da|ckel,** die Dackel
da|durch
da|für
da|ge|gen
da|heim
da|her, dahin
da|hin|ten, dahinter
da|mals
die **Da|me,** die Damen,
→ W *Frau*
da|mit
däm|lich
der **Damm,** die Dämme, dämmen
däm|mern, die Dämmerung, dämmrig/dämmerig
der **Dampf,** die Dämpfe, der Dampfer, dampfen
da|nach
da|ne|ben
Dä|ne|mark, die Dänen, dänisch
dan|ken, der Dank, dankbar, danke schön
dann

da|ran
da|rauf|hin
da|raus
ich **darf** (von dürfen)
da|rin
das **Dar|le|hen**/Dar|lehn (→ Kredit)
der **Darm,** die Därme
da|rü|ber
da|rum
da|run|ter
das, das Haus
dass, ich weiß, dass …
das|sel|be
die **Da|tei,** die Dateien (Sammlung von → Daten)
die **Da|ten** (Plural von Datum)
die **Da|ten** (Es gibt viele Arten von Daten: private Daten wie Name und Geburtstag, Daten zur Umwelt, Daten zum Verkehr usw.)
der **Da|tiv** (3. Fall)
das **Da|tum,** die Daten, datieren
dau|ern, die Dauer, dauerhaft, dauernd
der **Dau|men,** die Daumen
da|von
da|vor
da|zu
da|zwi|schen
die **De|cke,** die Decken
der **De|ckel,** die Deckel
de|cken, die Deckung
de|fekt (schadhaft), der Defekt
die **De|fen|si|ve** (Verteidigung), defensiv
deh|nen, die Dehnung, dehnbar
der **Deich,** die Deiche
die **Deich|sel,** die Deichseln
dein (deine Mutter)
dei|ner (in deiner Hand)
dei|net|we|gen
de|ko|rie|ren, die Dekoration
der **Del|fin,** die Delfine
die **De|li|ka|tes|se,** die Delikatessen (Leckerbissen)
der **Del|phin,** die Delphine
das **Del|ta,** die Deltas (Flussmündung in mehreren Armen)
dem (in dem Haus)
dem|nach
dem|nächst
die **De|mo|kra|tie,** die Demokratien (Die Bürger bestimmen die Regeln des Zusammenlebens selbst.), demokratisch

de|mons|trie|ren,
die Demonstration (kurz: Demo), der Demonstrant

die **De|mut,** demütigen, demütig

den (gegen den Wind)

de|nen, mit denen

den|ken, sie dachte, hat gedacht, → W *glauben*

das **Denk|mal,** die Denkmäler

denn

den|noch

das **De|o|do|rant** (kurz: Deo)

die **De|po|nie,** die Deponien (Abladeplatz für Müll)

de|pri|miert (niedergeschlagen)

der

der|ar|tig

derb

de|ren, um derentwillen

der|je|ni|ge

der|sel|be

des (des Vaters Hose)

des|halb

des|sen

das **Des|sert** [sprich: dessehr], die Desserts (Nachtisch)

des|to, desto besser

des|we|gen

der **De|tek|tiv,** die Detektive, die Detektivin

deu|ten,
deutlich, → W *genau*, die Deutlichkeit

deutsch,
sie spricht deutsch, ich lerne Deutsch, er kann kein Deutsch, auf Deutsch gesagt

Deutsch|land,
die Deutschen, ich bin Deutsche

der **De|zem|ber**

de|zent (unaufdringlich)

der **De|zi|mal|bruch**

der/das **De|zi|me|ter**

der **Di|a|be|tes** (Zuckerkrankheit), der Diabetiker

die **Di|a|gno|se,** die Diagnosen (Feststellung einer Krankheit)

der **Di|a|lekt,** die Dialekte (Mundart)

der **Di|a|mant,** die Diamanten

die **Di|ät,** die Diäten (Schonkost), Diät leben

dich, für dich

dicht

dich|ten, der Dichter dichtet, das Gedicht

dick, → W *dick*, der Dicke

das **Di|ckicht,** die Dickichte (sehr dichtes Gebüsch)
die
der **Dieb,** die Diebe, die Diebin, der Diebstahl
die **Die|le,** die Dielen
die|nen, der Diener
der **Dienst,** die Dienste, dienstlich
der **Diens|tag,** die Dienstage, immer dienstags, am Dienstagabend
dies, diese, dieser
die|sel|be
der **Die|sel|mo|tor**
die|sig
dies|mal, dieses Mal
die **Dif|fe|renz,** die Differenzen
di|gi|tal, die digitale Anzeige
das **Dik|tat,** die Diktate, diktieren
der **Dik|ta|tor,** die Diktatoren (einer herrscht allein), die Diktatur
das **Ding,** die Dinge
der **Din|kel** (Getreideart)
der **Di|no|sau|ri|er,** die Dinosaurier (→ Fossil)
das **Di|plom,** die Diplome
di|plo|ma|tisch
dir (Ich glaube dir.)
di|rekt, → W *genau*
der **Di|rek|tor,** die Direktoren, die Direktorin
di|ri|gie|ren, der Dirigent
das **Dirndl|kleid**
die **Dis|ko|thek,** die Diskotheken (kurz: Disko/Disco)
dis|kret (verschwiegen, taktvoll), die Diskretion
dis|kri|mi|nie|ren (herabsetzen), die Diskriminierung
dis|ku|tie|ren, die Diskussion
das **Dis|play,** die Displays
die **Dis|tanz,** die Distanzen (Abstand)
die **Dis|tel,** die Disteln
die **Dis|zi|plin**
di|vi|die|ren (teilen), die Division
doch, nicht doch
der **Docht,** die Dochte
der **Dok|tor,** die Doktoren, die Doktorin
das **Do|ku|ment,** die Dokumente
der **Dolch,** die Dolche
doll
der **Dol|lar,** die Dollars

der **Dol|met|scher,** die Dolmetscher, die Dolmetscherin
der **Dom,** die Dome
das **Do|mi|no,** die Dominos
die **Do|nau** (großer Strom)
der **Dö|ner|ke|bab / Dö|ner Ke|bab** (kurz: Döner)
der **Don|ner,** die Donner, donnern
der **Don|ners|tag,** die Donnerstage
doof
do|pen, das Doping
dop|pelt, doppelt so viel wie …, das Doppelte
das **Dorf,** die Dörfer
der **Dorn,** die Dornen
dort, dorthin
Dort|mund (sehr große Stadt in Nordrhein-Westfalen)
die **Do|se,** die Dosen
dö|sen
der/das **Dot|ter,** die Dotter (Eigelb)
der/das **Down|load** [sprich: daunloud], downloaden
der **Dra|che,** die Drachen
der **Draht,** die Drähte
das **Dra|ma,** die Dramen, dramatisch

dran, da ist nichts dran
drän|geln, → W *gehen,* die Drängelei
drän|gen, das Gedränge
drauf, drauf und dran
drau|ßen
der **Dreck,** dreckig
dre|hen, die Drehung
drei, dreißig, dreizehn, dreierlei, dreifach
das **Drei|eck,** die Dreiecke, dreieckig
dreist
die **Drei|vier|tel|stun|de**
dre|schen, er drosch, hat gedroschen
Dres|den (Hauptstadt von Sachsen), → S. 250
dres|sie|ren, die Dressur
drib|beln, das Dribbling
drin, drinnen
drin|gen, sie drang, ist gedrungen, der Drang
drin|gend
der **Drink,** die Drinks
dritt, zu dritt, der dritte Teil, ein dritter Euro, drittens, ein Drittel, jeder Dritte, er wurde Dritter
die **Dro|ge,** die Drogen (Gifte wie → Alkohol, → Tabak)

die **Dro|ge|rie,** die Drogerien
dro|hen, die Drohung
dröh|nen
drol|lig
der/das **Drops,** die Drops
die **Dros|sel,** die Drosseln (→ Singvogel)
drü|ben, drüber
dru|cken, der Druck
drü|cken, → W *drücken,* der Druck
drun|ter
die **Drü|se,** die Drüsen
der **Dschun|gel,** die Dschungel (feuchter Urwald der → Tropen)
du, ich und du
der **Dü|bel,** die Dübel
sich **du|cken,** ich duckte mich, der Duckmäuser
das **Du|ell,** die Duelle (Zweikampf)
der **Duft,** die Düfte, duften
dul|den, die Duldung
dumm, dümmer, am dümmsten, die Dummheit
dumpf
die **Dü|ne,** die Dünen
dün|gen, der Dünger
dun|kel, die Dunkelheit, dunkelblau
dünn
duns|tig, der Dunst
das **Duo,** die Duos
durch, durchaus
durch|bren|nen → brennen, → W *entwischen*
durch|ei|nan|der, das Durcheinander
der **Durch|fall**
durch|ge|hend, durchgehend geöffnet
der **Durch|mes|ser,** die Durchmesser
durch|schnitt|lich
durch|sich|tig
durch|su|chen, → W *suchen*
der **Durch|zug**
dür|fen, sie darf, er durfte, hat gedurft
dürr, die Dürre
der **Durst,** durstig
du|schen, → W *waschen,* die Dusche
die **Dü|se,** die Düsen
Düs|sel|dorf (Hauptstadt von Nordrhein-Westfalen)
das **Dut|zend,** die Dutzende
du|zen, der Duzfreund
die **DVD** (Speicher von → Daten)
das **Dy|na|mit** (Sprengstoff)
der **Dy|na|mo,** die Dynamos

E e

die **Eb|be** (Ebbe und Flut: Am Nordseestrand geht und kommt das Wasser.)
eben, die Ebene
eben|falls
eben|so, ebenso gut
der **Eber,** die Eber
das **Echo,** die Echos
echt, die Echtheit
die **Ecke,** die Ecken, eckig, der Eckball
edel, der Edelstein
die **EDV** (elektronische Daten-Verarbeitung)
der **Efeu**
der **Ef|fekt,** die Effekte (der große Effekt des Übens)
egal
der **Ego|is|mus,** der Egoist (lateinisch ego = ich), egoistisch
ehe, ehe er kam, eher
die **Ehe,** die Ehen
ehe|ma|lig, ehemals
die **Eh|re,** die Ehren, ehren
die **Ehr|furcht,** ehrfürchtig
der **Ehr|geiz,** ehrgeizig
ehr|lich, die Ehrlichkeit
das **Ei,** die Eier
die **Ei|che,** die Eichen (→ Laubbaum)
die **Ei|chel,** die Eicheln (Frucht der Eiche)
das **Eich|hörn|chen,** die Eichhörnchen
der **Eid,** die Eide (Der Angeklagte schwört einen Eid: „Ich bin unschuldig.")
die **Ei|dech|se,** die Eidechsen
der **Ei|fer,** eifrig, eifersüchtig
ei|gen, das eigene Heft
ei|gen|ar|tig, die Eigenart
die **Ei|gen|schaft,** die Eigenschaften
ei|gen|sin|nig, der Eigensinn
ei|gent|lich
das **Ei|gen|tum,** der Eigentümer
ei|len, die Eile, eilig
der **Ei|mer,** die Eimer
ein, eine, einer (ein Hund und eine Katze in einer Hütte)
ei|nan|der
sich **ein|bil|den,** ich bildete mir ein, → W *träumen,* die Einbildung
ein|bre|chen → brechen, der Einbrecher, der Einbruch

A B C D **E** F G H I J K L M N O P Q R S T U V W X Y Z

ein|deu|tig
ein|drin|gen → dringen
der **Ein|druck,** die Eindrücke
ein|ein|halb
ei|ner|seits, andererseits
ein|fach
der **Ein|fall,** die Einfälle, → W *Gedanke*
der **Ein|fluss,** die Einflüsse
die **Ein|fuhr** (Fachname: Import; Gegensatz: → Export)
der **Ein|gang,** die Eingänge, → W *Tür*
ein|ge|bil|det
das **Ein|ge|ständ|nis,** die Eingeständnisse
ein|ge|weiht
ein|hei|misch, der Einheimische
die **Ein|heit,** die Einheiten, einheitlich
ei|nig, die Einigkeit
ei|ni|ge
sich **ei|ni|gen,** wir einigten uns, → W *vereinbaren,* die Einigung
ei|ni|ger|ma|ßen
das **Ein|kom|men,** die Einkommen (verdientes Geld)
ein|la|den → laden, die Einladung
die **Ein|lei|tung,** die Einleitungen
ein|mal, auf einmal
das **Ein|mal|eins**
ein|neh|men → nehmen
eins
ein|sam, die Einsamkeit
ein|schla|fen → schlafen, → W *schlafen*
ein|se|hen → sehen, → W *verstehen*
einst
ein|stim|mig
die **Ein|tracht** (harmonisch zusammenleben), einträchtig
ein|tref|fen → treffen, → W *ankommen*
ein|tre|ten → treten, der Eintritt
ein|ver|stan|den, einverstanden sein, → W *zustimmen*
der **Ein|wand,** die Einwände (Gegen Unterricht am Samstag gibt es Einwände.), einwandfrei
die **Ein|wan|de|rung** (Millionen Deutsche haben Einwanderer unter ihren Vorfahren. → Migration)

der **Ein|woh|ner,** die Einwohner (→ Bürger), die Einwohnerin
die **Ein|zahl**
ein|zeln, einzig
ein|zie|hen → ziehen, der Einzug
das **Eis,** eislaufen, eiskalt
das **Ei|sen** (ein Metall), die Eisenbahn, eisern
das **Eis|ho|ckey**
ei|tel
der **Ei|ter,** eitern, eitrig
das **Ei|weiß**
der **Ekel,** sich ekeln, ekelhaft, ekelig/eklig
das **Ek|zem,** die Ekzeme (Hautentzündung)
elas|tisch
die **El|be** (großer Strom)
der **Elch,** die Elche
der **Ele|fant,** die Elefanten
ele|gant
die **Elek|tri|zi|tät,** elektrisch
das **Ele|ment,** die Elemente
das **Elend,** sich elend fühlen
elf
das **El|fen|bein**
der **Elf|me|ter,** die Elfmeter, das Elfmeterschießen
die **Eli|te,** die Eliten (die Besten)
die **El|le,** die Ellen, der Ellbogen/Ellenbogen

die **Els|ter,** die Elstern (→ Singvogel)
die **El|tern**
die **E-Mail** [sprich: i-mejl], die E-Mails
die **Email|le** [sprich: emallje], emailliert
die **Eman|zi|pa|ti|on,** emanzipiert (befreit von Ungleichbehandlung)
der **Em|bryo,** die Embryos (ungeborenes Lebewesen)
emp|fan|gen → fangen
emp|feh|len, die Empfehlung
emp|fin|den → finden, → W *empfinden,* die Empfindung, empfindlich
em|por
(sich) **em|pö|ren,** ich empörte mich, die Empörung
em|sig
das **En|de,** zu Ende
end|gül|tig
end|lich
end|los
die **Ener|gie,** die Energien (Gespeicherte Arbeitskraft nennen wir Energie. Auch elektrische Energie ist gespeicherte Arbeitskraft.)

ener|gisch
eng, die Enge
sich **en|ga|gie|ren** [sprich: ~~an~~ga~~sch~~ieren], ich engagiere mich (sich für etwas einsetzen)
der **En|gel,** die Engel
der **En|ger|ling** (→ Larve eines Käfers)
Eng|land, die Engländer, englisch
der **En|kel,** die Enkel, die Enkelin
enorm
ent|beh|ren
ent|de|cken, → W *finden,* die Entdeckung
die **En|te,** die Enten
der **En|ter|tai|ner** [sprich: entertäiner], die Entertainer (Unterhaltungskünstler)
(sich) **ent|fer|nen,** ich entfernte mich, die Entfernung
ent|füh|ren, die Entführung
ent|ge|gen
ent|geg|nen, → W *antworten,* die Entgegnung
ent|hal|ten → halten, die Enthaltung
ent|kom|men → kommen, → W *entwischen*
ent|lang
ent|las|sen → lassen, die Entlassung
ent|schä|di|gen, die Entschädigung
ent|schei|den → scheiden, die Entscheidung
sich **ent|schlie|ßen** → schließen, ich entschloss mich, der Entschluss
(sich) **ent|schul|di|gen,** ich entschuldigte mich, die Entschuldigung
ent|setzt, das Entsetzen
ent|spre|chen
ent|ste|hen → stehen
ent|täu|schen
ent|we|der
ent|wer|fen → werfen, der Entwurf
ent|wi|ckeln, die Entwicklung
ent|wi|schen, → W *entwischen*
ent|zie|hen → ziehen, der Entzug
ent|zif|fern
ent|zü|ckend

ent|zün|den, die Entzündung
ent|zwei
er
sich **er|bar|men** (Sie erbarmt sich des Hilflosen.), erbärmlich
er|ben (Tom erbt nach Großvaters Tod dessen Auto. Es ist sein Erbe.)
er|beu|ten (Beute machen)
er|bost
die **Erb|se,** die Erbsen
die **Erd|bee|re,** die Erdbeeren
die **Er|de,** das Erdbeben
das **Erd|gas,**
die **Erd|kun|de**
das **Erd|öl** (Aus Erdöl werden z. B. Benzin und Plastik gemacht.)
der **Erd|teil,** die Erdteile
sich **er|eig|nen,** es ereignete sich, das Ereignis
er|fah|ren → fahren, die Erfahrung
er|fin|den → finden, die Erfindung
der **Er|folg,** die Erfolge, erfolgreich, erfolglos
er|for|der|lich, erfordern
er|freu|lich
er|frie|ren → frieren

Er|furt (Hauptstadt von Thüringen)
das **Er|geb|nis,** die Ergebnisse
er|gie|big
er|hal|ten → halten, → W *bekommen*
(sich) **er|he|ben** → heben, er erhob sich
er|heb|lich
die **Er|he|bung,** die Erhebungen
sich **er|ho|len,** ich erholte mich, die Erholung
(sich) **er|in|nern,** ich erinnerte mich, die Erinnerung
die **Er|käl|tung,** die Erkältungen, sich erkälten, → R *erkälten*
er|ken|nen → kennen, die Erkenntnis
der **Er|ker,** die Erker
die **Er|klä|rung,** die Erklärungen, erklären (= klar machen)
die **Er|kran|kung,** die Erkrankungen, erkranken
sich **er|kun|di|gen,** ich erkundigte mich, → W *fragen,* die Erkundigung

A B C D **E** F G H I J K L M N O P Q R S T U V W X Y Z

er|lau|ben, die Erlaubnis
er|läu|tern,
die Erläuterung
er|le|ben, das Erlebnis
er|le|di|gen,
die Erledigung
er|leich|tert,
erleichtert sein
er|lö|sen, die Erlösung
er|mah|nen,
die Ermahnung
er|mä|ßi|gen,
die Ermäßigung
er|mit|teln,
die Ermittlung
(sich) **er|näh|ren,**
ich ernährte mich,
die Ernährung
er|neu|er|bar,
erneuerbare Energie
(Wind und Sonne gibt es
immer. Deren → Energie
ist „erneuerbar".)
er|neut (nochmals)
ernst, es ist mir ernst,
ernst gemeint/
ernstgemeint, ich mache
Ernst, das ist mein Ernst
ern|ten, die Ernte
er|obern,
die Eroberung
der **Er|pel** (männliche Ente,
Enterich), die Erpel
er|re|gen, die Erregung

er|rei|chen
er|rin|gen
→ ringen
er|schie|ßen
→ schießen,
→ W *umbringen*
er|schöpft
er|schre|cken,
sie erschrickt, er erschrak;
er ist erschrocken, denn
er wurde erschreckt,
→ W *Angst haben*
er|schüt|tern,
es ist erschütternd
er|set|zen, der Ersatz
er|spa|ren,
die Ersparnis
erst, erstens, erstklassig,
als Erste kommen
er|stau|nen
er|tap|pen
er|tra|gen → tragen
er|trin|ken → trinken
er|wach|sen,
der Erwachsene
er|wäh|nen,
die Erwähnung
er|war|ten,
die Erwartung
er|wer|ben → werben,
der Erwerb
er|wi|dern,
→ W *antworten,*
die Erwiderung

das **Erz,** die Erze (Steine, die Metall enthalten, z. B. Eisenerz)
er|zäh|len, → W *unterhalten,* die Erzählung
er|zeu|gen, das Erzeugnis
er|zie|hen → ziehen, die Erziehung
es, so ist es
die **Esche,** die Eschen (→ Laubbaum)
der **Esel,** die Esel
der **Es|ki|mo,** die Eskimos
Es|sen (sehr große Stadt in Nordrhein-Westfalen)
es|sen, du <u>iss</u>t, sie <u>aß</u>, hat gegessen; <u>Iss</u>!, → W *essen, fressen*
das **Es|sen,** → W *Essen*
der **Es|sig**
die **Eta|ge** [sprich: eta~~sche~~], die Etagen
die **Etap|pe,** die Etappen (Teilstrecke)
das **Eti|kett,** die Etiketten
et|li|che
das **Etui,** die Etuis
et|wa
et|was, etwas Gutes
euch, euer, eure, euretwegen
die **Eu|le,** die Eulen

der **Eu|ro,** die Euros
Eu|ro|pa, die Europäer, europäisch
die **Eu|ro|pä|ische Uni|on** (EU)
das **Eu|ter,** die Euter
evan|ge|lisch
even|tu|ell
ewig, immer und ewig, die Ewigkeit
ex|akt (ganz genau)
das **Exem|plar,** die Exemplare
exis|tie|ren, die Existenz
die **Ex|pe|di|ti|on,** die Expeditionen (Forschungsreise)
das **Ex|pe|ri|ment,** die Experimente (Versuch)
der **Ex|per|te,** die Experten (Sachverständige), die Expertin
ex|plo|die|ren, die Explosion, explosiv
der **Ex|port** (Ausfuhr; Gegensatz: → <u>Im</u>port)
ex|tra
ex|trem (äußerst: z. B. extrem kalt, extrem teuer)

F f

die **Fa|bel,** die Fabeln,
fabelhaft, fabulieren

die **Fa|brik,** die Fabriken,
der Fabrikant

fa|bri|zie|ren,
die Fabrikation

das **Fach,** die Fächer,
fachlich

der **Fä|cher,** die Fächer,
fächeln

die **Fa|ckel,** die Fackeln

fa|de/fad (Es schmeckt
nach nichts.)

der **Fa|den,** die Fäden

fä|hig, die Fähigkeit

fahn|den, → W *suchen,*
die Fahndung

die **Fah|ne,** die Fahnen

fah|ren, sie fährt,
er fuhr, ist gefahren,
die Fähre, die Fahrt,
der Fahrer, das Fahrzeug

fahr|läs|sig

das **Fahr|rad,** die Fahrräder,
Fahrrad fahren

fair, die Fairness

der **Fakt,** die Fakten
(Tatsache), faktisch

der **Fak|tor,** die Faktoren

der **Fall,** die Fälle, auf jeden
Fall, jedenfalls, notfalls

die **Fal|le,** die Fallen

fal|len, er fällt,
sie fiel, ist gefallen,
→ W *fallen,* der Fall

fäl|len,
einen Baum fällen

fäl|lig

falls, falls möglich

falsch, am falschesten

fäl|schen,
die Fälschung

die **Fal|te,** die Falten, faltig

fal|ten

der **Fal|ter,** die Falter

die **Fa|mi|lie,** die Familien

der **Fan** [sprich: fän],
die Fans
(englisch: fanatic)

fa|na|tisch (unduldsam,
rechthaberisch),
der Fanatiker

die **Fan|fa|re,** die Fanfaren

fan|gen, sie fängt,
er fing, hat gefangen,
→ R *Fangen spielen,*
der Fang, der Fänger

die **Fan|ta|sie,** die Fantasien, fantastisch

die **Far|be,** die Farben,
farbig, farbenblind,
die Farbigen

die **Farm,** die Farmen

der **Farn,** die Farne

der **Fa|san,** die Fasane

der **Fa|sching** (bayerisch für → Fastnacht)
fa|seln
die **Fa|ser,** die Fasern
das **Fass,** die Fässer
die **Fas|sa|de,** die Fassaden
fas|sen, die Fassung
fast (beinahe)
fas|ten (weder essen noch trinken)
das **Fast|food** [sprich: faaßtfud], (schnell gemachtes Fertiggericht)
die **Fast|nacht** (Zeit vor → Aschermittwoch)
fa|tal (verhängnisvoll)
fau|chen
faul, die Fäulnis
faul, faulenzen, die Faulheit; aber: → Foul
die **Fau|na** (Tierwelt; → Flora)
die **Faust,** die Fäuste, → W *Hand*
der **Fa|vo|rit,** die Favoriten (vermutlicher Sieger), die Favoritin
das **Fax|ge|rät** (kurz: Fax), faxen
das **Fa|zit** (Ergebnis), ein Fazit ziehen
der **Fe|bru|ar**
fech|ten, sie ficht, er focht, hat gefochten
die **Fe|der,** die Federn, federn, federleicht
die **Fee,** die Feen
fe|gen
feh|len
der **Feh|ler,** die Fehler, fehlerfrei, fehlerlos
fei|ern, feierlich, die Feier
fei|ge, der Feigling, die Feigheit
die **Fei|ge,** die Feigen
die **Fei|le,** die Feilen
fein, die Feinheit
der **Feind,** die Feinde, die Feindin, die Feindschaft, feindlich
das **Feld,** die Felder
die **Fel|ge,** die Felgen
das **Fell,** die Felle (behaarte Haut von → Säugetieren)
der **Fels** / Fel|sen, die Felsen, felsig
fe|mi|nin (weiblich; männlich ist maskulin)
der **Fe|mi|nist,** die Feministen (Feministen arbeiten gegen die Benachteiligung von Frauen und Mädchen.), die Feministin
das **Fens|ter,** die Fenster

A B C D E **F** G H I J K L M N O P Q R S T U V W X Y Z

die **Fe|ri|en**
das **Fer|kel,** die Ferkel
fern, die Ferne
fer|ner
das **Fern|se|hen,** der Fernseher
fern|se|hen → sehen
die **Fer|se,** die Fersen, → R *Ferse*
fer|tig, fertig sein, fix und fertig, fertig machen/fertigmachen
die **Fes|sel,** die Fesseln, fesseln
fest (fest vereinbart)
das **Fest,** die Feste, festlich
fest|stel|len, die Feststellung
die **Fes|tung,** die Festungen (eine Art Burg)
das **Fett,** die Fette
fett (dick und fett), → W *dick,* fettig
der **Fet|zen,** die Fetzen
feucht, die Feuchtigkeit
das **Feu|er,** die Feuer, die Feuerwehr, feuern
das **Fi|as|ko,** die Fiaskos (Misserfolg)
die **Fi|bel,** die Fibeln
die **Fich|te,** die Fichten (→ Nadelbaum)
das **Fie|ber**
er **fiel** (von fallen)

die **Fi|gur,** die Figuren
der **Film,** die Filme, filmen, der Filmstar
der **Fil|ter,** die Filter, filtern
der **Filz,** die Filze
das **Fi|na|le,** die Finale/Finals
die **Fi|nan|zen** (Gelder), finanzieren, finanziell
fin|den, er fand, hat gefunden, → W *finden,* der Fund
der **Find|ling,** die Findlinge (Riesenstein, Überrest der Eiszeit)
der **Fin|ger,** die Finger
der **Fink,** die Finken (→ Singvogel)
fins|ter, die Finsternis
die **Fir|ma,** die Firmen
das **Fir|ma|ment** (Himmelsgewölbe über der Erde)
die **Fir|mung,** firmen
der **First,** die Firste (oberste Kante des Dachs)
der **Fisch,** die Fische, fischen
fit, die Fitness
fix (1. fest, 2. schnell), fix und fertig
der **Fix|stern,** die Fixsterne (eine ferne Sonne, die → fix zu stehen scheint; Gegensatz: → Planet)
flach, die Fläche

fla|ckern, es flackerte
der **Fla|den,** die Fladen, der Kuhfladen
die **Flag|ge,** die Flaggen
die **Flam|me,** die Flammen
die **Flan|ke,** die Flanken, flanken
die **Fla|sche,** die Flaschen
flat|tern, → W *fliegen*
flau (Gefühl leichter Übelkeit)
die **Flau|te,** die Flauten (Windstille)
flech|ten, er flicht, sie flocht, hat geflochten
der **Fleck,** die Flecken, fleckig
die **Fle|der|maus,** die Fledermäuse
der **Fle|gel,** die Flegel (schlecht erzogener Mann)
fle|hen (Er flehte um Rettung.), das Flehen
das **Fleisch,** der Fleischer, → R *Fleischer*
der **Fleiß,** fleißig
flet|schen (die Zähne fletschen)
fle|xi|bel (biegsam, anpassungsfähig)
fli|cken, der Flicken
der **Flie|der** (Busch)
die **Flie|ge,** die Fliegen

flie|gen, er fliegt, sie flog, ist geflogen, → W *fliegen,* der Flieger
flie|hen, er floh, ist geflohen, die Flucht
die **Flie|se,** die Fliesen
flie|ßen, es floss, ist geflossen, → W *fließen*
flim|mern
flink
die **Flin|te,** die Flinten
flit|zen, → W *rennen,* der Flitzer
die **Flo|cke,** die Flocken, flockig
der **Floh,** die Flöhe
die **Flo|ra** (Pflanzenwelt; Tierwelt = die Fauna)
die **Flos|kel,** die Floskeln (bloße Redensart)
das **Floß,** die Flöße, flößen
die **Flos|se,** die Flossen
flö|ten, die Flöte
flott
die **Flot|te,** die Flotten
flu|chen, → W *schimpfen,* der Fluch
die **Flucht,** der Flüchtling
flüch|ten, der Flüchtling
flüch|tig, die Flüchtigkeit
der **Flug,** die Flüge, das Flugzeug, der Flughafen

A B C D E F G H I J K L M N O P Q R S T U V W X Y Z

der **Flü|gel,** die Flügel
flüg|ge (flugbereit)
flun|kern (angeberisch übertreiben)
der **Flur,** die Flure (Hausflur)
die **Flur,** die Fluren (Feldflur)
der **Fluss,** die Flüsse
flüs|sig, die Flüssigkeit
flüs|tern, ich flüstre/flüstere, → W *flüstern*
die **Flut,** die Fluten (→ Ebbe), fluten
das **Foh|len,** die Fohlen (junges Pferd)
der **Föhn** (warmer Wind am Rand der Alpen)
der **Föhn** (Haartrockner), föhnen
fol|gen, die Folge
die **Fo|lie,** die Folien
fol|tern, die Folter
die **Fon|tä|ne,** die Fontänen (Springbrunnen)
for|dern, die Forderung
för|dern, die Förderung
die **Fo|rel|le,** die Forellen (Fisch)
die **Form,** die Formen, formen
for|ma|tie|ren (u. a. die Aufnahme von → Daten vorbereiten)
das **For|mu|lar,** die Formulare
for|schen, der Forscher, die Forschung
der **Forst** (Wald), der Förster
fort, fortfahren
die **Fort|pflan|zung**
der **Fort|schritt,** die Fortschritte, fortschrittlich
das **Fos|sil,** die Fossilien (Reste von Lebewesen aus der Urzeit)
das **Fo|to,** die Fotos
das **Foul,** die Fouls (Der Spieler hat foul gespielt.)
die **Fracht,** die Frachten
fra|gen, er fragt, → W *fragen,* die Frage, fraglich, fraglos
die **Fran|ken** (große deutsche Volksgruppe), das Frankenland, fränkisch
Frank|furt am Main (sehr große Stadt in Hessen), → S. 250
fran|kie|ren
Frank|reich, die Franzosen, französisch
die **Frat|ze,** die Fratzen
die **Frau,** die Frauen, → W *Frau*

frech, die Frechheit, der Frechdachs
frei (ohne Zwang), die Freiheit, im Freien
frei|lich
der **Frei|tag,** die Freitage
frei|wil|lig
die **Frei|zeit,** die Freizeiten
fremd, die Fremde, der Fremde
fres|sen, er frisst, sie fraß, hat gefressen; Friss!, → W *fressen*
sich **freu|en,** ich freute mich, → W *freuen,* die Freude, freudig
der **Freund,** die Freunde, die Freundin, die Freundschaft, freundlich
der **Frie|den** / Frie|de, friedlich
frie|ren, sie fror, hat gefroren
die **Frie|sen** (deutsche Volksgruppe), Friesland, friesisch
die **Fri|ka|del|le,** die Frikadellen
frisch, die Frische
der **Frisch|ling,** die Frischlinge (Wildschwein-Junges)
der **Fri|seur,** die Friseure, die Friseurin
fri|sie|ren
der **Fri|sör,** die Frisöre, die Frisörin
sie **frisst** (von fressen)
die **Frist,** die Fristen, fristlos
die **Fri|sur,** die Frisuren
froh, fröhlich, die Fröhlichkeit
fromm, die Frömmigkeit
der **Fron|leich|nam** (katholisches Fest)
die **Front,** die Fronten, frontal
der **Frosch,** die Frösche
der **Frost,** die Fröste, frostig
frös|teln
der/das **Frot|tee** / Frot|té (Baumwollgewebe)
die **Frucht,** die Früchte, fruchtbar
früh, heute früh, in der Frühe, frühmorgens
frü|her, frühestens
der **Früh|ling,** das Frühjahr
das **Früh|stück**
früh|stü|cken, → W *essen*
frus|triert (enttäuscht), der Frust
der **Fuchs,** die Füchse
fuch|teln, → W *winken*
die **Fu|ge,** die Fugen (Spalt)
(sich) **fü|gen,** ich fügte mich
füh|len, → W *empfinden,* das Gefühl, der Fühler

A B C D E F G H I J K L M N O P Q R S T U V W X Y Z

füh|ren, der Führer, die Führung
fül|len, die Füllung, die Fülle, der Füller
fum|meln, die Fummelei
der **Fund,** die Funde
das **Fun|da|ment,** die Fundamente
fünf, fünfmal, fünfzig
der **Funk,** funken
der **Fun|ke,** die Funken
fun|keln
funk|ti|o|nie|ren
für, füreinander
die **Fur|che,** die Furchen
die **Furcht,** fürchten, → W *Angst haben*
furcht|bar
fürch|ter|lich
für|ei|nan|der
die **Für|sor|ge,** fürsorglich
der **Fürst,** die Fürsten, die Fürstin, fürstlich
die **Furt,** die Furten (flache Stelle bei Flüssen)
der/das **Fu|run|kel,** die Furunkel
der **Fuß,** die Füße, zu Fuß, der Fußball, der Fußgänger
futsch
das **Fut|ter,** → W *Essen,* futtern, füttern

G g

die **Ga|be,** die Gaben
die **Ga|bel,** die Gabeln, der Gabelstapler
ga|ckern, → W *Geräusche*
gaf|fen, der Gaffer
der **Gag** [sprich: gäg], die Gags
die **Ga|ge** [sprich: ga~~sche~~], die Gagen (Bezahlung von Künstlern)
gäh|nen
die **Gal|le,** die Gallen
der **Ga|lopp,** galoppieren
gam|me|lig (kaum noch brauchbar), gammeln
der **Gang,** die Gänge
gän|geln (dauernd bevormunden)
der **Gangs|ter** [sprich: gängster], die Gangster
die **Gans,** die Gänse
ganz, die ganze Zeit, am ganzen Tag, gänzlich, ganztägig, das Ganze, im großen Ganzen
gar (gar gekocht)
gar, gar kein, gar nicht
die **Ga|ra|ge** [sprich: gara~~sche~~], die Garagen

die **Ga|ran|tie,** die Garantien, garantieren
die **Gar|be,** die Garben
die **Gar|de|ro|be,** die Garderoben
die **Gar|di|ne,** die Gardinen
gä|ren, es gärte, ist gegoren, die Gärung
das **Garn,** die Garne
die **Gar|ni|tur,** die Garnituren
gars|tig
der **Gar|ten,** die Gärten, der Gärtner, die Gärtnerei
das **Gas,** die Gase
die **Gas|se,** die Gassen, → W *Straße*
der **Gast,** die Gäste, die Gaststätte, gastlich
der **Gat|te,** die Gatten, die Gattin
das **Gat|ter,** die Gatter
der **Gaul,** die Gäule
der **Gau|men,** die Gaumen
der **Gau|ner,** die Gauner, die Gaunerin
das **Ge|bäck**
die **Ge|bär|de,** die Gebärden (Bewegung der Hände und des Gesichts)
ge|bä|ren, sie gebar, hat geboren, die Geburt

das **Ge|bäu|de,** die Gebäude (von bauen), → W *Haus*
ge|ben, sie gibt, sie gab, hat gegeben; Gib!, → W *geben*
das **Ge|bet,** die Gebete
ge|bie|ten → bieten, das Gebiet
das **Ge|bil|de,** die Gebilde
ge|bil|det, gebildet sein
das **Ge|bir|ge,** die Gebirge, gebirgig
das **Ge|biss,** die Gebisse
ge|bis|sen → beißen
ge|blie|ben → bleiben
ge|bo|ren
das **Ge|bot,** die Gebote
ge|bracht → bringen
ge|brau|chen, der Gebrauch
ge|brech|lich, das Gebrechen
ge|bro|chen → brechen
die **Ge|bühr,** die Gebühren
die **Ge|burt,** die Geburten, der Geburtstag
das **Ge|büsch,** die Gebüsche
ge|dacht → denken
das **Ge|dächt|nis,** die Gedächtnisse

A B C D E F G H I J K L M N O P Q R S T U V W X Y Z

der **Ge|dan|ke,** die Gedanken, → W *Gedanke,* gedankenlos, sich Gedanken machen, → W *überlegen*

das **Ge|deck,** die Gedecke

ge|dei|hen, es gedieh, ist gediehen

ge|den|ken → denken, das Gedenken (Er gedenkt seiner Oma und seines Opas.)

das **Ge|dicht,** die Gedichte

das **Ge|drän|ge**

die **Ge|duld,** geduldig

ge|eig|net

ge|fähr|lich, die Gefahr

der **Ge|fähr|te,** die Gefährten, die Gefährtin

das **Ge|fäl|le,** die Gefälle

ge|fal|len → fallen, → W *freuen*

ge|fäl|lig, die Gefälligkeit

ge|fäl|ligst (Lass gefälligst den Unsinn!)

das **Ge|fäng|nis,** die Gefängnisse, der/die Gefangene

das **Ge|fäß,** die Gefäße

das **Ge|fie|der,** die Gefieder, gefiedert

ge|flo|gen → fliegen

das **Ge|flü|gel**

ge|frä|ßig

das **Ge|fühl,** die Gefühle, fühlen, gefühllos

ge|fun|den → finden

ge|gan|gen → gehen

ge|gen

die **Ge|gend,** die Gegenden

ge|gen|ei|nan|der

der **Ge|gen|satz,** die Gegensätze, gegensätzlich

ge|gen|sei|tig

der **Ge|gen|stand,** die Gegenstände

das **Ge|gen|teil,** die Gegenteile

ge|gen|über

die **Ge|gen|wart,** gegenwärtig

der **Geg|ner,** die Gegner, gegnerisch

das **Ge|halt,** die Gehälter (verdientes Geld)

ge|halt|voll

ge|häs|sig, die Gehässigkeit

das **Ge|he|ge,** die Gehege

ge|heim, das Geheimnis, geheimnisvoll

ge|hen, er geht, er ging, ist gegangen, → W *gehen,* der Gang

ge|heu|er (Dunkelheit ist mir nicht geheuer.)

der **Ge|hil|fe,** die Gehilfen
das **Ge|hirn,** die Gehirne, die Gehirnerschütterung
ge|hol|fen → helfen
das **Ge|hör,** gehörlos
ge|hor|chen, → **W** *gehorchen,* der Gehorsam
ge|hö|ren
der **Ge|hor|sam,** gehorsam
der **Gei|er,** die Geier
die **Gei|ge,** die Geigen
geil
die **Gei|sel,** die Geiseln (Gefangener als Pfand)
die **Geiß,** die Geißen (Ziege)
der **Geist,** die Geister, geistern, geistig
gei|zig, der Geiz, der Geizhals
ge|kriegt (von kriegen)
das **Ge|län|de**
das **Ge|län|der,** die Geländer
ge|lan|gen
gelb, gelbe Blumen
das **Geld,** die Gelder
der/das **Ge|lee** [sprich: schelee], die Gelees
die **Ge|le|gen|heit,** die Gelegenheiten, gelegentlich
ge|lehrt, der/die Gelehrte, gelehrig

das **Ge|lenk,** die Gelenke, gelenkig
ge|lin|gen, es gelang, ist gelungen, → **W** *gelingen;* Gutes Gelingen!
ge|lo|ben, das Gelöbnis
gel|ten, es gilt, es galt, hat gegolten, die Geltung
das **Ge|mach,** die Gemächer
ge|mäch|lich
der **Ge|mahl,** die Gemahlin
das **Ge|mäl|de,** die Gemälde
ge|mäß, programmgemäß
ge|mä|ßigt
ge|mein, die Gemeinheit
die **Ge|mein|de,** die Gemeinden
ge|mein|sam
die **Ge|mein|schaft,** die Gemeinschaften
das **Ge|mü|se,** die Gemüse
das **Ge|müt,** die Gemüter
ge|müt|lich, die Gemütlichkeit
das **Gen,** die Gene (Gene sind in jeder Zelle des Körpers. Sie bestimmen Aussehen und Art von Lebewesen.)

ge|nau, → W *genau,* die Genauigkeit

ge|nau|so, genauso groß

ge|neh|mi|gen, die Genehmigung

der **Ge|ne|ral,** die Generale/Generäle, die Generalin

die **Ge|ne|ra|ti|on,** die Generationen (Kinder, Eltern und Großeltern gehören zu drei Generationen.)

der **Ge|ne|ra|tor,** die Generatoren

ge|ne|sen (gesund werden), die Genesung

ge|ni|al, die Genialität

das **Ge|nick,** die Genicke

das **Ge|nie** [sprich: ~~sch~~enie], die Genies

sich **ge|nie|ren** [sprich: ~~sch~~enieren], sie genierte sich (Es war ihr peinlich.)

ge|nie|ßen, er genoss, hat genossen

der **Ge|ni|tiv,** die Genitive (2. Fall)

ge|nom|men → nehmen

der **Ge|nos|se,** die Genossen

die **Gen|tech|nik** (→ Gene werden in die Zellen von Lebewesen verpflanzt.)

ge|nug

ge|nü|gen, genügend, genügsam, zur Genüge

der **Ge|nuss,** die Genüsse, genüsslich

die **Geo|gra|fie**/Geo|gra|phie (Wissenschaft von der Erdoberfläche)

die **Geo|lo|gie** (Wissenschaft von Bau und Geschichte der Erde)

die **Geo|me|trie** (Teilgebiet der Mathematik)

das **Ge|päck**

ge|ra|de, geradeaus

ge|rannt → rennen

das **Ge|rät,** die Geräte

ge|ra|ten, es geriet, ist geraten

ge|räu|mig

das **Ge|räusch,** die Geräusche, geräuschlos

ge|recht, die Gerechtigkeit

das **Ge|richt,** die Gerichte

ge|ring

ge|rin|nen → rinnen, das Gerinnsel

das **Ge|rip|pe,** die Gerippe

ge|ris|sen → reißen

die **Ger|ma|nen** (einst eine große Volksgruppe in Europa), der Germane, germanisch

gern, gerne
das **Ge|röll**
die **Gers|te** (Getreideart)
der **Ge|ruch,** die Gerüche, geruchlos
das **Ge|rücht,** die Gerüchte
das **Ge|rüm|pel**
das **Ge|rüst,** die Gerüste
ge|samt, die Gesamtheit
ge|sandt → senden
der **Ge|sang,** die Gesänge
das **Ge|säß,** die Gesäße
das **Ge|schäft,** die Geschäfte, geschäftlich
ge|sche|hen, es geschieht, es geschah, ist geschehen, → W *geschehen*
ge|scheit, gescheit werden, → W *verstehen*
das **Ge|schenk,** die Geschenke
die **Ge|schich|te,** die Geschichten
ge|schickt, die Geschicklichkeit
das **Ge|schirr,** die Geschirre
das **Ge|schlecht,** die Geschlechter
der **Ge|schmack,** die Geschmäcke, geschmacklich
ge|schmei|dig
das **Ge|schöpf,** die Geschöpfe
ge|schrie|ben → schreiben
das **Ge|schütz,** die Geschütze
ge|schwind, die Geschwindigkeit
die **Ge|schwis|ter**
das **Ge|schwür,** die Geschwüre
der **Ge|sel|le,** die Gesellen, die Gesellin
die **Ge|sell|schaft,** die Gesellschaften
das **Ge|setz,** die Gesetze (Regel für unser Zusammenleben)
das **Ge|sicht,** die Gesichter
das **Ge|sin|del**
das **Ge|spenst,** die Gespenster, gespenstisch
das **Ge|spräch,** die Gespräche, gesprächig
ge|spren|kelt
ge|stal|ten, die Gestalt
das **Ge|ständ|nis,** die Geständnisse, → W *zugeben*
ge|stat|ten

A B C D E F G H I J K L M N O P Q R S T U V W X Y Z

die **Ges|te,** die Gesten (Bewegung von Händen oder Kopf beim Sprechen), die Gestik
ge|ste|hen → stehen, → W *zugeben*
das **Ge|stell,** die Gestelle
ges|tern
ges|ti|ku|lie|ren, → W *winken*
das **Ge|strüpp**
ge|sund, gesunde Zähne, die Gesundheit
das **Ge|tränk,** die Getränke
das **Ge|trei|de,** die Getreide (z. B. Roggen, Weizen, Hafer, Gerste, Dinkel)
das **Ge|trie|be,** die Getriebe
das **Ge|wächs,** die Gewächse (Pflanzen)
das **Ge|wächs|haus** (→ Treibhaus)
ge|wäh|ren
die **Ge|walt,** die Gewalten, gewaltsam
ge|wal|tig, → W *groß*
das **Ge|wand,** die Gewänder
ge|wandt, gewandt sein, die Gewandtheit
das **Ge|wäs|ser,** die Gewässer
das **Ge|wehr,** die Gewehre
das **Ge|weih,** die Geweihe
das **Ge|wer|be,** die Gewerbe
die **Ge|werk|schaft,** die Gewerkschaften
ge|we|sen (von sein)
das **Ge|wicht,** die Gewichte
ge|wich|tig
das **Ge|wim|mel**
das **Ge|win|de,** die Gewinde
ge|win|nen, sie gewann, hat gewonnen, der Gewinn
das **Ge|wirr**
ge|wiss, die Gewissheit
das **Ge|wis|sen,** die Gewissen, gewissenhaft, die Gewissensbisse
ge|wis|ser|ma|ßen
das **Ge|wit|ter,** die Gewitter, gewittrig / gewitterig
(sich) **ge|wöh|nen,** ich gewöhnte mich, die Gewohnheit, gewöhnlich
das **Ge|wöl|be,** die Gewölbe, gewölbt
das **Ge|würz,** die Gewürze
die **Ge|zei|ten** (→ Ebbe und Flut)
der **Gie|bel,** die Giebel
die **Gier,** gierig
gie|ßen, sie goss, hat gegossen, der Guss
das **Gift,** die Gifte, giftig
gi|gan|tisch, der Gigant
ich **ging** (von gehen)

der **Gip|fel,** die Gipfel
der **Gips,** gipsen
die **Gi|raf|fe,** die Giraffen
die **Gir|lan|de,** die Girlanden
die **Gischt**
die **Gi|tar|re,** die Gitarren, der Gitarrist
das **Git|ter,** die Gitter
glän|zen, der Glanz
das **Glas,** die Gläser, glasig, glasklar, die Glasur
glatt, die Glätte, glätten
die **Glat|ze,** die Glatzen
glau|ben, → W *glauben*, der Glaube, gläubig
der **Gläu|bi|ger,** die Gläubiger (Ein Schuldner hat Schulden bei einem Gläubiger.), die Gläubigerin
gleich, das Gleiche, das Gleichgewicht, gleichgültig, gleichmäßig, gleichzeitig, gleichberechtigt
das **Gleis,** die Gleise
glei|ten, sie glitt, ist geglitten
der **Glet|scher,** die Gletscher
das **Glied,** die Glieder, gliedern, die Gliederung
glit|schig
glit|zern, → W *leuchten*
glo|bal (weltweit)
die **Glo|ba|li|sie|rung** (Alles, was auf unserem Erdglobus geschieht, ist miteinander verflochten. Auf der ganzen Welt spielen Kinder mit Spielzeug aus Asien, deutsche Stahlwerke brauchen Kohle aus Korea; eine E-Mail aus den USA ist sekundenschnell bei uns usw.)
der **Glo|bus,** die Globen / die Globusse
die **Glo|cke,** die Glocken
glot|zen, → W sehen, die Glotze
das **Glück,** glücklich
glü|cken, → W *gelingen*, der Plan glückte
glu|ckern
glü|hen
die **Glut,** die Gluten, glühen
die **Gna|de,** gnädig, gnadenlos
das **Gold,** golden, goldig
der **Gold|hams|ter,** die Goldhamster
das **Golf** (Rasenspiel), Golf spielen
der **Gong,** die Gongs
gön|nen

A B C D E F G H I J K L M N O P Q R S T U V W X Y Z

der **Go|ril|la,** die Gorillas (Affenart)
der **Gott,** die Götter, die Göttin; Gott sei Dank!
gra|ben, er grub, hat gegraben, das Grab
der **Gra|ben,** die Gräben
der **Grad,** die Grade, 30 Grad (30°)
der **Graf,** die Grafen, die Gräfin, gräflich
die **Gra|fik,** die Grafiken, grafisch
der **Gram** (Kummer), ich gräme mich
das **Gramm,** fünf Gramm
die **Gram|ma|tik,** grammatisch
die **Gra|na|te,** die Granaten
der **Gra|nit,** die Granite (ein Vulkanstein)
die **Gran|ne,** die Grannen (Borste an Getreideähren)
die **Gra|phik,** die Graphiken
das **Gras,** die Gräser, grasen
gras|sie|ren, die Grippe grassiert (verbreitet sich)
gräss|lich
der **Grat,** der Grat des Berges
die **Grä|te,** die Gräten (Knochen der Fische)
gra|tis (kostenlos)
grät|schen, die Grätsche
gra|tu|lie|ren, die Gratulation
grau, graublau
grau|en, das Grauen, grauenhaft
die **Grau|pel,** die Graupeln
grau|sam, die Grausamkeit
grau|sig
grei|fen, sie griff, hat gegriffen, → W *nehmen,* der Griff
der **Greif|vo|gel,** die Greifvögel (z. B. Adler)
der **Greis,** die Greise, die Greisin
grell (zu hell beleuchtet)
die **Gren|ze,** die Grenzen
der **Grenz|wert** (äußerste erlaubte Grenze)
Grie|chen|land, die Griechen, griechisch
der **Grieß,** der Grießpudding
der **Griff,** die Griffe, griffig
der **Grill,** die Grills, grillen
die **Gril|le,** die Grillen
die **Gri|mas|se,** die Grimassen
grim|mig, der Grimm
grin|sen
die **Grip|pe,** die Grippen (ärger als Erkältung)

grob, gröber, am gröbsten, der Grobian
grö|len, → W *singen*
der **Groll,** grollen
groß, größer, am größten, → W *groß,* die Größe, etwas Großes, die Großen gegen die Kleinen, großartig, großzügig, großenteils
Groß|bri|tan|ni|en (Great Britain)
die **Gru|be,** die Gruben
grü|beln, ins Grübeln kommen
die **Gruft,** die Gruften
grün, grünen, es grünt, die Ampel zeigt Grün, die Grünen (politische Partei)
der **Grund,** die Gründe
grün|den, die Gründung
das **Grund|ge|setz** (→ Verfassung)
gründ|lich
der **Grün|don|ners|tag** (Tag vor → Karfreitag)
der **Grund|riss,** die Grundrisse
der **Grund|satz,** die Grundsätze, grundsätzlich
die **Grund|schu|le,** die Grundschulen
das **Grund|stück,** die Grundstücke
das **Grund|was|ser**
grun|zen
die **Grup|pe,** die Gruppen
sich **gru|seln,** er gruselte sich, gruselig/gruslig
grü|ßen, der Gruß
gu|cken, → W *sehen*
das/der **Gu|lasch**
die **Gül|le** (Urin und Kot aus Viehställen)
der/das **Gul|ly,** die Gullys
gül|tig, die Gültigkeit
der/das **Gum|mi,** die Gummis, der Gummitwist
güns|tig, die Gunst
die **Gur|gel,** die Gurgeln, gurgeln
die **Gur|ke,** die Gurken
der **Gurt,** die Gurte
der **Gür|tel,** die Gürtel
gut, besser, am besten, → W *gut,* etwas Gutes, ich sage es dir im Guten, ich bin gut drauf, es ist gut gemeint, Schaden wiedergutmachen, alles Gute, die Güte
das **Gut,** die Güter (Er verlor sein Hab und Gut.)
das **Gym|na|si|um,** die Gymnasien
die **Gym|nas|tik**

A B C D E F G **H** I J K L M N O P Q R S T U V W X Y Z

H h

das **Haar,** die Haare,
→ W *Haar,* das Härchen, haarig, haarscharf

die **Ha|be,** das Hab und Gut

ha|ben, du hast, sie hat, sie hatte, hat gehabt, ihr habt

der **Ha|bicht,** die Habichte (Greifvogel)

die **Ha|cke,** die Hacken, hacken

der **Ha|fen,** die Häfen

der **Ha|fer** (Getreideart)

die **Haft** (Gefangenschaft), der Häftling

haf|ten (Staub haftet an Schuhen. Jeder haftet für Schäden, die er anrichtet.), die Haftung

die **Ha|ge|but|te,** die Hagebutten

der **Ha|gel,** hageln

ha|ger (sehniger, knochiger Körper)

der **Hahn,** die Hähne (männliches Huhn)

der **Hai,** die Haie (Raubtier)

hä|keln

der **Ha|ken,** die Haken

halb, halbieren, die Halbzeit, halbtags

die **Hal|de,** die Halden

die **Hälf|te,** die Hälften

die **Hal|le,** die Hallen

hal|len, der Hall

hal|lo

das **Hal|lo|ween** [sprich: hällouwien]

der **Halm,** die Halme

der **Hals,** die Hälse

der **Halt,** Halt/halt rufen, keinen Halt finden, Halt machen/haltmachen

halt|bar

hal|ten, sie hält, er hielt, hat gehalten,
→ W *anhalten*

die **Hal|tung**

Ham|burg (Bundesland und sehr große Stadt), die Hamburger, hamburgisch, → S. 250

der **Ham|mel,** die Hammel

der **Ham|mer,** die Hämmer, hämmern

ham|peln

der **Hams|ter,** die Hamster, hamstern

die **Hand,** die Hände,
→ W *Hand,* handlich, eine Handvoll/eine Hand voll

han|deln, die Handlung, der Händler

das **Hand|werk,** der Handwerker, die Handwerkerin

das **Han|dy** [sprich: händi], die Handys

der **Hang,** die Hänge

die **Hän|ge|mat|te,** die Hängematten, → W *Bett*

hän|gen (Sie hängte das Hemd auf; sie hat es aufgehängt; das Hemd hing im Schrank, es hat lange gehangen.)

Han|no|ver (Hauptstadt von Niedersachsen), → S. 251

die **Han|se** (Verband von Handelsstädten im Mittelalter; es gab viel mehr als HB, HGW, HH, HL, HRO, HST, HWI), die Hanseaten, hanseatisch, die Hansestadt

hän|seln

der **Hap|pen,** die Happen

das **Hap|py End**/Hap|py|end [sprich: häppiend], die Happy Ends/Happyends

der **Hard|rock**/Hard Rock (Musikstil)

die **Hard|ware** [sprich: hardwär], (das gesamte Material und die Elektrik eines Computers; → Software)

die **Har|fe,** die Harfen

die **Har|ke,** die Harken, → R *Harke*

harm|los

har|mo|nie|ren, die Harmonie, harmonisch

der **Harn,** die Harnblase

hart, härter, am härtesten, → W *hart,* die Härte, hartnäckig, hartherzig

das **Harz** (klebriger Saft der Nadelbäume), harzig

der **Ha|se,** die Hasen

die **Ha|sel|nuss,** die Haselnüsse

has|sen, der Hass

häss|lich

du **hast** (von haben)

die **Hast,** hastig, hasten

er **hat,** sie hatte (von haben)

sie **hät|te** (von haben)

der **Hauch,** hauchen, hauchdünn

hau|en, → W *schlagen*

der **Hau|fen,** die Haufen

häu|fig

A B C D E F G H I J K L M N O P Q R S T U V W X Y Z

das **Haupt,** die Häupter,
die Hauptsache,
die Hauptstadt,
der Häuptling
haupt|säch|lich
das **Haus,** die Häuser,
→ W *Haus,* zu Hause/
zuhause, haushoch
hau|sen
der **Haus|schuh,**
die Hausschuhe,
→ R *Hausschuhe*
das **Haus|tier,** die Haustiere
die **Haut,** die Häute
die **Heb|am|me,**
die Hebammen
(Geburtshelferin)
der **He|bel,** die Hebel
he|ben, sie hob,
hat gehoben
das **Heck** (hinterer Teil eines
Schiffes)
die **He|cke,** die Hecken
das **Heer,** die Heere
die **He|fe,** der Hefeteig
das **Heft,** die Hefte, heften,
das Heftpflaster
hef|tig, die Heftigkeit
der **Heh|ler,** die Hehler
(Helfer beim Diebstahl)
die **Hei|de,** die Heiden
(unbebautes Land)
der **Hei|de,** die Heiden
(Nichtchrist), heidnisch

die **Hei|del|bee|re,**
die Heidelbeeren,
→ R *Heidelbeere*
hei|len, die Heilung,
der Heilpraktiker
hei|lig, die Heiligen,
der Heilige Abend,
der Heilige Geist, die
Heiligen Drei Könige
heim, ich fahre heim,
wir wollen heimfahren
das **Heim,** die Heime
die **Hei|mat,** heimatlich,
heimatlos, heimisch
heim|lich,
heimlichtun,
die Heimlichkeit
heim|wärts,
heimwärts fahren
das **Heim|weh**
das **Hein|zel|männ|chen,**
die Heinzelmännchen
die **Hei|rat,** die Heiraten,
heiraten
hei|ser, die Heiserkeit
heiß, heißhungrig
hei|ßen, er hieß,
hat geheißen
hei|ter, die Heiterkeit
hei|zen, die Heizung
die **Hek|tik** (fieberhafte Hast),
hektisch
der/das **Hek|to|li|ter,**
die Hektoliter (100 Liter)

der **Held,** die Helden,
die Heldin
hel|fen, sie hilft, er half,
hat geholfen; Hilf!
hell, die Helligkeit,
hellblau, hellhörig
der **Helm,** die Helme
das **Hemd,** die Hemden
hem|men,
die Hemmung,
hemmungslos
der **Hengst,** die Hengste
(männliches Pferd)
der **Hen|kel,** die Henkel
die **Hen|ne,** die Hennen
(weibliches Huhn)
her; Her damit!
he|rab, herabsehen
he|ran, herankommen
he|raus
he|raus|krie|gen,
→ W *finden*
herb (ein herber Duft)
her|bei, herbeikommen
die **Her|ber|ge,**
die Herbergen
der **Herbst,** herbstlich
der **Herd,** die Herde
die **Her|de,** die Herden
he|rein, hereinkommen
der **He|ring,** die Heringe
die **Her|kunft,** die Herkünfte
der **Herr,** die Herren,
→ W *Mann,* herrisch
herr|lich, → W *schön*
herr|schen,
der Herrscher
her|stel|len,
die Herstellung
he|rü|ber
he|rum
he|run|ter
her|vor
her|vor|ra|gend
das **Herz,** die Herzen
herz|lich,
die Herzlichkeit
der **Her|zog,** die Herzöge,
die Herzogin
Hes|sen (Bundesland),
die Hessen, hessisch,
→ S. 251
het|zen, die Hetze
das **Heu,** der Heuschnupfen
heu|cheln, der Heuchler
heu|er (dieses Jahr)
heu|len, → W *weinen*
die **Heu|schre|cke,**
die Heuschrecken,
→ R *Heuschrecke*
heu|te, lieber heute als
morgen, heute Morgen
die **He|xe,** die Hexen,
die Hexerei, hexen
der **Hieb,** die Hiebe
hier, hierauf, hierbei
hier|blei|ben → bleiben
hier|durch, hiermit

A B C D E F G **H** I J K L M N O P Q R S T U V W X Y Z

die **Hie|ro|gly|phen** (uralte Bilderschrift bei den Ägyptern)
die **Hil|fe,** die Hilfen, er hilft
hilf|los, hilfsbereit
der **Him|mel,** himmlisch, die Himmelsrichtung
hin, hin und her
hi|nauf|stei|gen → steigen
hi|naus|se|hen → sehen
hin|dern, das Hindernis
hin|durch, hinein
hin|fal|len → fallen
hin|ge|hen → gehen
hin|ken
hin|set|zen
die **Hin|sicht,** die Hinsichten
hin|ten
hin|ter, hintereinander
der **Hin|ter|grund,** die Hintergründe
hin|ter|her
hin|ter|lis|tig
der **Hin|tern,** die Hintern
hin|ter|rücks
hi|nü|ber|ge|hen → gehen
hi|nun|ter|ge|hen → gehen
der **Hin|weis,** die Hinweise
hin|zu, hinzulernen
das **Hirn,** die Hirne
der **Hirsch,** die Hirsche
die **Hir|se**
der **Hirt**/Hir|te, die Hirten
der **His|to|ri|ker,** die Historiker (Wissenschaftler für das Gebiet der Geschichte), die Historikerin
die **Hit|pa|ra|de,** die Hitparaden, der Hit
die **Hit|ze,** hitzefrei
das **Hob|by,** die Hobbys
der **Ho|bel,** die Hobel, hobeln
hoch, höher, am höchsten, die Höhe
das **Hoch,** die Hochs (Hochdruckgebiet: Kalte Luft ist schwerer als warme Luft. Ihr Druck auf die Erde ist hoch. Das Wetter ist dann oft gut. Gegensatz: → Tief)
der **Hoch|mut,** hochmütig
hoch|nä|sig
höchst, höchstens
höchst|wahr|schein|lich
die **Hoch|zeit,** die Hochzeiten
ho|cken, die Hocke, der Hocker
das **Ho|ckey**
der **Ho|den,** die Hoden
der **Hof,** die Höfe
hof|fen, die Hoffnung, hoffnungslos

hof|fent|lich
höf|lich, die Höflichkeit
ho|he, hohe Bäume
die **Hö|he,** die Höhen
hohl, der Hohlraum
die **Höh|le,** die Höhlen, → W *Loch*
der **Hohn,** höhnen, höhnisch
der **Ho|kus|po|kus**
ho|len
Hol|land, die Holländer, holländisch
die **Höl|le,** die Höllen, höllisch
der **Holm,** die Holme
hol|pern, holprig/holperig
der **Ho|lun|der,** die Holunder (Strauch und Baum)
das **Holz,** die Hölzer, hölzern
die **Ho|möo|pa|thie** (sanftes Heilverfahren), homöopathisch
die **Ho|mo|se|xu|a|li|tät**
der **Ho|nig,** die Honige
das **Ho|no|rar,** die Honorare (Bezahlung), honorieren
der **Hop|fen** (Kletterpflanze)
hop|peln
hopp|la
hop|sen, → W *springen,* der Hopser
hor|chen, → W *hören*
die **Hor|de,** die Horden
hö|ren, → W *hören,* der Hörer
der **Ho|ri|zont,** die Horizonte (Linie, an der sich Himmel und Erde scheinbar berühren)
ho|ri|zon|tal (waagerecht, Gegensatz: → vertikal)
das **Hor|mon,** die Hormone
das **Horn,** die Hörner
die **Hor|nis|se,** die Hornissen
das **Ho|ro|skop,** die Horoskope
der **Hor|ror**
der **Hort,** die Horte
hor|ten (Vorrat sammeln)
die **Ho|se,** die Hosen
das **Hos|pi|tal,** die Hospitäler (kleines Krankenhaus)
die **Hos|tie,** die Hostien (Abendmahlsbrot)
das **Ho|tel,** die Hotels
hübsch
der **Hub|schrau|ber,** die Hubschrauber
hu|cke|pack
der **Huf,** die Hufe
die **Hüf|te,** die Hüften
der **Hü|gel,** die Hügel, hüglig/hügelig
das **Huhn,** die Hühner
die **Hül|le,** die Hüllen

A B C D E F G H I J K L M N O P Q R S T U V W X Y Z

die **Hül|se,** die Hülsen, die Hülsenfrucht
hu|man (menschlich, menschenwürdig)
die **Hum|mel,** die Hummeln
der **Hu|mor,** humoristisch
hum|peln
der **Hu|mus** (fruchtbarer Erdboden)
der **Hund,** die Hunde
hun|dert, hundertmal, hunderte/Hunderte, hundertprozentig
der **Hü|ne,** die Hünen (sehr großer, kräftiger Mann)
der **Hun|ger,** hungern, hungrig
die **Hu|pe,** die Hupen, hupen
hüp|fen, → W *springen*
die **Hür|de,** die Hürden
hur|ra
hu|schen
hüs|teln, → W *husten*
hus|ten, → W *husten,* der Husten
der **Hut,** die Hüte
hü|ten, auf der Hut sein
die **Hüt|te,** die Hütten, → W *Haus*
der **Hy|drant,** die Hydranten (Wasserzapfstelle auf der Straße)
die **Hy|gi|e|ne** (Sauberkeit, Reinlichkeit), hygienisch

I i

der **IC** (→ Intercity), der ICE
ich, ichbezogen
ide|al (besser geht es nicht), das Ideal
die **Idee,** die Ideen, → W *Gedanke*
iden|tisch (völlig gleich)
der **Idi|ot,** die Idioten, die Idiotin, idiotisch
idyl|lisch (friedlich, beschaulich), die Idylle
der **Igel,** die Igel
der/das **Ig|lu,** die Iglus
ig|no|rie|ren (absichtlich nicht beachten)
ihn (Sie gibt ihnen allen ihre Hefte, auch ihm und ihr, lobt aber nur ihn.)
ih|rem (in ihrem Bett)
il|le|gal (ungesetzlich; Gegensatz: → legal)
die **Il|lus|trier|te,** die Illustrierten
im (in dem Haus)
der **Im|biss,** die Imbisse
imi|tie|ren (nachahmen), die Imitation
der **Im|ker,** die Imker (Züchter von Bienen)
im|mer, immerfort

im|mer|grün
im|mer|hin
die **Im|mi|gra|ti|on** (→ Einwanderung), die Immigranten (Einwanderer)
im|mun (unempfindlich gegen eine Krankheit)
der **Im|pe|ra|tiv,** die Imperative (Befehlsform)
imp|fen, die Impfung
im|po|nie|ren (großen Eindruck machen)
der **Im|port,** die Importe (Einfuhr von Waren, z. B. Erdgas aus Russland; Gegensatz: Export), importieren
im|po|sant (eindrucksvoll), ein imposanter Palast
im|prä|gnie|ren (wasserdicht oder feuerfest machen), die Imprägnierung
im|pro|vi|siert (unvorbereitet), die Improvisation
im|pul|siv (ohne nachzudenken plötzlich gehandelt)
im|stan|de/ im Stan|de sein
in (in einem Haus)
in|dem (Er hilft in dem Haus, indem er es putzt.)
der **In|di|a|ner,** die Indianer
in|dis|kret (Gegensatz: → diskret), die Indiskretion
das **In|di|vi|du|um,** die Individuen (Einzelwesen), individuell
die **In|dus|tri|a|li|sie|rung**
die **In|dus|trie,** die Industrien (die Gesamtheit aller Fabriken)
in|ei|nan|der
die **In|fek|ti|on,** die Infektionen (Ansteckung mit einer Krankheit), der Infekt, infizieren
der **In|fi|ni|tiv,** die Infinitive (Grundform des Verbs)
die **In|fla|ti|on** (Geldentwertung)
die **In|for|ma|tik** (Computer-Wissenschaft), der Informatiker
in|for|mie|ren, die Information, der Informant
der **In|ge|ni|eur** [sprich: inschenjöhr], die Ingenieure, die Ingenieurin

in|ha|lie|ren (einatmen), die Inhalation

der **In|halt,** die Inhalte

die **Ini|ti|a|ti|ve,** die Initiativen (Er ergreift die Initiative und handelt.)

in|klu|si|ve (einschließlich)

in|ko|gni|to (unter anderem Namen leben oder reisen)

die **In|line|skates** [sprich: inleinskäits]

in|ne|hal|ten

in|nen

in|ner|halb, innerlich

in|nig, die Innigkeit

ins (Geh in das Haus!)

der **In|sas|se,** die Insassen, die Insassin

ins|be|son|de|re

das **In|sekt,** die Insekten

die **In|sel,** die Inseln

das **In|se|rat,** die Inserate (Zeitungsanzeige), inserieren

ins|ge|heim

ins|ge|samt

in|so|fern

die **In|sol|venz,** die Insolvenzen (Rechnungen können nicht mehr bezahlt werden.)

die **In|spek|ti|on,** die Inspektionen, der Inspektor, inspizieren

der **In|stal|la|teur** [sprich: installatöhr], die Installateure (Er installiert Wasser-, Gas- und Elektroleitungen in Häusern.), die Installateurin

in|stand hal|ten/ in Stand hal|ten

in|stän|dig, inständig bitten

der **In|stinkt,** die Instinkte (Vögel bauen Nester, Säuglinge saugen Muttermilch. Niemand lehrte es sie. Es ist ihnen angeboren.), instinktiv

das **In|sti|tut,** die Institute, die Institution

das **In|stru|ment,** die Instrumente

in|takt (unbeschädigt)

in|te|grie|ren (Er ist in die Gemeinschaft integriert.), die Integration

in|tel|li|gent, die Intelligenz

in|ten|siv, die Intensität

der **In|ter|ci|ty,** die Intercitys (schneller Zug)

interessant
das **Interesse,** die Interessen, interessieren
international (An internationalen Meisterschaften sind Sportler unterschiedlicher Nationen beteiligt. Gegensatz: → Nation)
das **Internet** (weltweites Computernetzwerk)
das **Interview,** die Interviews, interviewen
intolerant (Gegensatz: → tolerant)
inzwischen
irgend, irgendwann irgendwo, irgendjemand, irgendetwas, irgendein
die **Ironie** (verdeckter Spott), ironisch
irren, der Irrtum
der **Islam** (große Weltreligion; → Muslim; → Koran; → Mohammed), islamisch
die **Isolation** (Abkapselung, Abdichtung), isolieren
du **isst** (von essen)
er **ist** (du bist, sie ist, er ist)
Italien, die Italiener, italienisch

J j

ja, Ja/ja sagen
die **Jacht,** die Jachten
die **Jacke,** die Jacken
der **Jackpot,** die Jackpots
jagen, die Jagd
der **Jaguar,** die Jaguare
jäh, der Jähzorn
das **Jahr,** die Jahre, jährlich, jahrelang
die **Jalousie** [sprich: ~~sch~~alusie], die Jalousien
der **Jammer,** jammern, jämmerlich
der **Januar**
Japan, die Japaner, japanisch
japsen
jäten
jauchzen
jaulen (Der Hund jault.)
jawohl
der **Jazz** [sprich: ~~dsch~~ääs], (Musikstil)
je (je mehr, desto besser)
die **Jeans** [sprich: d~~sch~~iens]
jede, jede Menge
jedenfalls
jeder, jedes Mal
jedoch
der **Jeep** [sprich: d~~sch~~iep], die Jeeps

je|mals
je|mand
(jemanden sehen, jemandem zusehen)
je|ne, jener
jen|seits
Je|sus (Jüdischer Wanderprediger vor 2000 Jahren: Aus seinen Predigten entwickelte sich das → Christentum. → Advent; → Karfreitag; → Ostern)
der **Jet** [sprich: ~~dsch~~et], die Jets (Düsenflugzeug)
jetzt
je|weils
der **Job** [sprich: ~~dsch~~ob], die Jobs, jobben
jo|deln
jog|gen [sprich: ~~dsch~~oggen]
der/das **Jo|ghurt**/Jo|gurt, die Joghurts/Jogurts
joh|len, → [W] *schreien*
jon|glie|ren [sprich: ~~sch~~onglieren], der Jongleur
der **Jour|na|list** [sprich: ~~sch~~urnalist], die Journalisten, die Journalistin
ju|beln, → [W] *freuen,* der Jubel, jubilieren
das **Ju|bi|lä|um,** die Jubiläen, der Jubilar
ju|cken
der **Ju|de,** die Juden, die Jüdin, jüdisch
das **Ju|do**
die **Ju|gend,** jugendlich, die Jugendherberge
das **Ju|gend|amt**
der **Ju|li**
der **Jum|bo|jet** [sprich: jumbodschet], die Jumbojets
jung, jüngst
der **Jun|ge,** die Jungen, → [W] [R] *Junge,* der Jüngling, jung
der **Ju|ni**
der **Ju|ni|or,** die Junioren (Jüngere, Gegensatz: → Senior), die Juniorin
der **Ju|rist,** die Juristen (Experten für → Gesetze), die Juristin
die **Ju|ry** [sprich: d~~sch~~ürie], die Jurys (Preisgericht)
die **Jus|tiz** (alles, was mit den Gerichten zusammenhängt)
das **Ju|wel,** die Juwelen (Schmuckstein), der Juwelier
der **Jux** (Spaß: Bei den Römern hieß „iocus" Scherz.)

K k

das **Ka|bel,** die Kabel
die **Ka|bi|ne,** die Kabinen
die **Ka|chel,** die Kacheln
der **Kä|fer,** die Käfer
das **Kaff,** die Kaffs
der **Kaf|fee**
der **Kä|fig,** die Käfige
kahl
der **Kahn,** die Kähne
der **Kai|ser,** die Kaiser
der **Ka|kao**
der **Kak|tus,** die Kakteen
das **Kalb,** die Kälber
der **Ka|len|der,** die Kalender
der **Kalk**
kalt, kälter, die Kälte
ich **kam** (von kommen)
das **Ka|mel,** die Kamele
die **Ka|me|ra,** die Kameras
der **Ka|me|rad,** die Kameraden, die Kameradin, die Kameradschaft
die **Ka|mil|le,** die Kamillen
der **Ka|min,** die Kamine
der **Kamm,** die Kämme, kämmen
die **Kam|mer,** die Kammern
der **Kampf,** die Kämpfe, kämpfen
der **Ka|nal,** die Kanäle
die **Ka|na|li|sa|ti|on** (Rohre für Abwasser)
der **Kan|di|dat,** die Kandidaten, die Kandidatin, kandidieren
das **Ka|nin|chen,** die Kaninchen
der **Ka|nis|ter,** die Kanister
ich **kann,** du kannst (von kommen)
die **Kan|ne,** die Kannen
der **Ka|non,** die Kanons
die **Ka|no|ne,** die Kanonen
die **Kan|te,** die Kanten
das **Ka|nu,** die Kanus
die **Kan|zel,** die Kanzeln
der **Kanz|ler,** die Kanzler, die Kanzlerin
die **Ka|pel|le,** die Kapellen
ka|pie|ren
der **Ka|pi|tän,** die Kapitäne, die Kapitänin
das **Ka|pi|tel,** die Kapitel
die **Kap|pe,** die Kappen
die **Kap|sel,** die Kapseln
ka|putt, kaputt machen / kaputtmachen, es ist kaputtgegangen
die **Ka|pu|ze,** die Kapuzen
der **Kar|frei|tag** (Freitag vor → Ostern; Tag der Kreuzigung von → Jesus)
ka|riert, das Karo

A B C D E F G H I J **K** L M N O P Q R S T U V W X Y Z

die **Ka|ri|es** (Zahnfäule)
der **Kar|ne|val**
(→ Fasching; → Fastnacht)
das **Ka|ro,** die Karos, kariert
die **Ka|ros|se|rie,**
die Karosserien,
die Karosserie des Autos
die **Ka|rot|te,** die Karotten,
→ [R] *Mohrrübe*
der **Karp|fen,** die Karpfen
die **Kar|ri|e|re,** die Karrieren
(berufliche Laufbahn)
die **Kar|te,** die Karten
die **Kar|tei,** die Karteien
die **Kar|tof|fel,**
die Kartoffeln,
→ [R] *Kartoffel*
der **Kar|ton,** die Kartons,
kartoniert
das **Ka|rus|sell,** die
Karussells / Karusselle
der **Kä|se**
die **Ka|ser|ne,** die Kasernen
der **Kas|per,** die Kasper,
das Kasperle,
das Kaspertheater
die **Kas|se,** die Kassen
die **Kas|set|te,**
die Kassetten
kas|sie|ren
die **Kas|ta|nie,**
die Kastanien
(→ Laubbaum)
der **Kas|ten,** die Kästen

der **Ka|ta|log,** die Kataloge
der **Ka|ta|ly|sa|tor**
(kurz: Kat),
die Katalysatoren
die **Ka|ta|stro|phe,**
die Katastrophen,
katastrophal
der **Ka|ter,** die Kater
ka|tho|lisch,
der Katholik
die **Kat|ze,** die Katzen
kau|en
(sich) **kau|ern,** sie kauerte
kau|fen, der Kauf, der
Käufer, der Kaufmann
die **Kaul|quap|pe,**
die Kaulquappen
(Daraus werden
Frösche.)
kaum
der **Kauz,** die Käuze
keck, die Keckheit
der **Ke|gel,** die Kegel, kegeln
die **Keh|le,** die Kehlen
keh|ren, die Kehre
kei|fen
der **Keil,** die Keile
der **Keim,** die Keime,
keimen, keimfrei
kein, keinmal,
auf keinen Fall
der **Keks,** die Kekse
der **Kelch,** die Kelche
die **Kel|le,** die Kellen

der **Kel|ler,** die Keller
der **Kell|ner,** die Kellner,
die Kellnerin
ken|nen, er kannte,
hat gekannt, die Kenntnis
ken|tern
(Das Boot kenterte.)
die **Ker|be,** die Kerben, kerben
der **Kerl,** die Kerle, → W *Mann*
der **Kern,** die Kerne
die **Kern|ener|gie**
die **Ker|ze,** die Kerzen,
kerzengerade
der **Kes|sel,** die Kessel
der/das **Ket|schup**/Ket|chup
[sprich: ketschap]
die **Ket|te,** die Ketten
keu|chen,
der Keuchhusten
die **Keu|le,** die Keulen
das **Key|board**
[sprich: kiebord],
die Keyboards
das **Kfz,** die Kfz
(Kraftfahrzeug;
→ Lkw; → Pkw)
ki|chern, → W *lachen*
der **Kie|bitz,** die Kiebitze
der **Kie|fer,** die Kiefer
(Gebissknochen)
die **Kie|fer,** die Kiefern
(→ Nadelbaum)
Kiel (Hauptstadt von
Schleswig-Holstein)

die **Kie|me,** die Kiemen
(Damit atmen viele
Wassertiere.)
der **Kies,** der Kiesel
kil|len, der Killer
das **Ki|lo|gramm**
(kg, kurz: Kilo)
der **Ki|lo|me|ter,**
die Kilometer (km)
das **Kind,** die Kinder,
die Kindheit, kindisch,
kindlich, kinderleicht
das **Kinn,** die Kinne
das **Ki|no,** die Kinos
der **Ki|osk,** die Kioske,
→ W *Haus*
kip|pen, → W *fallen*
die **Kir|che,** die Kirchen,
die Kirchweih, kirchlich
die **Kir|mes**
die **Kir|sche,** die Kirschen
das **Kis|sen,** die Kissen
die **Kis|te,** die Kisten
die **Ki|ta,** die Kitas (kurz für:
Kindertagesstätte)
der **Kitsch,** kitschig
der **Kitt,** die Kitte, kitten
der **Kit|tel,** die Kittel
das **Kitz,** die Kitze
kit|zeln, kitzlig/kitzelig
kläf|fen
kla|gen, die Klage,
der Kläger, kläglich
klamm

A B C D E F G H I J **K** L M N O P Q R S T U V W X Y Z

A B C D E F G H I J K L M N O P Q R S T U V W X Y Z

die **Klam|mer,** die Klammern, klammern
die **Kla|mot|ten**
Klang, die Klänge
die **Klap|pe,** die Klappen, → W *Mund*
klap|pen, → W *gelingen*
klap|pern, → W *Geräusche,* die Klapper, klapprig/klapperig
der **Klaps,** die Klapse
klar, klären, die Klarheit
die **Klär|an|la|ge,** die Kläranlagen (Sie reinigt Abwasser aus der → Kanalisation.)
die **Klas|se,** die Klassen, die Klassenlehrerin
klas|se, klasse sein, → W *gut*
klat|schen, → W *Geräusche*
klau|en, → W *wegnehmen*
das **Kla|vier,** die Klaviere
kle|ben, der Kleber, klebrig
kle|ckern, klecksen
der **Klee**
das **Kleid,** die Kleider, kleiden, die Kleidung
klein, → W *klein,* kleinlich, die Kleinigkeit, er ist der Kleinste, klitzeklein, ein Wort kleinschreiben

der **Kleis|ter,** die Kleister
klem|men, die Klemme
der **Klemp|ner,** die Klempner, → R *Klempner,* die Klempnerin
die **Klet|te,** die Kletten
klet|tern
das **Kli|ma** (So nennt man → Wetter, das in einer Gegend meistens herrscht.)
der **Kli|ma|wan|del** (Durch den → Treibhauseffekt wird das → Klima wärmer.)
klim|pern
die **Klin|ge,** die Klingen
die **Klin|gel,** die Klingeln, klingeln, → W *läuten*
klin|gen, es klang, hat geklungen
die **Kli|nik,** die Kliniken
die **Klin|ke,** die Klinken, klinken
die **Klip|pe,** die Klippen
klir|ren
das **Klo,** die Klos
klop|fen, → W *Geräusche*
der **Klops,** die Klopse
das **Klo|sett,** die Klosetts
der **Kloß,** die Klöße
das **Klos|ter,** die Klöster
der **Klotz,** die Klötze

der **Klub,** die Klubs
klug, klüger, am klügsten, die Klugheit
der **Klum|pen,** die Klumpen
knab|bern
der **Kna|be,** die Knaben, → W *Junge*
das **Knä|cke|brot,** die Knäckebrote
kna|cken, → W *Geräusche,* der Knacks, knackig
knal|len, → W *Geräusche,* der Knall, knallhart
knapp, die Knappheit
knar|ren
knat|tern, → W *Geräusche*
das **Knäu|el,** die Knäuel
der **Kne|bel,** die Knebel, knebeln
der **Knecht,** die Knechte
knei|fen, sie kniff, hat gekniffen
kne|ten
kni|cken, der Knick
knick|sen, der Knicks
das **Knie,** die Knie, knien
der **Kniff,** die Kniffe
knip|sen
der **Knirps,** die Knirpse
knir|schen
knis|tern
knit|tern
kno|beln
der **Knob|lauch**
der **Knö|chel,** die Knöchel
der **Kno|chen,** die Knochen, knochig
der **Knö|del,** die Knödel
die **Knol|le,** die Knollen
der **Knopf,** die Knöpfe, knöpfen
der **Knor|pel,** die Knorpel, knorpelig
die **Knos|pe,** die Knospen, knospen
der **Kno|ten,** die Knoten, viele Knoten knoten
knül|len
knüp|fen
der **Knüp|pel,** die Knüppel, → W *Stock*
knur|ren, → W *Geräusche*
knusp|rig/knus|pe|rig
k.o., k.o. sein
die **Ko|a|li|ti|on,** die Koalitionen (Bündnis)
ko|chen, → W *kochen,* der Koch, die Köchin
der **Kof|fer,** die Koffer
der **Kohl**
die **Koh|le,** die Kohlen
die **Ko|kos|nuss,** die Kokosnüsse
der **Koks**
der **Kol|ben,** die Kolben
der **Kol|le|ge,** die Kollegen, die Kollegin

A B C D E F G H I J **K** L M N O P Q R S T U V W X Y Z

A B C D E F G H I J K L M N O P Q R S T U V W X Y Z

Köln (Millionenstadt in Nordrhein-Westfalen), → S. 250
die **Ko|lo|nie,** die Kolonien
die **Ko|lon|ne,** die Kolonnen
der **Ko|loss,** die Kolosse
das **Ko|ma** (tief bewusstlos)
kom|bi|nie|ren, die Kombination
der **Ko|met,** die Kometen (Schweifstern)
der **Kom|fort** [sprich: kommfor], komfortabel
ko|misch, der Komiker
das **Kom|ma,** die Kommas / Kommata
kom|man|die|ren, → W *befehlen,* das Kommando
kom|men, du kommst, er kam, ist gekommen, → W *ankommen*
der **Kom|men|tar,** die Kommentare, kommentieren
der **Kom|mis|sar,** die Kommissare, die Kommissarin
die **Kom|mo|de,** die Kommoden
die **Kom|mu|ne,** die Kommunen (Dorf oder Stadt)
die **Kom|mu|ni|on**
der **Kom|mu|nis|mus,** der Kommunist, die Kommunistin, kommunistisch
die **Ko|mö|die,** die Komödien
kom|pakt (fest, massig)
der **Kom|pass,** die Kompasse
kom|pe|tent (sachverständig)
kom|plett (vollständig)
das **Kom|pli|ment,** die Komplimente
der **Kom|pli|ze,** die Komplizen, die Komplizin
kom|pli|ziert, die Komplikation
kom|po|nie|ren, der Komponist
der **Kom|post,** die Komposte
kom|pos|tie|ren (Winzige Lebewesen machen aus Abfall Erde.)
das **Kom|pott,** die Kompotte
der **Kom|pro|miss,** die Kompromisse (Jeder gibt etwas nach.)
kon|den|sie|ren (Dampf wird wieder zu Wasser.), das Kondenswasser
die **Kon|di|ti|on** (körperliche Verfassung)
das **Kon|dom,** die Kondome

die **Kon|fe|renz,** die Konferenzen

die **Kon|fes|si|on,** die Konfessionen

die **Kon|fir|ma|ti|on,** konfirmieren

der **Kon|flikt,** die Konflikte (Auseinandersetzung)

der **Kö|nig,** die Könige, die Königin, königlich

die **Kon|junk|tur** (Lage der → Wirtschaft)

die **Kon|kur|renz** (Deutsche Autos stehen in Konkurrenz zu japanischen; sie konkurrieren.)

der **Kon|kurs,** die Konkurse (→ Insolvenz)

kön|nen, er kann, sie konnte, hat gekonnt, der Könner

kon|se|quent (Sein Ziel verfolgt er konsequent, mit aller Konsequenz.)

kon|ser|vie|ren, die Konserve

der **Kon|so|nant,** die Konsonanten (Mitlaut)

kon|stant (konstante Temperatur)

kon|stru|ie|ren, die Konstruktion

kon|su|mie|ren (verbrauchen), der Konsum, der Konsument

der **Kon|takt,** die Kontakte

der **Kon|ti|nent,** die Kontinente

das **Kon|to,** die Konten

kon|tra (lateinisch contra = gegen)

der **Kon|trast,** die Kontraste (Gegensatz)

kon|trol|lie|ren, die Kontrolle

(sich) **kon|zen|trie|ren,** die Konzentration

das **Kon|zept,** die Konzepte (Plan)

der **Kon|zern,** die Konzerne (mehrere große Firmen mit einer Leitung)

das **Kon|zert,** die Konzerte

der **Kopf,** die Köpfe, die Kopfschmerzen, kopfrechnen, kopfüber, sich den Kopf zerbrechen, → W *überlegen*

die **Ko|pie,** die Kopien, kopieren

der **Ko|ran** (heilige Schrift des → Islam; → Ramadan)

der **Korb,** die Körbe

die **Kor|del,** die Kordeln

der **Kork** (Rinde der Korkeiche)

A B C D E F G H I J **K** L M N O P Q R S T U V W X Y Z

der **Kor|ken,** die Korken (Flaschenverschluss)
das **Korn,** die Körner, körnig
der **Kör|per,** die Körper
kor|rekt (richtig), korrigieren, die Korrektur
der **Kor|ri|dor,** die Korridore (Flur in der Wohnung)
die **Kor|ro|si|on** (Zersetzung von Metall und Gestein), korrodieren
kor|rupt (bestechlich), die Korruption
die **Kos|me|tik** (Schönheitspflege), kosmetisch
der **Kos|mos** (→ Weltall)
die **Kost,** kosten, köstlich
kos|ten, es kostet, die Kosten, kostbar, kostenlos
köst|lich
das **Kos|tüm,** die Kostüme, kostümieren
der **Kot**
das **Ko|te|lett,** die Koteletts
der **Kö|ter,** die Köter
kot|zen
die **Krab|be,** die Krabben
krab|beln
kra|chen, der Krach
kräch|zen
die **Kraft,** die Kräfte, das Kraftwerk, kräftig
das **Kraft|fahr|zeug** (Kfz), die Kraftfahrzeuge
der **Kra|gen,** die Kragen
krä|hen, die Krähe
die **Kral|le,** die Krallen, krallen
der **Kram,** kramen
der **Krampf,** die Krämpfe, krampfhaft
der **Kran,** die Kräne
krank, die Krankheit, der Krankenwagen
krän|ken, die Kränkung
der **Kranz,** die Kränze
krass
der **Kra|ter,** die Krater
krat|zen, der Kratzer
krau|len, das Kraulen
kraus, kräuseln
das **Kraut,** die Kräuter (Kräuter, die uns nicht nützen, sind für uns Unkraut.)
die **Kra|wat|te,** die Krawatten
kre|a|tiv, kreativ sein (Ideen haben), die Kreativität
der **Krebs,** die Krebse
der **Kre|dit,** die Kredite (Statt „Geld leihen“ sagt man auch „einen Kredit aufnehmen“.)
die **Krei|de,** die Kreiden

der **Kreis,** die Kreise
kreischen
der **Kreisel,** die Kreisel
die **Krem,** die Krems
das **Kreuz,** die Kreuze, kreuzen, die Kreuzung
kriechen, sie kroch, ist gekrochen
der **Krieg,** die Kriege
kriegen, → W *bekommen*
die **Kriminalität,** kriminell, der Krimi, die Kripo (Kriminalpolizei)
die **Krippe,** die Krippen
die **Krise,** die Krisen (schwierige Zeit)
die **Kritik,** die Kritiken, kritisieren, kritisch
kritzeln
das **Krokodil,** die Krokodile
der **Krokus,** die Krokusse
die **Krone,** die Kronen, krönen
die **Kröte,** die Kröten
die **Krücke,** die Krücken
der **Krug,** die Krüge
die **Krume,** der Krümel
krumm, die Krümmung
die **Kruste,** die Krusten
das **Kruzifix,** die Kruzifixe
der **Kübel,** die Kübel
der/das **Kubikmeter** (m^3), die Kubikmeter

die **Küche,** die Küchen
der **Kuchen,** die Kuchen
kucken (→ gucken)
der **Kuckuck,** die Kuckucke
die **Kufe,** die Kufen
die **Kugel,** die Kugeln, kugeln, kugelrund
die **Kuh,** die Kühe (weibliches Rind, das Milch gibt, weil es schon gekalbt hat)
kühl, kühlen, die Kühlung
die **Kuhle,** die Kuhlen
kühn, die Kühnheit
das **Küken,** die Küken
kullern (rollen)
die **Kultur,** die Kulturen (alles, was Menschen mit Verstand, Können und Geschmack zur → Natur hinzugeschaffen haben)
der **Kümmel**
der **Kummer,** bekümmert, kümmerlich
sich **kümmern,** ich kümmerte mich
der **Kumpel,** die Kumpel
der **Kunde,** die Kunden (Käufer), die Kundin, die Kundschaft
die **Kunde** (Nachricht, Botschaft), kundig

kün|di|gen, die Kündigung

die **Kunst,** die Künste, der Künstler, künstlich

das **Kup|fer**

die **Kup|pel,** die Kuppeln

die **Kupp|lung,** die Kupplungen

die **Kur|bel,** die Kurbeln, kurbeln

der **Kür|bis,** die Kürbisse

ku|rie|ren (heilen), die Kur

der **Kurs,** die Kurse, der Kursus, kursieren

die **Kur|ve,** die Kurven, kurven, kurvig

kurz, kürzer, am kürzesten, → W *klein,* kürzen, die Kürzung, der Kurzschluss, kurzsichtig, die Kurzarbeit

(sich) **ku|scheln,** ich kuschelte mich

die **Ku|si|ne,** die Kusinen; aber: der Cousin

der **Kuss,** die Küsse, küssen

die **Küs|te,** die Küsten

die **Kut|sche,** die Kutschen, kutschieren

das **Ku|vert** [sprich: kuweer], die Kuverts

L l

la|bil (Gegensatz: → stabil), die Labilität

das **La|bor,** die Labors/Labore (eigentlich: Laboratorium)

das **La|by|rinth,** die Labyrinthe (Irrgarten)

die **La|che,** die Lachen (Pfütze)

la|chen, → W *lachen*

lä|cher|lich

der **Lachs,** die Lachse

der **Lack,** die Lacke, lackieren

la|den, du lädst, sie lädt, er lud, hat geladen, die Ladung

der **La|den,** die Läden

die **La|ge,** die Lagen

das **La|ger,** die Lager, lagern

lahm, die Lähmung, gelähmt, das Pferd lahmt

der **Laib,** ein Laib Brot

der **Laich,** laichen

der **Laie,** die Laien (Gegensatz: Fachmann)

das **La|ken,** die Laken

der/das **La|kritz**/die La|krit|ze

lal|len

das **La|ma,** die Lamas

das **La|met|ta**
das **Lamm,** die Lämmer (Junges von Schaf oder Ziege)
die **Lam|pe,** die Lampen
der **Lam|pi|on,** die Lampions
das **Land,** die Länder, die Landschaft, an Land gehen, landauf, landab
lan|den, die Landung
die **Land|stra|ße,** die Landstraßen, → W *Straße*
der **Land|tag,** die Landtage (→ Parlament eines Bundeslandes)
die **Land|wirt|schaft** (Landwirte sind Bauern. Sie halten Tiere und bauen Pflanzen an.)
lang, länger, am längsten, seit langem/Langem, die Länge, der Lange, tagelang, länglich
die **Lan|ge|wei|le,** langweilig
längs (längs des Rheins, längs der Autobahn)
lang|sam, die Langsamkeit
längst
lang|wie|rig
die **Lap|pa|lie** (Kleinigkeit)
der **Lap|pen,** die Lappen
läp|pisch (Bei einer Rechnung von tausend Euro redet er über zwei läppische Cents.)
der/das **Lap|top,** die Laptops (tragbarer → PC)
die **Lär|che,** die Lärchen (einziger → Nadelbaum, der seine Nadeln im Herbst abwirft)
der **Lärm,** lärmen
die **Lar|ve,** die Larven (Mücken z. B. sind erst Larven, ehe sie fertige Mücken werden.)
lasch (ohne Schwung)
die **La|sche,** die Laschen
der **La|ser,** die Laser
las|sen, er lässt, er ließ, hat gelassen; Lass das!
läs|sig, die Lässigkeit
das **Las|so,** die Lassos
die **Last,** die Lasten (→ Lkw)
der **Las|ter,** die Laster (Lastkraftwagen)
läs|tern
läs|tig
das **La|tein** (Die Römer sprachen lateinisch.)
die **La|ter|ne,** die Laternen
lat|schen (Er latschte müde ins Bad.)
die **Lat|te,** die Latten

lau (lauwarmer Tee)
das **Laub**
der **Laub|baum,** die Laubbäume (Bäume mit Blättern, die sie im Herbst abwerfen, z. B.: Ahorn, Birke, Buche, Eiche, Esche, Kastanie, Linde. → Nadelbaum)
lau|ern, auf der Lauer liegen
lau|fen, sie läuft, sie lief, ist gelaufen, der Lauf, → W *gehen,* → W *rennen*
die **Lau|ne,** die Launen
lau|nisch (launisch wie das Wetter im April)
die **Laus,** die Läuse
lau|schen, der Lauscher
lau|sig, lausig kalt
die **Lau|sitz** (große deutsche Region)
der **Laut,** die Laute
laut, laut sein, die Lautstärke, lautlos, lautstark
läu|ten, → W *läuten*
lau|ter, lauter Ärger (nichts als Ärger)
die **La|va** (→ Vulkan)
die **La|wi|ne,** die Lawinen (Massen aus Schnee, Eis, Geröll oder Schlamm, die einen Berg hinabstürzen)
das **Le|ben,** wir leben, lebhaft, lebenslang, lebensgefährlich
le|ben|dig, lebhaft
die **Le|ber,** die Lebern (wichtiges Organ)
der **Leb|ku|chen,** die Lebkuchen
lech|zen (Der Wanderer in der Wüste lechzte nach Wasser.)
das **Leck,** die Lecks (Das Boot ist leck, es wird bald sinken.)
le|cken, er leckte
le|cker (Was man gerne leckt, ist lecker.)
das **Le|der,** ledern
le|dig, lediglich
leer, die Leere, ein Glas leeren
le|gal (Ihr Tun ist legal: Es entspricht dem → Gesetz. Gegensatz: illegal)
le|gen, er legte
die **Le|gen|de,** die Legenden (märchenhafte Erzählung)
die **Le|gie|rung,** die Legierungen (Gemisch verschiedener Metalle)
der **Lehm,** lehmig
(sich) **leh|nen,** ich lehnte mich, die Lehne

leh|ren (Er lernte Chinesisch, als sie es ihn lehrte.), der Lehrer, die Lehrerin, die Lehre

der **Lehr|ling,** die Lehrlinge (heute: Azubi)

der **Leib,** die Leiber (Körper), leibhaftig

die **Lei|che,** die Leichen, der Leichnam (Körper eines Toten)

leicht, die Leichtigkeit

die **Leicht|ath|le|tik,** der Leichtathlet

das **Leicht|me|tall** (z. B. Aluminium; → Metall)

der **Leicht|sinn,** leichtsinnig

das **Leid,** die Leiden, es tut mir leid, ich bin es leid

lei|den, er litt

lei|den|schaft|lich, die Leidenschaft

lei|der

lei|ern, die Leier

lei|hen, sie lieh, hat geliehen, leihweise

der **Leim,** leimen

die **Lei|ne,** die Leinen (dünnes Seil)

das **Lei|nen** (Stoff), die Leinwand

Leip|zig (sehr große Stadt in Sachsen), → S. 250

lei|se

die **Leis|te,** die Leisten

leis|ten, die Leistung

lei|ten, die Leitung

die **Lei|ter,** die Leitern

die **Lek|ti|on,** die Lektionen

die **Lek|tü|re,** die Lektüren (Das Buch bietet eine spannende Lektüre.)

die **Len|de,** die Lenden

len|ken, der Lenker, die Lenkung

der **Le|o|pard,** die Leoparden

die **Ler|che,** die Lerchen (→ Singvogel)

ler|nen (→ lehren), → W *lernen*

le|sen, sie liest, sie las, hat gelesen; Lies!, lesenswert

der **Le|ser,** die Leser, die Leserin, lesbar, leserlich

letz|te, ein letzter Gruß, als Letzter kommen, das Letzte, was ich tun würde

leuch|ten, → W *leuchten,* der Leuchter

leug|nen (Er hat es getan, leugnet es aber. Sie bestreitet es, denn sie war es wirklich nicht.)

die **Leu|te**

A B C D E F G H I J K L M N O P Q R S T U V W X Y Z

der **Leut|nant,** die Leutnants
das **Le|xi|kon,** die Lexika
die **Li|bel|le,** die Libellen
li|be|ral (freiheitlich gesonnen)
das **Licht,** die Lichtung, die Lichtgeschwindigkeit, lichten, lichtempfindlich
das **Lid,** die Lider (Augendeckel)
lieb, lieber, am liebsten
lie|ben, sie liebte, die Liebe, der Liebling
das **Lied,** die Lieder
lie|der|lich
lie|fern, die Lieferung
lie|gen, er liegt, er lag, hat gelegen
sie **liest** (von lesen)
der **Lift** (Fahrstuhl), die Lifte
die **Li|ga,** die Ligen
li|la
die **Li|lie,** die Lilien
die **Li|mo|na|de,** die Limonaden (kurz: Limo)
die **Lin|de,** die Linden (→ Laubbaum)
lin|dern, die Linderung von Schmerz
das **Li|ne|al,** die Lineale
li|ne|ar (geradlinig)
die **Li|nie,** die Linien, der Linienbus, liniert
der **Link,** die Links (Verknüpfung z. B. von einer Internetseite zu einer anderen)
links, ein linker Schuh, der Linkshänder, linkisch
das **Li|no|le|um**
die **Lin|se,** die Linsen
die **Lip|pe,** die Lippen
lis|peln
die **List,** die Listen, listig
die **Lis|te,** die Listen
der/das **Li|ter,** drei Liter (3 l)
die **Li|te|ra|tur** (alles Geschriebene)
live [sprich: leif]
die **Li|zenz** (Erlaubnis)
der **Lkw,** die Lkw/Lkws (Lastkraftwagen; → Kraftfahrzeug)
lo|ben, das Lob
das **Loch,** die Löcher, → W *Loch,* lochen, löchrig/löcherig
die **Lo|cke,** die Locken → W *Haar,* lockig
lo|cken, es lockte
lo|cker, lockern
lo|dern, das Feuer lodert
der **Löf|fel,** die Löffel, löffeln
die **Lo|ge** [sprich: loo~~sche~~], die Logen (Teil im Zuschauerraum)

die **Lo|gik** (Folgerichtiges Denken: Wenn z. B. Tim jünger als Tom ist und Tom jünger als Tina, dann ist auch Tim jünger als Tina. Logisch!)
der **Lohn,** die Löhne
das **Lo|kal,** die Lokale
die **Lo|ko|mo|ti|ve** (kurz: Lok), die Lokomotiven
der **Lor|beer** (immergrüner Baum)
die **Lo|re,** die Loren
los, lose, ein loser Knopf
das **Los,** die Lose, losen
lö|schen, sie löschte
lö|sen, die Lösung
der **Löß** / Löss (fruchtbarer Boden)
das **Lot,** die Lote (Senkblei)
lö|ten, er lötete
der **Lot|se,** die Lotsen, lotsen
die **Lot|te|rie,** das Lotto
der **Lö|we,** die Löwen (Raubtier)
der **Lö|wen|zahn** (Pflanze)
lo|yal (anständig gegenüber Partnern und Vorgesetzten)
der **Luchs,** die Luchse (katzenartiges Raubtier)
die **Lü|cke,** die Lücken, lückenlos
die **Luft,** die Lüfte, die Luftröhre
der **Luft|druck** (Auch Luft hat ein Gewicht. Wir spüren es nur nicht.)
lu|gen
lü|gen, sie log, hat gelogen, → W *lügen,* die Lüge
die **Lu|ke,** die Luken
der **Lüm|mel,** die Lümmel
der **Lump,** die Lumpen (schlechter Mensch)
der **Lum|pen,** die Lumpen (Lappen)
die **Lun|ge,** die Lungen
lun|gern, herumlungern
lüp|fen, sie lüpfte
der **Lurch,** die Lurche (→ Amphibien)
die **Lust,** die Lüste
lus|tig, lustlos
lut|schen, der Lutscher
Lu|xem|burg, die Luxemburger, luxemburgisch
der **Lu|xus** (teure und unnötige Sachen), luxuriös
die **Ly|rik** (gereimte und rhythmische Sprache)

M m

ma|chen
der **Ma|cho** [sprich: matscho], die Machos (Mann, der sich übertrieben männlich verhält)
mäch|tig, die Macht
die **Ma|cke,** die Macken
das **Mäd|chen,** die Mädchen, → R *Mädchen*
die **Ma|de,** die Maden
ich **mag** (von mögen)
die **Magd,** die Mägde
Mag|de|burg (Hauptstadt von Sachsen-Anhalt)
der **Ma|gen,** die Mägen
ma|ger, die Magerkeit
der **Ma|gi|er,** die Magier (Zauberer), magisch
das **Mag|ma** (→ Vulkan)
der **Mag|net,** die Magnete, der Magnetismus
mä|hen, Gras mähen
mah|len, Mehl mahlen
die **Mahl|zeit,** die Mahlzeiten, → W *Essen,* das Mahl
die **Mäh|ne,** die Mähnen
mah|nen, die Mahnung, das Mahnmal

der **Mai**
die **Mail|box** (Briefkasten für elektronische Nachrichten)
Mainz (Hauptstadt von Rheinland-Pfalz), → S. 250
der **Mais**
die **Ma|jes|tät,** die Majestäten, majestätisch
die **Ma|jo|nä|se**
mä|keln
das **Make-up** [sprich: mejk ap]
die **Mak|ka|ro|ni**
der **Mak|ler,** die Makler, die Maklerin
mal, einmal, diesmal; Komm mal!, manchmal, zehnmal, jedes Mal, das nächste Mal, mit einem Mal
ma|len, die Maler
mal|neh|men → nehmen (z. B. 2 mal 4)
die **Ma|ma,** die Mamas
das **Mam|mut,** die Mammuts (Urzeit- Elefant)
man, man sieht es
der **Ma|na|ger** [sprich: mänädscher], die Manager, die Managerin, managen

manch, manche, mancher, manchmal
die **Man|da|ri|ne,** die Mandarinen
die **Man|del,** die Mandeln
die **Ma|ne|ge** [sprich: manee~~sche~~], die Manegen
der **Man|gel,** die Mängel (Fehler), mangelhaft
die **Man|gel,** die Mangeln (Glättrolle für Wäsche), mangeln
die **Ma|nie|ren** (Umgangsformen)
der **Mann,** die Männer, → W *Mann,* die Mannschaft, männlich, mannshoch
der **Man|tel,** die Mäntel
das **Ma|nu|skript,** die Manuskripte
die **Map|pe,** die Mappen
der **Ma|ra|thon|lauf**
das **Mär|chen,** die Märchen
der **Mar|der,** die Marder
die **Mar|ga|ri|ne**
die **Mar|ge|ri|te,** die Margeriten
der **Ma|ri|en|kä|fer,** die Marienkäfer (An den Punkten erkennt man das Alter nicht.), → R *Marienkäfer*
die **Ma|ri|ne**
die **Ma|ri|o|net|te,** die Marionetten (Puppe an Fäden)
die **Mark** (Mark und Pfennig: früher deutsches Geld)
das **Mark** (Knochenmark)
die **Mark** (Grenzland)
die **Mark Bran|den|burg** (deutsche Region)
die **Mar|ke,** die Marken
mar|kie|ren
die **Mar|ki|se,** die Markisen (Sonnendach)
der **Markt,** die Märkte
die **Mar|me|la|de,** die Marmeladen
der **Mar|mor**
der **Mars** (Planet)
die **Marsch,** die Marschen (Küstenland)
der **Marsch,** die Märsche, marschieren
der **März**
das **Mar|zi|pan**
die **Ma|sche,** die Maschen
die **Ma|schi|ne,** die Maschinen, maschinell
die **Ma|sern** (Krankheit)
die **Mas|ke,** die Masken, maskieren
das **Mas|kott|chen,** die Maskottchen (Glücksbringer)

A B C D E F G H I J K L M N O P Q R S T U V W X Y Z

mas|ku|lin (männlich; weiblich ist feminin)
das **Maß,** die Maße
die **Mas|sa|ge** [sprich: massa~~sche~~], die Massagen
die **Mas|se,** die Massen, massig, massenhaft
die **Mas|sen|tier|hal|tung** (dagegen: → artgerecht)
mas|sie|ren
mä|ßig, sich mäßigen, die Mäßigung
mas|siv (massives Gold, massiv gebaut)
die **Maß|nah|me,** die Maßnahmen
der **Maß|stab,** die Maßstäbe
der **Mast,** die Masten / Maste (Schiffsmasten)
die **Mast** (Mästung von Tieren)
das **Match** [sprich: mätsch], die Matches / Matche
das **Ma|te|ri|al,** die Materialien
die **Ma|the|ma|tik,** mathematisch
die **Ma|trat|ze,** die Matratzen
der **Ma|tro|se,** die Matrosen, die Matrosin
der **Matsch,** matschig
matt, ich bin matt
die **Mat|te,** die Matten
die **Mau|er,** die Mauern, mauern
das **Maul,** die Mäuler, → W *Mund*
der **Maul|wurf,** die Maulwürfe
der **Mau|rer,** die Maurer, die Maurerin
die **Maus,** die Mäuse
die **Mau|ser** (Federwechsel bei Vögeln)
ma|xi|mal (Gegensatz: → minimal)
die **Ma|yon|nai|se**
me|cha|nisch, der Mechaniker
me|ckern
Meck|len|burg-Vor|pom|mern (Bundesland), die Mecklenburger, mecklenburgisch, → S. 251, die Pommern, pommerisch / pommersch
die **Me|dail|le** [sprich: medallje], die Medaillen
die **Me|di|en** (Presse, Rundfunk, Fernsehen)
das **Me|di|ka|ment,** die Medikamente
die **Me|di|zin**
das **Meer,** die Meere

der **Meer|ret|tich,** die Meerrettiche
das **Meer|schwein|chen,** die Meerschweinchen
das **Mehl,** mehlig
mehr, mehrere
die **Mehr|heit**
die **Mehr|zahl**
mei|den, sie mied, hat gemieden
die **Mei|le,** die Meilen
mein (mein Geld)
mei|ne (meine Ringe)
der **Mein|eid,** die Meineide (falscher → Eid)
mei|nem (in meinem Heft)
mei|nen (für meinen Freund)
mei|nen, → W *glauben,* die Meinung
mei|ner (in meiner Hand)
mei|net|we|gen
die **Mei|se,** die Meisen (→ Singvogel)
der **Mei|ßel,** die Meißel
meist, meistens, am meisten, die meisten
der **Meis|ter,** die Meister, die Meisterin, die Meisterschaft
mel|den, die Meldung
mel|ken, sie molk/melkte, hat gemolken/gemelkt

die **Me|lo|die,** die Melodien, melodisch
die **Me|lo|ne,** die Melonen
die **Men|ge,** die Mengen
der **Mensch,** die Menschen
die **Mens|tru|a|ti|on** (Regelblutung bei Frauen)
die **Men|ta|li|tät** (Art des Denkens und Fühlens)
das **Me|nü,** die Menüs
(sich) **mer|ken,** ich merkte mir, → W *lernen,* das Merkmal, merkwürdig
die **Mes|se,** die Messen
mes|sen, er misst, er maß, hat gemessen; Miss!
das **Mes|ser,** die Messer, messerscharf
das **Me|tall,** die Metalle (Eisen, Blei, Gold usw.), metallisch
der **Me|te|or,** Meteorit (winzige und große Steine im Weltall, die von der Erde angezogen werden)
der **Me|te|o|ro|lo|ge,** die Meteorologen (Wissenschaftler, die das → Wetter voraussagen), die Meteorologin
der/das **Me|ter,** drei Meter (3 m), meterhoch

A B C D E F G H I J K L M N O P Q R S T U V W X Y Z

die **Methode,** die Methoden, methodisch
der **Metzger,** die Metzger, → R *Fleischer*
die **Meuterei,** die Meutereien, meutern
mich, es stört mich
die **Mickymaus /** Micky Maus
der **Mief,** miefig
die **Miene** (Gesichtsausdruck)
mies, miesmachen
die **Miete,** die Mieten
die **Migration** (Wegzug und Zuzug von Menschengruppen; → Einwanderung)
das **Mikrofon** / Mikrophon, die Mikrofone / Mikrophone
das **Mikroskop,** die Mikroskope
die **Mikrowelle**
die **Milch** (Alle Säugetiere ernähren Neugeborene mit Milch.), milchig
mild, die Milde, mildern, mildtätig
das **Milieu** [sprich: miljö], (Lebensverhältnisse)
das **Militär,** militärisch
die **Milliarde,** die Milliarden
das **Milligramm** (mg)
der/das **Millimeter** (mm)
die **Million,** die Millionen, der Millionär
die **Mimik** (Gesichtsausdruck)
das **Minarett,** die Minarette / Minaretts (Turm einer → Moschee)
minder, die Minderheit, minderjährig
mindestens, der Mindestlohn
die **Mine,** die Minen (Mine in einem Stift)
die **Mine,** die Minen (Bergwerk)
die **Mine,** die Minen (Sprengkörper)
das **Mineral,** die Mineralien (alle Steine und → Erze)
das **Mineralwasser**
das **Minigolf**
minimal (ganz gering; Gegensatz: maximal), das Minimum
der **Minister,** die Minister, die Ministerin
minus (weniger)
das **Minus** (Fehlbetrag)
die **Minute,** die Minuten, minutenlang
mir (es gefällt mir)

mi|schen, die Mischung, der Mischling
das **Misch|pult,** die Mischpulte
mi|se|ra|bel (erbärmlich schlecht)
die **Miss,** Miss Germany
miss|ach|ten
miss|bil|li|gen
der **Miss|brauch,** die Missbräuche
der **Miss|er|folg,** die Misserfolge
das **Miss|ge|schick,** die Missgeschicke
miss|han|deln
die **Mis|si|on,** der Missionar, missionieren
misst (von messen)
miss|trau|en, das Misstrauen
miss|ver|ste|hen
der **Mist**
mit
mit|brin|gen → bringen
mit|ei|nan|der
das **Mit|glied,** die Mitglieder
die **Mit|hil|fe** (Er leistete Mithilfe und schnitt das Holz mithilfe einer Säge.)
mit|krie|gen, → **W** *sehen*
der **Mit|laut,** die Mitlaute
das **Mit|leid,** mitleidig
mit|ma|chen
mit|neh|men → nehmen
der **Mit|tag,** die Mittage, mittags
die **Mit|te,** die Mitten
mit|tei|len, die Mitteilung
das **Mit|tel,** die Mittel
das **Mit|tel|al|ter**
das **Mit|tel|ge|bir|ge**
die **Mit|ter|nacht**
mitt|ler|wei|le
der **Mitt|woch,** die Mittwoche
mi|xen, der Mixer
das **Mö|bel,** die Möbel, möblieren
mo|bil (beweglich)
möch|te (von mögen)
die **Mo|de,** die Moden, modisch
das **Mo|dell** [zweite Silbe betont], die Modelle
das **Mo|dem,** die Modems (Computer-Gerät)
der **Mo|de|ra|tor,** die Moderatoren, die Moderatorin
mo|dern [erste Silbe betont], (verfaulen), der Moder
mo|dern [zweite Silbe betont], (neuzeitlich)
das **Mo|fa,** die Mofas
mo|geln

mö|gen, sie mag,
sie mochte, sie möchte,
hat gemocht

mög|lich, möglichst,
die Möglichkeit

Mo|ham|med
(Er stiftete die Religion
des → Islam. → Allah)

der **Mohn**

die **Mohr|rü|be,**
die Mohrrüben,
→ R *Mohrrübe*

der **Molch,** die Molche

die **Mol|ke|rei,**
die Molkereien

mol|lig, → W *dick*

der **Mo|ment,** die Momente

die **Mo|nar|chie** (Staatsform
mit König oder Königin;
aber: → Republik)

der **Mo|nat,** die Monate

der **Mönch,** die Mönche

der **Mond,** die Monde
(Himmelskörper, der um
einen → Planeten kreist)

der **Mo|ni|tor,** die Monitore
(Bildschirm)

der **Mo|no|log,** die Monologe
(Selbstgespräch)

das **Mo|no|pol,**
die Monopole
(z. B. Recht auf
Alleinverkauf)

mo|no|ton (eintönig)

das **Mons|ter,** die Monster

der **Mon|tag,** die Montage

die **Mon|ta|ge** [sprich:
monta~~sche~~, zweite Silbe
betont], montieren

der **Mon|teur,** [sprich:
montör], die Monteure,
die Monteurin

das **Moor,** die Moore

das **Moos,** die Moose

das **Mo|ped,** die Mopeds

der **Mops,** die Möpse

die **Mo|ral,** moralisch

der **Mo|rast** (Schlamm-
und Sumpfland)

der **Mord,** die Morde
(vorsätzliche Tötung),
morden

der **Mor|gen,** die Morgen

mor|gen, morgen früh

morsch

mor|sen

der **Mör|tel** (meist: Zement-
Sandbrei zum Mauern)

das **Mo|sa|ik,** die Mosaiken

die **Mo|schee,** die Moscheen
(Gebetshaus der
→ Muslime)

der **Mos|lem,** die Moslems
(→ Muslim)

der **Most,** die Moste

der **Most|rich**

das **Mo|tiv,** die Motive
(Beispiel: Tatmotiv)

mo|ti|vie|ren (Lust machen, anspornen)
der **Mo|tor,** die Motoren
das **Mo|tor|rad,** die Motorräder
die **Mot|te,** die Motten
das **Mot|to,** die Mottos (Wahlspruch)
die **Mö|we,** die Möwen
der **Moz|za|rel|la** (Käse)
die **Mü|cke,** die Mücken
mü|de, die Müdigkeit
die **Mü|he,** die Mühen, sich mühen, mühsam, mühelos
die **Müh|le,** die Mühlen (Nicht nur Mehl wird in Mühlen gemahlen.)
die **Mul|de,** die Mulden
der **Mull,** die Mullbinde
der **Müll,** die Mülltrennung
der **Mül|ler,** die Müller
mul|mig
mul|ti (Das lateinische Wort bedeutet viele. Multiplizieren heißt vervielfachen.)
die **Mul|ti|pli|ka|ti|on,** multiplizieren
die **Mu|mie,** die Mumien
der/die **Mumps** (Krankheit; auch Ziegenpeter)
der **Mund,** die Münder, → W *Mund,* den Mund halten, → W *schweigen*
die **Mund|art,** die Mundarten
mün|den, die Mündung
mun|ter, die Munterkeit
die **Mün|ze,** die Münzen
mür|be
mur|meln
mur|ren
das **Mus**
die **Mu|schel,** die Muscheln
das **Mu|se|um,** die Museen
das **Mu|si|cal** [sprich: mjusikl], die Musicals
die **Mu|sik,** musizieren, musikalisch
der **Mus|kel,** die Muskeln, der Muskelkater
der **Mus|lim,** die Muslime (Anhänger des → Islam), die Muslima
muss (von müssen), er muss es tun
die **Mu|ße** (untätig die Zeit genießen), müßig
müs|sen, ich muss
das **Mus|ter,** die Muster
mus|tern
der **Mut,** mutig, mutwillig
die **Mut|ter,** die Mütter, mütterlich
die **Mut|ter,** die Muttern (für Schrauben)
die **Müt|ze,** die Mützen

N n

der **Na|bel,** die Nabel
nach, nach Hause/ nachhause
nach|ah|men
der **Nach|bar,** die Nachbarn, die Nachbarin
nach|dem, je nachdem
nach|den|ken → denken, → **W** *überlegen*, nachdenklich
nach|ei|nan|der
die **Nach|er|zäh|lung,** die Nacherzählungen
nach|ge|ben → geben, nachgiebig
nach|her
die **Nach|hil|fe**
nach|läs|sig, die Nachlässigkeit
der **Nach|mit|tag,** die Nachmittage
die **Nach|richt,** die Nachrichten
nächs|te, nächste Woche, am nächsten Tag, als Nächster dran sein
die **Nacht,** die Nächte, über Nacht, gestern Nacht
der **Nach|teil,** die Nachteile, nachteilig
der **Nach|tisch,** die Nachtische (Nachspeise)
nach|träg|lich
der **Nacht|tisch,** die Nachttische (am Bett)
der **Nach|wuchs**
der **Na|cken,** die Nacken
nackt, nackend, der Nackedei
die **Na|del,** die Nadeln
der **Na|del|baum,** die Nadelbäume (Nadelbäume haben Blätter wie Nadeln. Fast alle sind immergrün, weil sie die Nadeln im Herbst nicht abwerfen. Beispiele: Fichte, Kiefer, Tanne, → Lärche. → Laubbaum)
der **Na|gel,** die Nägel, nageln, nagelneu
na|gen
nah, nahe, näher, am nächsten, die Nähe, sich nähern, nahebei
nä|hen
die **Nah|rung,** nahrhaft, nähren
die **Naht,** die Nähte, nahtlos
na|iv, die Naivität
der **Na|me,** die Namen
näm|lich
die **Nar|be,** die Narben

die **Nar|ko|se**
der **Narr,** die Narren, die Närrin, närrisch
die **Nar|zis|se,** die Narzissen
na|schen, → R *naschen*
die **Na|se,** die Nasen, naseweis
das **Nas|horn,** die Nashörner
nass, die Nässe, nasskalt
die **Na|ti|on,** die Nationen (Deutschland, Polen, Frankreich und andere sind Nationen.)
die **Na|ti|o|nal|hym|ne**
die **Na|tur** (Natur ist alles, was nicht von Menschen gemacht wurde. → Kultur), natürlich, der Naturschutz
das **Na|vi,** die Navis (kurz für Navigationsgerät)
die **Na|vi|ga|ti|on** (Steuermannskunst)
der **Na|zi,** die Nazis (Er will keine → Demokratie, sondern einen Führer, dem alle gehorchen. Das eigene Volk hält er für das allerbeste. Menschen anderer Meinung und Ausländer bekämpft er, oft mit Gewalt. Vor mehr als 70 Jahren haben die alten Nazis den Zweiten Weltkrieg begonnen. Damals war Adolf Hitler ihr Führer.)
der **Ne|bel,** die Nebel, neblig/nebelig
ne|ben, nebenbei, nebenan
ne|ben|ei|nan|der
die **Ne|ben|sa|che,** die Nebensachen, nebensächlich
ne|cken, neckisch
der **Nef|fe,** die Neffen
ne|ga|tiv (Ungünstig: Das Ergebnis der Suche war leider negativ. Gegensatz: positiv)
neh|men, sie nimmt, er nahm, hat genommen; Nimm!, → W *nehmen*
der **Neid,** neidisch, neidlos
nei|gen, die Neigung, es geht zur Neige
nein, Nein/nein sagen
der **Nek|tar** (süße Tröpfchen auf Blüten)
die **Nel|ke,** die Nelken
nen|nen, er nannte, hat genannt, der Nenner
der **Nerv,** die Nerven
ner|vös, die Nervosität
das **Nest,** die Nester, nisten

nett, die Nettigkeit
netto (Obst samt Kiste wiegt brutto 20 kg, ohne Kiste netto 18 kg.)
das **Netz,** die Netze
neu, neuerdings, das neue Jahr, das Neue Testament, die Neuheit, die Neuigkeit, etwas Neues
die **Neugier**/Neugierde, neugierig
das **Neujahr**
neulich
neun, neunzehn, neunzig
neutral (unparteiisch)
nicht; Nicht wahr?,
→ R *nicht wahr*
die **Nichte,** die Nichten
nichts, gar nichts
nicken, das Nickerchen
nie, nie wieder
nieder, auf und nieder, die Niederlage
die **Niederlande** (Wir sagen oft: Holland.), die Niederländer, niederländisch
Niedersachsen (Bundesland), die Niedersachsen, niedersächsisch
der **Niederschlag,** die Niederschläge (Tau, Regen, Schnee, Hagel, Nebel – alles zählt dazu.)
niedlich
niedrig
niemals
niemand (Niemand ist da, man kann niemanden fragen.)
die **Niere,** die Nieren
niesen
die **Niete,** die Nieten
der **Nikolaus**
das **Nikotin** (ein Gift im Tabak)
nimmt, sie nimmt, du nimmst (von nehmen)
nirgends, nirgendwo
die **Nische,** die Nischen
nisten
die **Nixe,** die Nixen
nobel [erste Silbe betont], (vornehm)
noch, noch einmal
nochmal/nochmal
das **Nomen,** die Nomen
der **Nominativ** (1. Fall)
die **Nonne,** die Nonnen
nonstop, nonstop fliegen (ohne Zwischenhalt fliegen)
der **Norden,** der Nordpol, nördlich, norddeutsch

Nord|rhein-West|fa|len (Bundesland), der Nordrhein-Westfale, nordrhein-westfälisch

die **Nord|see**

nör|geln, der Nörgler

die **Norm,** die Normen

nor|mal, normalerweise

die **Not,** die Nöte

die **No|te,** die Noten

nö|tig

die **No|tiz,** die Notizen, notieren

not|wen|dig, die Notwendigkeit

der **No|vem|ber**

NRW (→ Nordrhein-Westfalen)

nüch|tern

die **Nu|del,** die Nudeln

null, null Fehler, die Null

die **Num|mer,** die Nummern, nummerieren

nun, nunmehr

nur, nur heute

Nürn|berg (sehr große Stadt in Bayern, wichtige Stadt des Frankenlandes), → S. 250

nu|scheln, → W *sprechen*

die **Nuss,** die Nüsse

der **Nut|zen,** wir nutzen

nüt|zen, nützlich

das **Ny|lon**

O o

ob, obgleich

das **Ob|dach** (Unterkunft), der Obdachlose

oben, obendrein

der **Ober,** die Ober

das **Ober|haupt,** die Oberhäupter

das **Ob|jekt,** die Objekte

ob|jek|tiv (unparteiisch; Gegensatz: → subjektiv)

das **Obst**

ob|wohl

der **Och|se,** die Ochsen

öde, das Ödland

die **Oder** (großer Strom)

oder, entweder … oder

der **Ofen,** die Öfen

of|fen (Er macht die Tür auf. Danach steht sie offen.)

öf|fent|lich, die Öffentlichkeit

of|fi|zi|ell

öff|nen, → W *öffnen,* die Öffnung

oft, öfter, oftmals

oh|ne

die **Ohn|macht,** die Ohnmachten, ohnmächtig

das **Ohr,** die Ohren

A B C D E F G H I J K L M N **O** P Q R S T U V W X Y Z

die **Ohr|fei|ge,** die Ohrfeigen, → R *Ohrfeige*

okay (kurz: o. k.)

die **Öko|lo|gie**

der **Ok|to|ber**

das **Öl,** die Öle, ölig, die Ölpest (→ Erdöl)

die **Oli|ve,** die Oliven

die **Olym|pi|schen Spie|le,** die Olympiade

der **Om|ni|bus,** die Omnibusse

der **On|kel,** die Onkel/Onkels

on|line, online sein (über das Internet erreichbar sein)

die **Oper,** die Opern

die **Ope|ra|ti|on,** die Operationen, operieren

op|fern, das Opfer

op|ti|mal (das Beste)

der **Op|ti|mist,** die Optimisten (Optimisten betrachten alles von der besten Seite. Gegensatz: Pessimist), die Optimistin, optimistisch

op|tisch (betrifft das Sehen; → Akustik), der Optiker

oran|ge, eine orange Bluse

die **Oran|ge,** die Orangen

das **Or|ches|ter** [sprich: orkester], die Orchester (Kapelle)

or|dent|lich

ord|nen, die Ordnung

das **Or|gan,** die Organe (z. B. die Lunge; → Sinnesorgan)

or|ga|ni|sie|ren, die Organisation

die **Or|gel,** die Orgeln

der **Ori|ent** (Länder wie z. B. Ägypten, Iran oder Israel liegen im Orient.)

sich **ori|en|tie|ren,** die Orientierung

das **Ori|gi|nal,** die Originale

der **Or|kan,** die Orkane

der **Ort,** die Orte, die Ortschaft

der **Os|ten,** östlich

Os|tern (Fest zur Feier der Auferstehung von → Jesus; → Christentum; → Karfreitag)

Ös|ter|reich, die Österreicher, österreichisch

oval

der **Oze|an,** die Ozeane

P p

paar, ein paar Tage lang, ein paarmal / paar Mal
das **Paar,** die Paare, ein Paar Schuhe, zwei Paare, ein Pärchen
die **Paa|rungs|zeit** (→ Brunft)
pach|ten, die Pacht, der Pächter
das **Päck|chen,** die Päckchen
pa|cken, → W *nehmen*
die **Pä|da|go|gik,** der Pädagoge
das **Pad|del,** die Paddel, paddeln
das **Pa|ket,** die Pakete
der **Pakt,** die Pakte (Bündnis)
der **Pa|last,** die Paläste
die **Pa|let|te,** die Paletten
die **Pal|me,** die Palmen
die **Pam|pel|mu|se,** die Pampelmusen
die **Pa|nik** (allgemeine Verwirrung), panisch
die **Pan|ne,** die Pannen
der **Pan|tof|fel,** die Pantoffeln, → W *Schuh*
der **Pan|zer,** die Panzer
der **Pa|pa,** die Papas
der **Pa|pa|gei,** die Papageien
das **Pa|pier,** die Papiere
die **Pap|pe,** die Pappen
die **Pap|pel,** die Pappeln
die **Pa|pri|ka,** die Paprikas
der **Papst,** die Päpste
das **Pa|ra|dies,** die Paradiese
pa|ra|dox (widersinnig)
der **Pa|ra|graf** / Pa|ra|graph, die Paragrafen / Paragraphen
pa|ral|lel, die Parallele
der **Pa|ra|sit,** die Parasiten
pa|rat (bereit)
das **Par|füm,** die Parfüms
pa|rie|ren, → W *gehorchen*
der **Park,** die Parks / Parke
par|ken, der Parkplatz
das **Par|la|ment,** die Parlamente (Dort beschließen → Abgeordnete wichtige Regeln für uns alle.)
die **Par|tei,** die Parteien, parteiisch
das **Par|ter|re** (Erdgeschoss)
der **Part|ner,** die Partner, die Partnerin
die **Par|ty,** die Partys
der **Pass,** die Pässe
der **Pas|sa|gier** [sprich: Passa~~sch~~ier], die Passagiere, die Passagierin
pas|sen

A B C D E F G H I J K L M N O **P** Q R S T U V W X Y Z

pas|sie|ren,
→ W *geschehen*
pas|siv (untätig; Gegensatz: aktiv)
der **Pas|tor,** die Pastoren, die Pastorin
der **Pa|te,** die Paten, die Patin
das **Pa|tent,** die Patente
der **Pa|ti|ent** [sprich: pazient], die Patienten (Wer vom Arzt behandelt oder betreut wird, heißt Patient.), die Patientin
der **Pa|tri|ot,** die Patrioten (Ein Patriot liebt sein Vaterland), die Patriotin
die **Pa|tro|ne,** die Patronen
pat|zig (frech)
die **Pau|ke,** die Pauken, pauken
pau|schal (Die Reise mit Übernachtung kostet pauschal tausend Euro.)
die **Pau|se,** die Pausen, pausieren
der **Pa|zi|fist,** die Pazifisten (Ein Pazifist will um jeden Preis Frieden erhalten.), die Pazifistin
der **PC** (Personal Computer)
das **Pech**
das **Pe|dal,** die Pedale
pei|len
pein|lich, die Pein
die **Peit|sche,** die Peitschen
die **Pel|le,** die Pellen, pellen, die Pellkartoffel
der **Pelz,** die Pelze
pen|deln, → W *hängen,* das Pendel
der **Pe|nis,** die Penisse
pen|nen, → W *schlafen*
die **Pen|si|on,** die Pensionen
das **Pen|sum,** die Pensen (Arbeitsmenge)
per|fekt [zweite Silbe betont], die Perfektion
das **Per|fekt** [erste Silbe betont], (2. Vergangenheit)
die **Pe|ri|o|de,** die Perioden, periodisch
die **Per|le,** die Perlen
per|ma|nent (dauernd)
die **Per|son,** die Personen, die Persönlichkeit, das Personal, persönlich
die **Pe|rü|cke,** die Perücken
der **Pes|si|mist,** die Pessimisten (Gegensatz: → Optimist), die Pessimistin, pessimistisch
die **Pe|ter|si|lie**
das **Pe|tro|le|um**
pet|zen
der **Pfad,** die Pfade, der Pfadfinder

der **Pfahl,** die Pfähle
die **Pfalz** (deutsche Region), der Pfälzer, pfälzisch
das **Pfand,** die Pfänder
die **Pfan|ne,** die Pfannen
der **Pfar|rer,** die Pfarrer, die Pfarrerin
der **Pfau,** die Pfauen
der **Pfef|fer,** pfeffern
die **Pfef|fer|min|ze**
pfei|fen, er pfiff, hat gepfiffen, die Pfeife
der **Pfeil,** die Pfeile
der **Pfei|ler,** die Pfeiler
der **Pfen|nig,** die Pfennige (Mark und Pfennig: früher deutsches Geld)
das **Pferd,** die Pferde, → [R] *Pferd*
der **Pfiff,** die Pfiffe
pfif|fig
Pfingst|ten
der **Pfir|sich,** die Pfirsiche
die **Pflan|ze,** die Pflanzen, pflanzen
das **Pflas|ter,** die Pflaster
die **Pflau|me,** die Pflaumen
pfle|gen, die Pflege
die **Pflicht,** die Pflichten, pflichtbewusst
der **Pflock,** die Pflöcke
pflü|cken
der **Pflug,** die Pflüge, pflügen
die **Pfor|te,** die Pforten, → [W] *Tür*, der Pförtner
der **Pfos|ten,** die Pfosten
die **Pfo|te,** die Pfoten, → [W] *Hand*
der **Pfrop|fen,** die Pfropfen
pfui
das **Pfund,** die Pfunde, ein Pfund (Pfd.)
pfu|schen, der Pfusch
die **Pfüt|ze,** die Pfützen
die **Phan|ta|sie,** die Phantasien
der **Phi|lo|soph,** die Philosophen (Sie philosophieren über die Welt und die Menschen.), die Philosophin
die **Phra|se** (nichtssagende Redensart), die Phrasen
die **Phy|sik,** physikalisch (Physiker erforschen die Gesetze der Natur.)
der **Pi|ckel,** die Pickel
pi|cken
das **Pick|nick**
pie|pen, piepsen
pier|cen (für Schmuck die Haut durchstechen)
pi|kant
pil|gern, die Pilger
die **Pil|le,** die Pillen
der **Pi|lot,** die Piloten, die Pilotin

der **Pilz,** die Pilze
der **Pin|gu|in,** die Pinguine
pink (rosa, ein pinkfarbenes Hemd)
pin|nen, die Pinnwand
der **Pin|sel,** die Pinsel, pinseln
die **Pin|zet|te,** die Pinzetten
die **Pipe|line** [sprich: peiplein], (Rohrleitung für → Erdöl und Erdgas)
der **Pi|rat,** die Piraten, die Piratin
pir|schen, die Pirsch
die **Pis|to|le,** die Pistolen
die **Piz|za,** die Pizzen / Pizzas, die Pizzeria
der **Pkw,** die Pkws (Personenkraftwagen; → Kfz)
(sich) **pla|gen,** die Plage
das **Pla|kat,** die Plakate
die **Pla|ket|te,** die Plaketten
der **Plan,** die Pläne
die **Pla|ne,** die Planen
pla|nen, die Planung
der **Pla|net,** die Planeten (Himmelskörper wie die Erde, der um eine → Sonne kreist)
plan|schen / plant|schen
plap|pern, → W *Geräusche*
plär|ren, → W *Geräusche*
die **Plas|te**
das **Plas|tik**
plat|schen, → W *Geräusche*
plät|schern
platt, die Platte, der Platten, plätten
das **Platt** (Er spricht Platt.)
der **Platz,** die Plätze, Platz nehmen, → W *setzen*
das **Plätz|chen,** die Plätzchen
plat|zen
plau|dern, die Plauderei
die **Plei|te,** die Pleiten (Er ist pleite, er macht Pleite. → Insolvenz)
die **Plom|be,** die Plomben, plombieren
plötz|lich
plump
plump|sen, → W *fallen*
der **Plu|ral** (Mehrzahl)
plus
po|chen
die **Po|cke,** die Pocken
das **Po|di|um,** die Podien
die **Po|e|sie** (Dichtung, besonders in Versen; Gegensatz: → Prosa)
der **Po|kal,** die Pokale
das **Po|ker** (ein Kartenspiel)
der **Pol,** die Pole
Po|len, die Polen, polnisch
die **Po|li|tik,** der Politiker, die Politikerin, politisch

die **Po|li|zei,** der Polizist, die Polizistin

der **Pol|len,** die Pollen (Blütenstaub-Körnchen; → Biene)

das **Pols|ter,** die Polster, polstern

pol|tern

die **Pom|mes,** die Pommes frites [sprich: pomm fritt]

das **Po|ny,** die Ponys

die **Pop|mu|sik**

der **Po|po,** die Popos

po|pu|lär, die Popularität

die **Po|re,** die Poren

po|rös (durchlässig)

das **Porte|mon|naie,** die Portemonnaies

der **Por|ti|er** [sprich: portjee], die Portiers (Pförtner)

die **Por|ti|on,** die Portionen

das **Port|mo|nee,** die Portmonees

das **Por|to**

das **Por|zel|lan**

po|si|tiv (Gegensatz: → negativ)

die **Post,** der Postbote, die Postbotin

der **Pos|ten,** die Posten

das **Pos|ter,** die Poster

Pots|dam (Hauptstadt von Brandenburg)

die **Pracht,** prächtig

das **Prä|di|kat,** die Prädikate

prä|gen, die Prägung

prah|len

prak|tisch

die **Pra|li|ne,** die Pralinen

prall, → W *dick*

pral|len

die **Prä|mie,** die Prämien

die **Pran|ke,** die Pranken, → W *Hand*

das **Prä|sens** (Gegenwartsform)

der **Prä|si|dent,** die Präsidenten, die Präsidentin

pras|seln

das **Prä|te|ri|tum** (1. Vergangenheit)

die **Pra|xis** (Beispiel: Ein Fahrschüler lernt die Praxis des Fahrens und die Theorie der Verkehrsregeln.)

die **Pra|xis,** die Praxen (Arztpraxis)

prä|zis/prä|zi|se (genau treffend), präzisieren

pre|di|gen, die Predigt

der **Preis,** die Preise

prei|sen, er pries, hat gepriesen

prel|len, die Prellung

die **Pres|se,** die Pressen

A B C D E F G H I J K L M N O **P** Q R S T U V W X Y Z

pres|sen, → W *drücken*
der **Pries|ter,** die Priester, die Priesterin
pri|ma, → W *gut*
die **Pri|mel,** die Primeln
pri|mi|tiv (ein primitives Werkzeug)
der **Prinz,** die Prinzen, die Prinzessin
das **Prin|zip,** die Prinzipien, prinzipiell
pri|vat
das **Pri|vi|leg,** die Privilegien (Vorrecht), privilegiert
pro (pro Stück 1 €)
die **Pro|be,** die Proben, probieren
das **Pro|blem,** die Probleme
pro|du|zie|ren, das Produkt, die Produktion
der **Pro|fes|sor,** die Professoren, die Professorin
der **Pro|fi,** die Profis
die **Pro|gno|se,** die Prognosen (Vorhersage)
das **Pro|gramm,** die Programme, programmieren
das **Pro|jekt,** die Projekte
pro|mi|nent
prompt (sofort)

das **Pro|no|men,** die Pronomen (Fürwort)
der **Pro|pel|ler,** die Propeller
der **Pro|phet,** die Propheten, die Prophetin, prophezeien
die **Pro|sa** (Sprache ohne Reim, Verse, Rhythmus; Gegensatz: → Poesie)
der **Pros|pekt,** die Prospekte
prost
der **Pro|test,** die Proteste, protestieren, der Protestant
die **Pro|the|se,** die Prothesen (künstliches Körperteil)
das **Pro|to|koll,** die Protokolle, protokollieren
der **Pro|vi|ant** (Essvorrat auf Reisen)
die **Pro|vinz,** die Provinzen
pro|vi|so|risch (vorläufig)
pro|vo|zie|ren (herausfordern), die Provokation
das **Pro|zent,** die Prozente
der **Pro|zess,** die Prozesse, prozessieren
die **Pro|zes|si|on,** die Prozessionen
prü|fen, → W *prüfen,* die Prüfung
(sich) **prü|geln,** die Prügel, die Prügelei
prus|ten

der **Psalm,** die Psalmen
psy|chisch (seelisch)
die **Pu|ber|tät**
das **Pu|bli|kum**
der **Pud|ding,** die Puddinge / Puddings
der **Pu|del,** die Pudel
der **Pu|der**
der **Puf|fer,** die Puffer
der **Pul|lo|ver,** die Pullover, der Pulli
der **Puls,** pulsieren
das **Pult,** die Pulte, → W *Tisch*
das **Pul|ver,** die Pulver
die **Pum|pe,** die Pumpen, pumpen
der **Punkt,** die Punkte
pünkt|lich
die **Pu|pil|le,** die Pupillen
die **Pup|pe,** die Puppen
pur (rein, unverfälscht)
das **Pü|ree** (Brei)
pur|zeln, → W *fallen*
pus|ten
put|zen, → W *reinigen,* der Putz
das **Puz|zle** [sprich: pasl], die Puzzles
der **Py|ja|ma** [sprich: püdschama], die Pyjamas
die **Py|ra|mi|de,** die Pyramiden

Qu qu

das **Qua|drat,** die Quadrate, quadratisch
qua|ken, → W *Geräusche*
quä|len, die Qual, die Quälerei
qua|li|fi|ziert (befähigt), die Qualifikation
die **Qua|li|tät,** die Qualitäten
die **Qual|le,** die Quallen
der **Qualm,** qualmen
der **Quark**
das **Quar|tal** (Vierteljahr)
das **Quar|tett,** die Quartette
das **Quar|tier,** die Quartiere
quas|seln
quat|schen, der Quatsch
die **Quel|le,** die Quellen
quel|len, es quoll, ist gequollen
quer, der Querschnitt
quet|schen, die Quetschung
quie|ken
quiet|schen
der **Quirl,** die Quirle, quirlen
die **Quit|tung,** die Quittungen, quittieren
das **Quiz**
die **Quo|te,** die Quoten

R r

der **Ra|batt,** die Rabatte (Preisnachlass)
der **Ra|be,** die Raben
ra|bi|at (grob)
die **Ra|che,** rächen
der **Ra|chen,** die Rachen
das **Rad,** die Räder, Rad fahren, er fährt Rad, der Radfahrer
der/das **Ra|dar**
ra|die|ren, der Radiergummi
das **Ra|dies|chen,** die Radieschen
ra|di|kal
das **Ra|dio,** die Radios
der **Ra|di|us,** die Radien (halber Durchmesser)
raf|fen, die Raffgier
raf|fi|niert (schlau, gerissen), die Raffinesse
ra|gen
der **Rahm** (fetthaltiger Teil der → Milch)
der **Rah|men,** die Rahmen
sich **rä|keln,** ich räkelte mich
die **Ra|ke|te,** die Raketen
die **Ral|lye** [sprich: rälli], die Rallyes
der **Ra|ma|dan** (Fastenmonat der → Muslime)
ram|men, die Ramme
die **Ram|pe,** die Rampen
der **Ramsch** (minderwertige Ware), ramschen
der **Rand,** die Ränder
die **Ran|da|le,** randalieren
der **Rang,** die Ränge
ran|gie|ren [sprich: rang~~sch~~ieren], (verschieben)
die **Ran|ke,** die Ranken, ranken
der **Ran|zen,** die Ranzen
ran|zig
der **Rap** [sprich: räp], (Sprechgesang), der Rapper
der **Rap|pe,** die Rappen
der **Raps** (Ölpflanze)
rar (selten), die Rarität
ra|sant (rasend schnell)
rasch
ra|scheln
ra|sen, → W *rennen*
der **Ra|sen,** die Rasen
ra|sie|ren
die **Ras|pel,** die Raspeln, raspeln
die **Ras|se,** die Rassen (Hunderasse, Pferderasse u.a.)
die **Ras|sel,** die Rasseln, rasseln
ras|ten, die Raststätte

der **Rat,** die Ratschläge
die **Ra|te,** die Raten (Betrag einer Teilzahlung)
ra|ten, er rät, er riet, hat geraten, der Rat
die **Ra|ti|on,** die Rationen
das **Rät|sel,** die Rätsel, rätselhaft
die **Rat|te,** die Ratten
rat|tern
rau, der Raureif
der **Raub,** der Räuber, die Räuberin, rauben
der **Rauch,** rauchen, räuchern
rauf, rauf und runter
rau|fen, die Rauferei
rauf|ge|hen → gehen
der **Raum,** die Räume, räumen
die **Rau|pe,** die Raupen
der **Rau|reif**
raus
rau|schen
das **Rausch|gift**
raus|kom|men → kommen
sich **räus|pern,** ich räusperte mich, → W *husten*
die **Raz|zia,** die Razzien
re|agie|ren, die Reaktion
re|al (wirklich), die Realität
re|a|li|sie|ren (verwirklichen)

die **Re|be,** die Reben
der **Re|chen,** die Rechen
die **Re|chen|schaft,** Rechenschaft ablegen
rech|nen, das Rechnen
die **Rech|nung,** die Rechnungen
das **Recht,** die Rechte, Recht/recht haben, Recht/recht geben, → W *zustimmen*
recht, es ist mir recht, es geschieht dir recht; Jetzt erst recht!
das **Recht|eck,** die Rechtecke, rechteckig
rechts (rechts des Rheins), rechts und links
recht|schrei|ben → schreiben, das Rechtschreiben, die Rechtschreibung
recht|zei|tig
re|cken, das Reck
re|cy|celn [sprich: rißeikeln], (aus Abfall Neues machen), das Recycling
der **Re|dak|teur** [sprich: redaktöhr], die Redakteure, die Redakteurin
re|den, → W *sprechen,* die Rede, der Redner
red|lich, die Redlichkeit

A B C D E F G H I J K L M N O P Q R S T U V W X Y Z

re|du|zie|ren (verringern)
das **Re|fe|rat,** die Referate (Der Referent hält zwei Referate.)
re|flek|tie|ren (Spiegel reflektieren Lichtstrahlen.)
die **Re|for|ma|ti|on**
re|for|mie|ren (erneuern), die Reform
der **Re|frain** [sprich: refreng], die Refrains
das **Re|gal,** die Regale
die **Re|gat|ta,** die Regatten
re|ge (ein reges Gespräch)
die **Re|gel,** die Regeln, regeln, regelmäßig, regelrecht
die **Re|gel|blu|tung** (→ Menstruation)
sich **re|gen,** ich regte mich, die Regung
der **Re|gen,** → R *regnen,* der Regenwurm
die **Re|gie** [sprich: re~~sch~~ie]
re|gie|ren, die Regierung
der **Re|gis|seur** [sprich: re~~sch~~issör], die Regisseure, die Regisseurin
reg|nen, → R *regnen*
das **Reh,** die Rehe
rei|ben, sie rieb, hat gerieben, die Reibung
reich, reichlich, der Reichtum
das **Reich,** die Reiche
rei|chen, → W *geben*
reif, reifen, die Reife, reiflich
der **Reif** (Raureif)
der **Rei|fen,** die Reifen
der **Rei|gen,** die Reigen
die **Rei|he,** die Reihen, sie ist an der Reihe
der **Reim,** die Reime, reimen
rein, die Reinheit
rein|ge|hen → gehen
rei|ni|gen, → W *reinigen,* reinlich
rein|kom|men → kommen
der **Reis,** der Reispudding
das **Reis,** die Reiser (kleiner, dünner Zweig), das Reisig
rei|sen, die Reise
Reiß|aus, Reißaus nehmen
rei|ßen, sie riss, hat gerissen, → W *ziehen,* der Riss, der Reißverschluss
rei|ten, er ritt, der Ritt
rei|zen, der Reiz, reizend
die **Re|kla|me,** die Reklamen
re|kla|mie|ren (beanstanden), die Reklamation
der **Re|kord,** die Rekorde

der **Re|kor|der,** die Rekorder
der **Rek|tor,** die Rektoren, die Rektorin
re|la|tiv, relativ teuer
die **Re|li|gi|on,** die Religionen, religiös
re|mis [sprich: remie], das Remis (unentschieden)
rem|peln, die Rempelei
ren|nen, er rannte, ist gerannt, → W *rennen*, das Rennen
re|no|vie|ren, die Renovierung
die **Ren|te,** die Renten
sich **ren|tie|ren** (Der Verkauf hat sich sehr gelohnt, er hat sich rentiert.)
re|pa|rie|ren, die Reparatur
die **Re|por|ta|ge** [sprich: reporta~~sche~~], die Reportagen, der Reporter
das **Rep|til,** die Reptilien (Kriechtiere wie z. B. das Krokodil oder die Eidechse)
die **Re|pu|blik,** die Republiken (ein Staat ohne König, Gegensatz: → Monarchie)

re|ser|vie|ren, die Reservierung, die Reserve
re|si|gnie|ren (Nach Misserfolgen resigniert er schnell und gibt auf.), die Resignation
re|so|lut (entschlossen, tatkräftig)
der **Res|pekt,** respektieren, respektlos
der **Rest,** die Reste
das **Res|tau|rant** [sprich: restor~~ang~~], die Restaurants
das **Re|sul|tat,** die Resultate (Ergebnis)
ret|ten, die Rettung
der **Ret|tich,** die Rettiche
reu|en, es reute mich, die Reue, reumütig
die **Re|van|che** [sprich: rev~~an~~sch], (Er gewann den Kampf und revanchierte sich so für die vergangene Niederlage.)
das **Re|vier,** die Reviere
die **Re|vo|lu|ti|on,** die Revolutionen
der **Re|vol|ver,** die Revolver
das **Re|zept,** die Rezepte
der **Rha|bar|ber**
der **Rhein** (großer Strom)

das **Rhein|land** (große deutsche Region in Nordrhein-Westfalen, Rheinland-Pfalz und Hessen), die Rheinländer, rheinländisch

Rhein|land-Pfalz (Bundesland), die Rheinland-Pfälzer, rheinland-pfälzisch

das **Rheu|ma,** rheumatisch

der **Rhyth|mus,** die Rhythmen, rhythmisch

rich|ten, der Richter

rich|tig, → W *genau*

die **Rich|tung,** die Richtungen

rie|chen, es roch, hat gerochen, der Geruch

die **Rie|ge,** die Riegen

der **Rie|gel,** die Riegel

der **Rie|men,** die Riemen

der **Rie|se,** die Riesen, die Riesin

rie|seln

rie|sig, → W *groß*

die **Ril|le,** die Rillen

das **Rind,** die Rinder

die **Rin|de,** die Rinden

der **Ring,** die Ringe

rin|gen, er rang, hat gerungen, der Ringkampf

rings, ringsumher

rin|nen, es rann, ist geronnen, → W *fließen,* die Rinne, das Rinnsal

die **Rip|pe,** die Rippen

das **Ri|si|ko,** die Risiken/Risikos, riskieren, riskant

er **riss** (von reißen), der Riss

der **Ritt,** die Ritte, rittlings

der **Rit|ter,** die Ritter

die **Rit|ze,** die Ritzen, → W *Loch,* ritzen

der **Ri|va|le,** die Rivalen (Mitbewerber), die Rivalin, die Rivalität

die **Rob|be,** die Robben (Seehund)

der **Ro|bo|ter,** die Roboter

ro|bust (stämmig, kräftig)

rö|cheln

der **Rock,** die Röcke

die **Rock|mu|sik,** Rock and Roll, rocken, der Rocker

ro|deln

ro|den, die Rodung

der **Rog|gen** (Getreideart)

roh, die Rohheit, die Rohkost

das **Rohr,** die Rohre, die Röhre

der **Roh|stoff,** die Rohstoffe (Was es roh in der Natur gibt: Kohle, Öl, Erz ...)

die **Rol|le,** die Rollen, der Roller, der Rollladen, die Rollerblades

rol|len, → W *rollen*

das **Rol|lo,** die Rollos

Rom (Heute ist Rom die Hauptstadt Italiens. Früher war es Mittelpunkt des Römischen Reiches. Vor mehr als tausend Jahren gehörte auch ein Teil unseres Landes zum römischen Weltreich.)

der **Ro|man,** die Romane

ro|man|tisch

rönt|gen, er hat geröntgt (Durchleuchten: Der Arzt röntgt Körperteile.)

ro|sa, ein rosa Kleid, rosé

die **Ro|se,** die Rosen, rosig

die **Ro|si|ne,** die Rosinen

das **Ross,** die Rosse / Rösser

der **Rost,** rosten, rostig

der **Rost,** die Roste (Gitter), rösten

rot, röter / roter, am rötesten / rotesten, die rote Grütze, der rote Faden, das Rote Kreuz, die Rote Bete / Beete, bei Rot anhalten

die **Rö|teln** (Kinderkrankheit)

ro|tie|ren (der Propeller rotiert; → Rotor)

der **Rot|kohl,** → R *Rotkohl*

der **Ro|tor,** die Rotoren (rotierendes Teil bei Maschinen)

die **Rou|te,** die Routen (Wegstrecke)

die **Rou|ti|ne** (Wer seit vielen Jahren Auto fährt, ist darin routiniert; er hat Routine.)

der **Row|dy** [sprich: raudi], die Rowdys

rub|beln

die **Rü|be,** die Rüben

der **Ruck,** rucken, ruckartig

rü|cken

der **Rü|cken,** die Rücken, das Rückgrat, die Rückkehr, der Rücktritt, rückfällig, rückgängig

der **Ruck|sack,** die Rucksäcke

die **Rück|sicht,** rücksichtslos

rück|wärts

der **Rü|de,** die Rüden (männlicher Hund)

das **Ru|del,** die Rudel

das **Ru|der,** die Ruder, rudern

ru|fen, er rief, hat gerufen, → W *schreien*, der Ruf

A B C D E F G H I J K L M N O P Q R S T U V W X Y Z

die **Rü|ge,** die Rügen, rügen
die **Ru|he,** ruhen, ruhig
der **Ruhm,** rühmen, berühmt
rüh|ren
die **Ru|i|ne,** die Ruinen (kaputtes Bauwerk)
rülp|sen, der Rülpser
der **Rum|mel**
der **Rumpf,** die Rümpfe
rümp|fen, die Nase rümpfen
rund, die Runde, der Rundfunk
run|ter, eine runterhauen, → W *schlagen*
run|ter|fah|ren → fahren
die **Run|zel,** die Runzeln, die Stirn runzeln
der **Rü|pel,** die Rüpel
der **Ruß,** rußen, rußig
der **Rüs|sel,** die Rüssel
Russ|land, die Russen, russisch
rüs|ten, die Rüstung
rüs|tig
die **Ru|te,** die Ruten
rut|schen, → R *rutschen,* die Rutsche, die Rutschbahn, → R *Rutschbahn,* rutschig
rüt|teln

S s

der **Saal,** die Säle
Saar|brü|cken (Hauptstadt des Saarlands)
das **Saar|land** (Bundesland), die Saarländer, saarländisch
die **Saat,** die Saaten
die **Sa|che,** die Sachen, sachlich
die **Sach|kun|de**
Sach|sen (Bundesland), die Sachsen, sächsisch
Sach|sen-An|halt (Bundesland), die Sachsen-Anhalter/Sachsen-Anhaltiner, sachsen-anhaltisch/sachsen-anhaltinisch
sacht
der **Sach|un|ter|richt**
der **Sack,** die Säcke
sä|en
der/das **Safe** [sprich: ßäif], die Safes (Geldschrank)
der **Saft,** die Säfte, saftig
die **Sa|ge,** die Sagen (Märchen sind ganz und gar erfunden. Sagen enthalten oft einen wahren Kern.)

sa|gen, er sagt,
→ w *sprechen*
sä|gen, die Säge
ich **sah,** wir sahen
(von sehen)
die **Sah|ne** (anderer Name
für → Rahm), sahnig
die **Sai|son** [sprich: säsong],
(wichtigste Betriebszeit)
die **Sai|te,** die Saiten
der Geige
das **Sa|kra|ment,**
die Sakramente
der **Sa|la|man|der,**
die Salamander
(eine Amphibie)
die **Sa|la|mi,** die Salamis
der **Sa|lat,** die Salate
die **Sal|be,** die Salben
der **Sal|to,** die Saltos/Salti
der **Sa|lut** (Ehrengruß mit
Kanonendonner),
salutieren
das **Salz,** salzen, salzig
der **Sa|me**/Sa|men,
die Samen
sam|meln,
die Sammlung
der **Sams|tag,** die Samstage
der **Samt**
samt, samt und sonders,
sämtlich
das **Sa|na|to|ri|um,**
die Sanatorien

der **Sand,** sandig
die **San|da|le,** die Sandalen
das **Sand|wich**
[sprich: ßänwitsch], die
Sandwiches/Sandwiche
sanft, sanftmütig
die **Sänf|te,** die Sänften
der **Sän|ger,** die Sänger,
die Sängerin
sa|nie|ren (Wenn das
verfallene Haus saniert
sein wird, kann es wieder
bewohnt werden.)
sa|ni|tär, sanitäre Anlagen
(Waschbecken,
Badewanne usw.)
der **Sa|ni|tä|ter,** die Sani-
täter, die Sanitäterin
der **Sarg,** die Särge
der **Sa|tan** (Teufel)
der **Sa|tel|lit,** die Satelliten
(Himmelskörper, der um
einen → Planeten kreist)
satt, sättigen, gesättigt
der **Sat|tel,** die Sättel, satteln
der **Satz,** die Sätze
die **Satz|aus|sa|ge,**
die Satzaussagen
(Prädikat)
die **Sat|zung,**
die Satzungen
die **Sau,** die Säue/Sauen
sau|ber, die Sauberkeit,
säuberlich

sau|ber ma|chen/ sau|ber|ma|chen, → W *reinigen*, säubern

die **Sau|ce** [sprich: soße/ sooß], die Saucen

sau|er, die Säure, säuerlich

das **Sau|er|kraut**

der **Sau|er|stoff** (ein Bestandteil der Luft, den wir zum Atmen brauchen)

sau|fen, er säuft, er soff, hat gesoffen, der Säufer

sau|gen, er saugte/sog, hat gesaugt/gesogen

das **Säu|ge|tier,** die Säugetiere (Die Mütter säugen ihre Kleinen mit Milch.)

der **Säug|ling,** die Säuglinge

die **Säu|le,** die Säulen

der **Saum,** die Säume

die **Sau|na,** die Saunas/Saunen

die **Säu|re,** die Säuren

der **Sau|ri|er,** die Saurier (→ Dinosaurier)

säu|seln

sau|sen

die **S-Bahn,** die S-Bahnen

der **Scan|ner** [sprich: scänner], die Scanner

scha|ben

schä|big

die **Scha|blo|ne,** die Schablonen

das **Schach|spiel**

der **Schacht,** die Schächte

die **Schach|tel,** die Schachteln

der **Schä|del,** die Schädel

scha|den, der Schaden; Wie schade!

schä|di|gen, schädlich, der Schädling

das **Schaf,** die Schafe, der Schäfer

schaf|fen

der **Schaff|ner,** die Schaffner, die Schaffnerin

der **Schal,** die Schals/Schale

schä|len, die Schale

der **Schall,** schallen

schal|ten, der Schalter, die Schaltung

die **Scham,** sich schämen, schamlos, schamhaft

die **Schan|de,** schändlich

die **Schar,** die Scharen

scharf, die Schärfe, schärfen, scharfkantig

der **Schar|lach**

das **Schar|nier,** die Scharniere

schar|ren

die **Schar|te,** die Scharten (Einkerbung)

der **Schat|ten,** die Schatten, schattig
der **Schatz,** die Schätze
schät|zen, schätzungsweise
der **Schau|der** (Grauen und Entsetzen empfinden), schauderhaft
schau|en, → W *sehen,* die Schau
der **Schau|er,** die Schauer
schau|er|lich, schaurig
die **Schau|fel,** die Schaufeln, schaufeln
das **Schau|fens|ter,** die Schaufenster
die **Schau|kel,** die Schaukeln, schaukeln
der **Schaum,** schäumen
schau|rig (gruselig)
der **Scheck,** die Schecks
sche|ckig
die **Schei|be,** die Scheiben
die **Schei|de,** die Scheiden
schei|den, er schied, ist geschieden
die **Schei|dung,** die Scheidungen
der **Schein,** die Scheine
schein|bar (Er sagte: „Anscheinend bin ich pünktlich.“ „Nein“, sagte sie, „nur scheinbar, denn deine Uhr geht vor.“)

schei|nen, es schien, hat geschienen
der **Schei|tel,** die Scheitel
schei|tern
die **Schel|le,** die Schellen
schel|len, → W *läuten*
der **Sche|mel,** die Schemel
der **Schen|kel,** die Schenkel
schen|ken
die **Scher|be,** die Scherben
die **Sche|re,** die Scheren
sich **sche|ren** (Deine Kritik schert mich nicht!), Scherereien machen
der **Scherz,** die Scherze, scherzen, scherzhaft
scheu, die Scheu
scheu|chen
scheu|en (Sie scheute nicht die viele Arbeit.)
scheu|ern
das **Scheu|er|tuch,** → R *Scheuertuch*
die **Scheu|ne,** die Scheunen, → W *Haus*
das **Scheu|sal,** die Scheusale
scheuß|lich
der **Schi,** die Schier/Schi, Schi fahren
die **Schicht,** die Schichten
schick, → W *schön*
schi|cken
das **Schick|sal,** die Schicksale

A B C D E F G H I J K L M N O P Q R **S** T U V W X Y Z

schie|ben, er schiebt, er schob, hat geschoben
der **Schieds|rich|ter,** die Schiedsrichter, die Schiedsrichterin
schief
der **Schie|fer**
schie|len
das **Schien|bein,** die Schienbeine
die **Schie|ne,** die Schienen
schie|nen (gebrochene Beine schienen)
schie|ßen, sie schoss, hat geschossen, der Schuss
das **Schiff,** die Schiffe, der Schiffbruch, die Schifffahrt, schiffbar
die **Schi|ka|ne,** die Schikanen (absichtlich bereitete Schwierigkeit), schikanieren
der **Schild,** die Schilde (des Ritters)
das **Schild,** die Schilder (Verkehrsschild)
schil|dern, die Schilderung
die **Schild|krö|te,** die Schildkröten
das **Schilf**
schil|lern
der **Schim|mel,** die Schimmel (weißes Pferd)
der **Schim|mel** (winziger Pilz), schimmeln, schimmelig / schimmlig
schim|mern, → W *leuchten,* der Schimmer
der **Schim|pan|se,** die Schimpansen
schimp|fen, → W *schimpfen*
der **Schin|ken,** die Schinken (Hinterteil des Schweins)
der **Schirm,** die Schirme
schlach|ten, → W *umbringen,* die Schlacht
schla|ckern
der **Schlaf,** der Schläfer
die **Schlä|fe,** die Schläfen
schla|fen, sie schläft, sie schlief, hat geschlafen, → W *schlafen,* der Schlaf, schläfrig
schlaff
schla|gen, er schlägt, er schlug, hat geschlagen, → W *schlagen,* der Schlag, der Schläger, schlagartig
der **Schla|ger,** die Schlager
der/das **Schla|mas|sel** (sehr schwierige Lage; im Schlamassel stecken)

der **Schlamm,** schlammig
schlam|pig, die Schlamperei
die **Schlan|ge,** die Schlangen, Schlange stehen, sich schlängeln
schlank
schlapp, schlappmachen
das **Schla|raf|fen|land**
schlau, die Schlauheit, die Schläue
der **Schlauch,** die Schläuche
die **Schlau|fe,** die Schlaufen
schlecht, → W *schlimm,* die Schlechtigkeit
schlei|chen, sie schlich, ist geschlichen
der **Schlei|er,** die Schleier, schleierhaft
die **Schlei|fe,** die Schleifen
schlei|fen, er schliff, hat geschliffen
der **Schleim,** schleimen, schleimig
schlem|men (gut und reichlich speisen), die Schlemmerei
schlen|dern, → W *gehen*
schlen|kern
schlen|zen (spezieller „Schuss" z. B. im Fußball)
schlep|pen, → W *tragen,* der Schlepper, die Schleppe

Schles|wig-Hol|stein (Bundesland), die Schleswig-Holsteiner, schleswig-holsteinisch
schleu|dern, → W *werfen,* die Schleuder
schleu|nigst
die **Schleu|se,** die Schleusen, schleusen
schlicht
schlich|ten (einen Streit schlichten), die Schlichtung
der **Schlick** (Schlamm am Boden von Gewässern)
schlie|ßen, er schloss, hat geschlossen, → W *schließen*
schließ|lich
der **Schliff,** geschliffen
schlimm, → W *schlimm*
die **Schlin|ge,** die Schlingen
schlin|gen, er schlang, hat geschlungen
der **Schlit|ten,** die Schlitten
der **Schlitt|schuh,** die Schlittschuhe
der **Schlitz,** die Schlitze, → W *Loch,* schlitzen
das **Schloss,** die Schlösser, der Schlosser
schlot|tern (vor Angst schlottern)
die **Schlucht,** die Schluchten
schluch|zen, → W *weinen*

A B C D E F G H I J K L M N O P Q R **S** T U V W X Y Z

der **Schluck|auf,**
→ R *Schluckauf*
schlu|cken, der Schluck
schlum|mern,
der Schlummer
schlüp|fen, der Schlüpfer
schlur|fen
schlür|fen
der **Schluss,** die Schlüsse
der **Schlüs|sel,** die Schlüssel
das **Schlüs|sel|bein,**
die Schlüsselbeine
die **Schmach** (demütigende Schande)
schmäch|tig
schmack|haft
schmä|hen (beleidigend schlechtmachen)
schmal, → W *klein*
das **Schmalz,** schmalzig
schmat|zen
schmau|sen,
der Schmaus
schme|cken
schmei|cheln (jemanden übertrieben loben),
schmeichelhaft,
die Schmeichelei
schmei|ßen,
sie schmiss, hat geschmissen, → W *werfen*
schmel|zen,
es schmilzt, es schmolz, ist geschmolzen

der **Schmerz,** die Schmerzen, schmerzen, schmerzlich, schmerzhaft, schmerzlos
der **Schmet|ter|ling,**
die Schmetterlinge
schmet|tern
der **Schmied,** die Schmiede, schmieden
schmie|ren, die Schmiere, schmierig
die **Schmin|ke,** schminken
schmir|geln
der **Schmö|ker,** die Schmöker, schmökern
schmol|len (gekränkt schweigen)
schmo|ren
schmü|cken, der Schmuck
schmud|de|lig
schmug|geln,
der Schmuggler
schmun|zeln
schmu|sen
der **Schmutz,** schmutzig
der **Schna|bel,**
die Schnäbel
die **Schnal|le,**
die Schnallen, schnallen
schnal|zen
schnap|pen,
→ W *nehmen*
der **Schnaps,** die Schnäpse (Getränk mit viel → Alkohol)

schnar|chen,
→ W *schlafen,*
→ W *Geräusche*
schnat|tern
schnau|ben
schnau|fen,
→ W *Geräusche*
die **Schnau|ze,** die Schnauzen, → W *Mund*
schnau|zen,
→ W *schimpfen*
die **Schne|cke,** die Schnecken
der **Schnee,** schneeweiß
das **Schnee|glöck|chen,** die Schneeglöckchen
schnei|den, er schnitt, hat geschnitten, der Schnitt
der **Schnei|der,** die Schneider, die Schneiderin
schnei|en
schnell, die Schnelligkeit
schnip|pisch
der **Schnip|sel,** die Schnipsel
der **Schnitt,** die Schnitte (z. B. mit Schere oder Messer)
die **Schnit|te,** die Schnitten (Brotscheibe)
der **Schnitt|lauch**
das **Schnit|zel,** die Schnitzel, die Schnitzeljagd
schnit|zen
der **Schnit|zer,** die Schnitzer
der **Schnor|chel,** die Schnorchel
der **Schnul|ler,** die Schnuller
der **Schnup|fen,** schnupfen
schnup|pern
die **Schnur,** die Schnüre
schnü|ren, der Schnürsenkel
der **Schnurr|bart,** die Schnurrbärte
schnur|ren
der **Schock,** die Schocks, schockiert
die **Scho|ko|la|de,** die Schokoladen
die **Schol|le,** die Schollen
schon, schon wieder
schön, → W *schön,* die Schönheit
scho|nen, die Schonung
schöp|fen, der Schöpfer, die Schöpfung
der **Schorf**
der **Schorn|stein,** die Schornsteine
der **Schoß,** die Schöße
die **Scho|te,** die Schoten
der **Schot|ter**
schräg, die Schräge
die **Schram|me,** die Schrammen, schrammen

A B C D E F G H I J K L M N O P Q R S T U V W X Y Z

der **Schrank,** die Schränke
die **Schran|ke,** die Schranken
die **Schrau|be,** die Schrauben, schrauben
der **Schreck**/Schre|cken
schreck|lich, → W *schlimm*
der **Schrei,** die Schreie
schrei|ben, er schreibt, er schrieb, hat geschrieben
der **Schreib|tisch,** die Schreibtische, → W *Tisch*
schrei|en, sie schrie, hat geschrien, → W *schreien*
der **Schrei|ner,** die Schreiner, die Schreinerin, → R *Tischler*
schrei|ten, er schritt, ist geschritten
die **Schrift,** die Schriften, schriftlich
schrill, schrillen
der **Schritt,** die Schritte
schroff
der **Schrot**
der **Schrott,** verschrotten
schrump|fen
der **Schub,** die Schubkarre, die Schublade
schub|sen, der Schubs
schüch|tern, die Schüchternheit
der **Schuft,** die Schufte
schuf|ten, → W *arbeiten*
der **Schuh,** die Schuhe, → W *Schuh*
die **Schuld** (Er hat Schuld, auch sie ist schuldig.)
die **Schul|den,** der Schuldner (→ Gläubiger)
die **Schu|le,** die Schulen
der **Schü|ler,** die Schüler, die Schülerin
der **Schul|ran|zen,** die Schulranzen, → R *Schulranzen*
die **Schul|ter,** die Schultern, schultern, → W *tragen*
schum|meln
der **Schund**
schun|keln
der **Schup|pen,** die Schuppen, → W *Haus*
der **Schur|ke,** die Schurken
die **Schür|ze,** die Schürzen
der **Schuss,** die Schüsse
die **Schüs|sel,** die Schüsseln
der **Schus|ter,** die Schuster, die Schusterin
der **Schutt**
schüt|teln
schüt|ten
der **Schüt|ze,** die Schützen
schüt|zen, der Schutz

die **Schwa|ben** (große deutsche Volksgruppe und eine große Region), schwäbisch, → S. 251
schwach, die Schwäche, schwächlich
der **Schwa|ger,** die Schwäger, die Schwägerin
die **Schwal|be,** die Schwalben
der **Schwamm,** die Schwämme, schwammig
der **Schwan,** die Schwäne
schwan|ger, die Schwangerschaft
schwan|ken, die Schwankung, → W *schwanken*
der **Schwanz,** die Schwänze, schwänzeln
schwän|zen
der **Schwarm,** die Schwärme, schwärmen
schwarz, schwarz auf weiß, schwarzfahren, sich schwarzärgern, die Schwarzen
schwat|zen, schwätzen, → W *unterhalten*, der Schwätzer
schwe|ben, → W *fliegen*
der **Schweif,** die Schweife
schwei|gen, er schweigt, er schwieg, hat geschwiegen, → W *schweigen*
das **Schwein,** die Schweine
der **Schweiß**
schwei|ßen, der Schweißer
die **Schweiz,** die Schweizer, schweizerisch
schwel|len, es schwillt, schwoll, ist geschwollen, die Schwellung, die Schwelle
schwen|ken
schwer, schwerhörig
Schwe|rin (Hauptstadt von Mecklenburg-Vorpommern)
die **Schwer|kraft** (Wir sind schwer, weil die Kraft der Erde uns anzieht.)
das **Schwert,** die Schwerter
die **Schwes|ter,** die Schwestern
die **Schwie|ger|el|tern**
die **Schwie|le,** die Schwielen, schwielig
schwie|rig, die Schwierigkeit
schwim|men, sie schwamm, ist geschwommen
der **Schwin|del,** schwindlig / schwindelig, schwindelfrei

A B C D E F G H I J K L M N O P Q R S T U V W X Y Z

schwin|deln,
→ W *lügen,*
der Schwindler
schwin|gen, er schwingt,
er schwang,
hat geschwungen,
die Schwingung
schwir|ren,
→ W *Geräusche*
schwit|zen, du schwitzt
schwö|ren, er schwor, hat
geschworen, der Schwur
schwül, die Schwüle
der **Schwung,** die Schwünge
der **Schwur,** die Schwüre
sechs, sechzehn,
sechzig
der **See,** die Seen
die **See** (das Meer), seekrank
der **See|hund,**
die Seehunde
die **See|le,** die Seelen,
seelisch
das **Se|gel,** die Segel, segeln,
das Segelschiff
seg|nen, der Segen
se|hen, sie sieht,
sie sah, hat gesehen;
Sieh mal!, → W *sehen*
die **Seh|ne,** die Sehnen
sich **seh|nen,** die Sehnsucht,
sehnsüchtig
sehr, sehr gut
seicht

seid, ihr seid hier
die **Sei|de,** die Seiden,
ein seidenes Kleid
die **Sei|fe,** die Seifen
das **Seil,** die Seile
sein (froh sein)
sein (sein Ring)
sei|ne (seine Euros)
sei|nem (in seinem Heft)
sei|ner (in seiner Hand)
sei|ner|zeit
seit, seit gestern
seit|dem
die **Sei|te,** die Seiten,
seitenlang, seitwärts
der **Se|kre|tär,** die Sekretäre,
die Sekretärin,
das Sekretariat
der **Sekt**
die **Sek|te,** die Sekten (kleine
religiöse Gemeinschaft),
der Sektierer
die **Se|kun|de,**
die Sekunden
sel|ber, selbst
selb|stän|dig
die **Selbst|be|die|nung**
selbst|be|wusst
(überzeugt vom
eigenen Wert)
der **Selbst|laut**
selbst|stän|dig
selbst|ver|ständ|lich
se|lig, die Seligkeit

der/die **Sellerie**
selten, die Seltenheit
seltsam
das **Semikolon,** die Semikolons
die **Semmel,** die Semmeln
senden, er sandte/sendete, hat gesandt/gesendet, die Sendung
der **Senf**
der **Senior,** die Senioren (Vater und Sohn Bast heißen beide Paul: Paul Bast sen. und Paul Bast jun. → Junior), die Seniorin
senken
senkrecht
die **Sensation,** die Sensationen, sensationell
die **Sense,** die Sensen
sensibel (feinfühlig)
sentimental (gefühlsbetont)
der **September**
die **Serie,** die Serien
seriös (vertrauenswürdig)
die **Serpentine,** die Serpentinen
der/das **Service** [sprich: ßörwiß; 1. Silbe betont], (Kundendienst)

das **Service** [sprich: serwieß; 2. Silbe betont], (Essgeschirr)
servieren
die **Serviette,** die Servietten
der **Sessel,** die Sessel
der/das **Set,** die Sets
(sich) **setzen,** ich setzte mich, → W *setzen*
die **Seuche,** die Seuchen (ansteckende schwere Krankheit wie früher Pest oder Cholera)
seufzen, der Seufzer
die **Sexualität,** sexuell
das **Shampoo** [sprich: schampo], die Shampoos
der **Sheriff** [sprich: scherrif], die Sheriffs
das **Shirt** [sprich: schört], die Shirts
der **Shop** [sprich: schop], die Shops
die **Shorts** [sprich: schorts]
die **Show** [sprich: schou], die Shows
sich, sich freuen
die **Sichel,** die Sicheln
sicher, die Sicherheit, die Sicherung, sicherheitshalber
sichern
die **Sicht,** sichtbar, sichtlich

si|ckern
sie, sie und er
das **Sieb,** die Siebe
sie|ben, siebzig
sie|den (kochen), siedend heiß, der Siedepunkt
die **Sied|lung,** die Siedlungen, die Siedler
das **Sie|gel,** die Siegel
sie|gen, der Sieg, der Sieger, die Siegerin, siegreich
sie|zen, er siezte sie
das **Sig|nal,** die Signale, signalisieren
die **Sil|be,** die Silben
das **Sil|ber,** silbern, silbrig/silberig
das **Sil|ves|ter**
sim|pel (unkompliziert)
sim|sen (eine SMS schicken)
si|mu|lie|ren (so tun, als ob), der Simulant
sind, wir sind froh
sin|gen, sie singt, sie sang, hat gesungen, → W *singen*
der **Sin|gu|lar** (die Einzahl)
der **Sing|vo|gel,** die Singvögel (z. B. Amsel, Rabe, Meise)
sin|ken, sie sank, ist gesunken
der **Sinn,** die Sinne (Hören, Sehen, Riechen, Schmecken, Tasten)
das **Sin|nes|or|gan,** die Sinnesorgane (Auge, Ohr, Nase, Zunge, Haut)
die **Sip|pe,** die Sippen
die **Si|re|ne,** die Sirenen
der **Si|rup**
die **Sit|te,** die Sitten, sittsam
der **Sit|tich,** die Sittiche (Papagei)
sit|zen, sie saß, hat gesessen, der Sitz, die Sitzung
die **Ska|la,** die Skalen/Skalas
der **Skan|dal,** die Skandale
der **Skat** (Kartenspiel)
ska|ten [sprich: ßkäiten], das Skateboard
das **Ske|lett,** die Skelette
die **Skep|sis** (Bedenken), der Skeptiker, skeptisch
der **Ski,** die Skier, Ski fahren
die **Skiz|ze,** die Skizzen, skizzieren
der **Skla|ve,** die Sklaven, die Sklavin
der **Skru|pel,** die Skrupel (Er hatte Skrupel zu betrügen. Aber andere waren skrupellos.)

der **Sla|lom,** die Slaloms (Skilauf oder Kanufahrt durch Tore)

die **Sla|wen** (Volksgruppe, die eine slawische Sprache spricht und vor allem in Osteuropa wohnt), der Slawe, die Slawin, slawisch

der **Slo|gan,** die Slogans (Werbespruch)

der **Slum,** die Slums (Elendsviertel in Großstädten)

der **Smog** (Dunstmix der Luft aus Rauch und Qualm; smoke = Rauch, fog = Nebel)

die **SMS** (Short Message Service), [sprich: schort messidsch ßörwiß]

so, sobald

die **So|cke,** die Socken

der **So|ckel,** die Sockel

so|dass/so dass

das **Sod|bren|nen** (Magensäure steigt in den Mund)

so|eben

das **So|fa,** die Sofas

so|fort

die **Soft|ware** [sprich: ßoftwähr], (Computerprogramme und → Dateien; → Hardware)

so|gar

so|ge|nannt/so ge|nannt

so|gleich

die **Soh|le,** die Sohlen

der **Sohn,** die Söhne

so|lan|ge (Ich bleibe, solange ich kann; ich bleibe so lange, bis ...)

die **So|lar|ener|gie** (Sonnenenergie)

solch, solche

der **Sold** (Lohn, Gehalt), die Besoldung

der **Sol|dat,** die Soldaten, die Soldatin

die **So|le,** die Solen (Salzwasser)

so|li|da|risch, solidarisch sein (für andere einstehen)

so|li|de (eine solide Ausbildung, ein solide gebautes Haus)

sol|len

das **So|lo,** die Solos/die Soli (italienisch: allein)

der **Som|mer,** die Sommer

son|der|bar

son|dern

der **Song** [sprich: ßong], die Songs

der **Sonn|abend,** die Sonnabende, → R *Sonnabend*

A B C D E F G H I J K L M N O P Q R S T U V W X Y Z

die **Son|ne,** die Sonnen, die Sonnenenergie, sich sonnen, sonnig
der **Sonn|tag,** die Sonntage
sonst
so|oft (Sie hat es schon so oft getan; sie tut es, sooft sie will.)
der **So|pran,** die Soprane (hohe Frauenstimme)
die **Sor|ben** (Deutsche eines slawischen Volks; → Slawen)
die **Sor|ge,** die Sorgen, sich sorgen, → W *Angst haben*
die **Sorg|falt,** sorgfältig
die **Sor|te,** die Sorten
sor|tie|ren
die **So|ße,** die Soßen
so|viel (soviel ich weiß; sie hat so viel Geld, dass …)
so|weit (soweit ich weiß; der Weg ist so weit)
so|wie (es gab Fleisch sowie Fisch; so wie immer)
so|zi|al (Wer sich sozial verhält, denkt nicht nur an sich selbst, sondern auch an andere.)
der **So|zi|us** (Teilhaber; auch: Beifahrer auf dem Motorrad), die Sozia
der **Spa|gat**
die **Spa|get|ti**/Spa|ghet|ti (italienische Nudelart)
spä|hen, → W *sehen*
spal|ten, der Spalt
der **Span,** die Späne
die **Span|ge,** die Spangen
Spa|ni|en, die Spanier, spanisch
span|nend, die Spannung
spa|ren, der Sparer, sparsam, die Sparsamkeit
der **Spar|gel,** die Spargel
der **Spaß,** die Späße, spaßen, spaßig
spät, spätestens
der **Spa|ten,** die Spaten
der **Spatz,** die Spatzen (→ Singvogel)
spa|zie|ren, spazieren gehen, sie ging spazieren, → W *gehen (langsam),* der Spaziergang
der **Specht,** die Spechte
der **Speck,** speckig
der **Spe|di|teur** [sprich: speditör], die Spediteure (transportiert mit seiner Spedition allerlei Sachen)
der **Speer,** die Speere
die **Spei|che,** die Speichen
der **Spei|chel** (Spucke)
der **Spei|cher,** die Speicher, speichern

die **Spei|se,** die Speisen, die Speiseröhre
spei|sen, → W *essen*
das **Spek|ta|kel** (Lärm)
spe|ku|lie|ren (auf etwas rechnen), die Spekulation
die **Spen|de,** die Spenden, spenden, spendieren
der **Sper|ling,** die Sperlinge (→ Spatz)
sper|ren, die Sperre, sperrig, sperrangelweit
der **Spe|zi|a|list,** die Spezialisten, die Spezialistin, die Spezialität, spezial
der **Spie|gel,** die Spiegel, spiegeln
spie|len, das Spiel, der Spieler, spielerisch
der **Spieß,** die Spieße
spie|ßig (rückständig, engstirnig)
die **Spikes** [sprich: speiks]
der **Spi|nat**
der/das **Spind,** die Spinde (schmaler Schrank)
die **Spin|del,** die Spindeln
die **Spin|ne,** die Spinnen
spin|nen, sie spann, hat gesponnen (Dünne Fasern werden zu einem Faden gedreht.)

der **Spi|on,** die Spione, die Spionin, spionieren, die Spionage [sprich: spiona~~sche~~]
die **Spi|ra|le,** die Spiralen
spitz, die Spitze, der Spitzer
der **Spit|zel,** die Spitzel
spitz|fin|dig (kleinlich-überklug)
die **Spitz|maus,** die Spitzmäuse
der **Split|ter,** die Splitter, splittern
der **Spon|sor,** die Sponsoren, die Sponsorin
spon|tan (Er antwortete spontan, ohne zu überlegen.)
die **Spo|re,** die Sporen
der **Sport,** der Sportler, sportlich
der **Spott,** die Spötter, spotten, spöttisch
die **Spra|che,** die Sprachen, sprachlich, sprachlos
der/das **Spray** [sprich: ßpräi], die Sprays
spre|chen, er spricht, er sprach, hat gesprochen; Sprich!, → W *sprechen*
spren|gen, die Sprengung

sprie|ßen, es spross, ist gesprossen
sprin|gen, sie sprang, ist gesprungen, → W *springen,* der Springer, das Springseil, → R *Springseil*
sprin|ten, der Sprint
der **Sprit**
sprit|zen, der Spritzer, die Spritze
die **Spros|se,** die Sprossen
der **Spruch,** die Sprüche
der **Spru|del,** die Sprudel, sprudeln
sprü|hen
der **Sprung,** die Sprünge
die **Spu|cke,** spucken
der **Spuk,** spuken
die **Spu|le,** die Spulen, spulen
spü|len, die Spülung, die Spüle
die **Spur,** die Spuren, spuren, spurlos
spü|ren, → W *empfinden,* spürbar
der **Spurt,** die Spurts, spurten
sich **spu|ten** (beeilen)
der **Staat,** die Staaten
der **Stab,** die Stäbe
sta|bil (hält Belastungen aus), die Stabilität
der **Sta|chel,** die Stachel, stachlig / stachelig
das **Sta|di|on,** die Stadien
die **Stadt,** die Städte, städtisch
die **Sta|fet|te,** die Stafetten
die **Staf|fel,** die Staffeln
der **Stahl** (verbessertes Eisen)
der **Sta|lag|mit** (stehender Tropfstein; Stalaktit: hängender Tropfstein)
der **Stall,** die Ställe, → W *Haus*
der **Stamm,** die Stämme, stämmig
stam|meln, → W *sprechen*
stamp|fen, der Stampfer
der **Stand,** die Stände, der Ständer
im **Stan|de sein** / im|stan|de sein
stän|dig
die **Stan|ge,** die Stangen
der **Stän|gel,** die Stängel
stän|kern
der **Sta|pel,** die Stapel, stapeln
stap|fen (durch hohen Schnee stapfen)
der **Star,** die Stare (Vogel)
der **Star** (Augenkrankheit)
der **Star,** die Stars (Filmstar)
stark, die Stärke, die Stärkung, stärken

star|r, → W *hart*
star|ren
der **Start**, die Starts
star|ten, → W *beginnen*
die **Sta|ti|on**, die Stationen
sta|ti|o|när, stationär behandeln (im Krankenhaus; Gegensatz: → ambulant)
der **Sta|tist**, die Statisten (unauffällige Randfigur)
die **Sta|tis|tik**, die Statistiken (schriftliche Zusammenstellung von allerlei Daten)
statt, groß statt klein
statt|des|sen
die **Stät|te**, die Stätten, die Fundstätte; aber: Städte (von Stadt)
statt|fin|den, es fand statt
statt|lich (Er ist groß und kräftig – eine stattliche Erscheinung.)
die **Sta|tue**, die Statuen
der **Stau**, die Staus
der **Staub**, staubig, Staub saugen/staubsaugen
stau|chen
die **Stau|de**, die Stauden
stau|en, der Stausee
stau|nen, → W *wundern*, das Staunen

ste|chen, sie sticht, er stach, hat gestochen
ste|cken, der Stecker
der **Steg**, die Stege
ste|hen, sie stand, hat/ist gestanden, ist stehen geblieben
steh|len, sie stiehlt, er stahl, hat gestohlen, → W *wegnehmen*
steif, → W *hart*, die Steifheit
stei|gen, sie steigt, sie stieg, ist gestiegen, → W *wachsen*, die Steigung
stei|gern, → W *wachsen*, die Steigerung
steil
der **Stein**, die Steine, steinalt, steinern, steinig
die **Stein|zeit** (Vor vielen tausend Jahren hausten die Menschen oft in Höhlen. Ihre primitiven Werkzeuge waren aus Stein, Knochen und Holz. Dinosaurier waren längst ausgestorben.)
das **Steiß|bein**
die **Stel|le**, die Stellen, die Stellung, stellenweise
stel|len
die **Stel|ze**, die Stelzen

A B C D E F G H I J K L M N O P Q R **S** T U V W X Y Z

stem|men
der **Stem|pel,** die Stempel, stempeln
die **Stepp|de|cke,** die Steppdecken
die **Step|pe,** die Steppen (baumlose Grasebene)
step|pen, Stepp tanzen, eine Naht steppen
ster|ben, sie stirbt, sie starb, ist gestorben
ste|reo
ste|ril (keimfrei: ohne → Bakterien)
der **Stern,** die Sterne
stets, stetig
die **Steu|er,** die Steuern (Alle Bürger müssen etwas von ihrem Geld abgeben. Davon werden z. B. Polizisten, Lehrer, Feuerwehr, Straßen usw. bezahlt.)
das **Steu|er,** die Steuer (zum Lenken), steuern
der **Ste|ward** [sprich: ßtjuard], die Stewards, die Stewardess
der **Stich,** die Stiche, im Stich lassen
sti|cheln (einen anderen mit spitzen Bemerkungen reizen)
sti|cken, die Stickerei
der **Sti|cker,** die Sticker (Aufkleber)
sti|ckig (Die Luft ist verbraucht und unangenehm zu atmen.)
der **Stick|stoff** (größter Bestandteil unserer Luft)
der **Stie|fel,** die Stiefel, → W *Schuh*
die **Stie|ge,** die Stiegen
der **Stiel,** die Stiele
der **Stier,** die Stiere (männliches Rind)
der **Stift,** die Stifte
stif|ten, die Stiftung
der **Stil,** die Stile (Baustil ist die Art zu bauen, Schreibstil die Art zu schreiben usw.)
still, in der Stille
stil|len (Er stillte seinen Durst. Sie stillte ihr Baby an der Brust.)
still|hal|ten, er hält still, er hielt still, hat stillgehalten
still|schwei|gen
die **Stim|me,** die Stimmen
stim|men
die **Stim|mung,** die Stimmungen
stin|ken, es stank, hat gestunken, der Gestank
die **Stirn,** die Stirnen

stö|bern
sto|chern
der **Stock,** die Stöcke, → W *Stock*
sto|cken
stock|sau|er, stocksteif
das **Stock|werk,** die Stockwerke
der **Stoff,** die Stoffe
stöh|nen
der **Stol|len,** die Stollen
stol|pern
stolz, stolz sein, der Stolz
stol|zie|ren
stop|fen
der **Stop|fen,** die Stopfen
die **Stop|pel,** die Stoppeln
stop|pen, → W *anhalten,* der Stopp
der **Stöp|sel,** die Stöpsel
der **Storch,** die Störche
stö|ren, die Störung
stor|nie|ren (eine Bestellung rückgängig machen), das Storno
stör|risch
die **Sto|ry,** die Storys
sto|ßen, er stößt, er stieß, hat gestoßen, der Stoß
stot|tern, → W *sprechen*
die **Stra|fe,** die Strafen, strafen, strafbar, sträflich
straff
der **Strahl,** die Strahlen
strah|len, die Strahlung
strah|len, → W *lachen*
die **Sträh|ne,** die Strähnen, → W *Haar,* strähnig
stramm
stram|peln
der **Strand,** die Strände, stranden
der **Strang,** die Stränge
die **Stra|pa|ze,** die Strapazen, strapazieren, strapaziös
die **Stra|ße,** die Straßen, → W *Straße*
sich **sträu|ben,** du sträubst dich
der **Strauch,** die Sträucher
strau|cheln (stolpern)
der **Strauß,** die Sträuße (Blumenstrauß)
der **Strauß,** die Strauße (Vogel)
stre|ben, der Streber, die Strebe
die **Stre|cke,** die Strecken
stre|cken
der **Streich,** die Streiche
strei|cheln
strei|chen, sie strich, hat gestrichen
das **Streich|holz,** die Streichhölzer
die **Strei|fe** (Die Polizei geht Streife.)
strei|fen

A B C D E F G H I J K L M N O P Q R S T U V W X Y Z

der **Strei|fen,** die Streifen, gestreift
der **Streik,** die Streiks (Arbeit verweigern), streiken
der **Streit,** die Streiterei
strei|ten, sie stritt, hat gestritten
streng, die Strenge
der **Stress,** stressig
streu|en, die Streu, der Streusel
der **Strich,** die Striche
der **Strick,** die Stricke
stri|cken
strikt (Er ist strikt gegen Nachtarbeit.)
die **Strip|pe,** die Strippen
das **Stroh,** der Strohhalm
der **Strom,** die Ströme, die Strömung, strömen
die **Stro|phe,** die Strophen
strub|be|lig/strubb|lig
der **Stru|del,** die Strudel
der **Strumpf,** die Strümpfe
der **Strunk,** die Strünke
strup|pig
die **Stu|be,** die Stuben
das **Stück,** die Stücke
der **Stu|dent,** die Studenten, die Studentin
die **Stu|die,** die Studien
stu|die|ren, → W *lernen,* das Studium
das **Stu|dio,** die Studios

die **Stu|fe,** die Stufen
der **Stuhl,** die Stühle
stül|pen
stumm
der **Stum|mel,** die Stummel
der **Stüm|per,** die Stümper (Nichtskönner)
stumpf, der Stumpfsinn
der **Stumpf,** die Stümpfe
die **Stun|de,** die Stunden, stündlich, stundenlang
stup|sen
stur, die Sturheit
stür|men, der Stürmer, der Sturm, die Sturmflut, stürmisch
stür|zen, → W *fallen,* der Sturz
die **Stu|te,** die Stuten (weibliches Pferd)
Stutt|gart (Hauptstadt Baden-Württembergs), → S. 250
stut|zen, stutzig
stüt|zen, die Stütze
das **Sty|ro|por**
das **Sub|jekt,** die Subjekte
sub|jek|tiv (Das Fußballspiel seines geliebten Vereins kann er nicht → objektiv beurteilen; er ist vor lauter Gefühlen voreingenommen: subjektiv.)

das **Sub|stan|tiv,** die Substantive (Nomen, Hauptwort, Namenwort)
sub|tra|hie|ren (Abziehen in der Mathematik), die Subtraktion
su|chen, → W *lernen,* die Suche
die **Sucht,** die Süchte (Manche Menschen brauchen dauernd und im Übermaß z. B. → Alkohol und → Tabak. Sie werden immer kränker.)
der **Sü|den,** südlich
die **Süd|frucht,** die Südfrüchte (Orangen, Bananen usw.)
der **Süd|pol**
die **Süh|ne,** die Sühnen, eine Schuld sühnen
die **Sum|me,** die Summen
sum|men, → W *singen*
der **Sumpf,** die Sümpfe, sumpfig
die **Sün|de,** die Sünden, der Sünder, sündigen
su|per
der **Su|per|markt,** die Supermärkte
die **Sup|pe,** die Suppen
sur|fen [sprich: ßörfen]
sur|ren
süß, süßen, die Süße, die Süßigkeit, das Süßwasser
das **Sweat|shirt** [sprich: ßwettschört), die Sweatshirts
die **Sym|bi|o|se,** die Symbiosen (Zwei verschiedenartige Lebewesen haben Nutzen davon, dass sie zusammenleben. Beispiel: Ameisen beschützen Blattläuse und kriegen von denen Zuckerwasser.)
das **Sym|bol,** die Symbole (Die Taube ist das Symbol des Friedens.), symbolisch
die **Sym|pa|thie,** die Sympathien (Zuneigung; Gegensatz: Antipathie), sympathisch
das **Symp|tom,** die Symptome (Husten und Schnupfen sind z. B. Symptome für eine Erkältung.)
die **Sy|na|go|ge,** die Synagogen (jüdisches Gotteshaus)
syn|chron (gleichzeitig)
das **Sys|tem,** die Systeme, systematisch
die **Sze|ne,** die Szenen
das **Szep|ter,** die Szepter

T t

der **Ta|bak** (enthält Nikotin und andere Gifte; → Sucht)
die **Ta|bel|le,** die Tabellen
das **Ta|blett,** die Tabletts
die **Ta|blet|te,** die Tabletten
der **Ta|cho,** die Tachos (Tachometer)
der **Ta|del,** die Tadel, tadeln, tadellos
die **Ta|fel,** die Tafeln
der **Tag,** die Tage, eines Tages, täglich, tagtäglich, tagelang, tagsüber, taghell, heutzutage
der **Tai|fun,** die Taifune (Wirbelsturm)
die **Tail|le** [sprich: tallje], die Taillen
der **Takt,** die Takte
die **Tak|tik,** die Taktiken
takt|los (ein Verhalten, das andere verletzt)
das **Tal,** die Täler
das **Ta|lent,** die Talente
der **Ta|ler,** die Taler (alte Geldmünze)
die **Tal|sper|re,** die Talsperren
tan|ken, der Tank
die **Tan|ne,** die Tannen (→ Nadelbaum)
die **Tan|te,** die Tanten, → w *Frau*
der **Tanz,** die Tänze, der Tänzer, tanzen, tänzeln
die **Ta|pe|te,** die Tapeten, tapezieren
tap|fer, die Tapferkeit
der **Ta|rif,** die Tarife (z. B. Telefontarif)
tar|nen, die Tarnung
die **Ta|sche,** die Taschen
die **Tas|se,** die Tassen
die **Tas|te,** die Tasten, die Tastatur, tasten
die **Tat,** die Taten, der Täter, die Tätigkeit, tätig
tä|to|wie|ren, die Tätowierung
die **Tat|sa|che,** die Tatsachen, tatsächlich
tät|scheln
die **Tat|ze,** die Tatzen
der **Tau** (Wassertröpfchen der Luft, die nah am Boden → kondensiert sind), tauen
das **Tau** (starkes Seil), die Taue, das Tauziehen
taub (gehörlos, ein taubes Gefühl)
die **Tau|be,** die Tauben
tau|chen, der Taucher

tauen
taufen, die Taufe
taugen, es taugt nichts, der Taugenichts
taumeln
tauschen, der Tausch
täuschen, die Täuschung
tausend
das **Taxi**/die Taxe, die Taxis/Taxen
das **Team** [sprich: tiem], die Teams
die **Technik,** die Techniken, der Techniker
der **Teddy,** die Teddys
der **Tee,** die Tees
der **Teenager** [sprich: tienäidscher], die Teenager
der **Teer,** teeren
der **Teich,** die Teiche
der **Teig,** die Teige, teigig
der/das **Teil,** die Teile, teilen, die Teilung
teilnehmen → nehmen, die Teilnahme
teils, teils … teils
teilweise
das **Telefax**
das **Telefon,** die Telefone, telefonieren, telefonisch
der **Teller,** die Teller
der **Tempel,** die Tempel
das **Temperament,** die Temperamente
die **Temperatur,** die Temperaturen
das **Tempo,** die Tempos/Tempi
das **Tennis**
der **Tenor,** die Tenöre (hohe Männerstimme)
der **Teppich,** die Teppiche
der **Termin,** die Termine, termingerecht
die **Terrasse,** die Terrassen
der **Terror** (lateinisch: der Schrecken), der Terrorist
der **Test,** die Tests/Teste, testen
das **Testament,** die Testamente
teuer, noch teurer
der **Teufel,** die Teufel, teuflisch
der **Text,** die Texte
die **Textilie,** die Textilien (Gewebtes und Gestricktes)
das **Theater,** die Theater
die **Theke,** die Theken, → W *Tisch*
das **Thema,** die Themen, thematisch
die **Theologie** (Wissenschaft von der Religion)

die **The|o|rie,** die Theorien, (Gegensatz: → Praxis), theoretisch

die **The|ra|pie,** die Therapien (Heilbehandlung), therapieren (→ Diagnose)

das **Ther|mo|me|ter,** die Thermometer

die **Ther|mos|fla|sche,** die Thermosflaschen

die **The|se,** die Thesen (Eine These ist z. B.: Vögel entwickelten sich aus fliegenden Sauriern.)

der **Thron,** die Throne

Thü|rin|gen (Bundesland), die Thüringer, thüringisch

ti|cken

das **Ti|cket,** die Tickets

tief, die Tiefe, tiefgekühlt

das **Tief** (Der → Luftdruck warmer Luft auf die Erde ist tief = niedrig. Dann regnet es oft. → Hoch)

das **Tier,** die Tiere

der **Ti|ger,** die Tiger

til|gen (eine Schuld tilgen), die Tilgung

die **Tin|te,** die Tinten

der **Tipp,** die Tipps, tippen

tip|peln

tipp|topp

der **Tisch,** die Tische, → W *Tisch*

der **Tisch|ler,** die Tischler, → R *Tischler*

der **Ti|tel,** die Titel

der **Toast** [sprich: toost], die Toasts/Toaste

to|ben

die **Toch|ter,** die Töchter

der **Tod,** die Tode, tödlich, todkrank, todmüde; aber: → tot

die **Toi|let|te** [sprich: toalette], die Toiletten

to|le|rant (großzügig, nachsichtig; Gegensatz: intolerant), die Toleranz

toll, tollen

die **Toll|wut**

die **To|ma|te,** die Tomaten

die **Tom|bo|la,** die Tombolas

der **Ton,** die Töne (Laute), tönen

der **Ton** (eine Bodenart)

tö|nen (Haare tönen), die Tönung

die **Ton|ne,** die Tonnen

das **Top,** die Tops (Kleidungsstück)

top, topfit, topaktuell

der **Topf,** die Töpfe

das **Tor,** die Tore, → W *Tür,* der Torwart
der **Tor,** die Toren (Narr), töricht
der **Torf**
tor|keln (schwankend gehen)
der **Tor|na|do,** die Tornados (Wirbelsturm)
der **Tor|nis|ter,** die Tornister
die **Tor|te,** die Torten
tot, die Toten, töten, totenstill, sich totlachen; aber: → Tod
to|tal
der/das **To|to,** der Totoschein
tou|pie|ren (Haare besonders kämmen)
die **Tour,** die Touren
der **Tou|ris|mus,** der Tourist
die **Tour|nee** (Gastspielreise)
tra|ben, der Trab
die **Tracht,** die Trachten
die **Tra|di|ti|on,** die Traditionen, traditionell
der **Tra|fo,** die Trafos (kurz für: Transformator)
trä|ge, die Trägheit
tra|gen, sie trägt, er trug, hat getragen, → W *tragen,* der Träger
tra|gisch, die Tragödie
trai|nie|ren, das Training
der **Trak|tor,** die Traktoren
träl|lern
tram|peln
das **Tram|po|lin,** die Trampoline
die **Trä|ne,** die Tränen, Augen tränen
der **Tran|sis|tor,** die Transistoren
trans|pa|rent (durchsichtig), das Transparent
trans|por|tie|ren, → W *tragen,* der Transport
der **Tratsch** (dummes Gerede), tratschen
die **Trau|be,** die Trauben
trau|en
trau|ern, die Trauer
die **Trau|fe,** die Traufen (Dachrand, von dem Regenwasser „träufelt")
der **Traum,** die Träume
träu|men, → W *träumen,* traumhaft
trau|rig, die Traurigkeit
die **Trau|ung,** die Trauungen
tref|fen, sie trifft, sie traf, hat getroffen, der Treffer
trei|ben, sie treibt, sie trieb, hat/ist getrieben
das **Treib|haus** (heizbares Gewächshaus)

A B C D E F G H I J K L M N O P Q R S T U V W X Y Z

der **Treib|haus|ef|fekt** (Erdwärme strahlt nach oben. Die Gase im Qualm aus Kraftwerken, Auto-Auspuffen usw. sammeln sich hoch über der Erde. Dort strahlen sie mehr Erdwärme zurück als normal. → Klimawandel)
der **Trend,** die Trends (z. B. der Trend zu kleineren Handys)
tren|nen, die Trennung
die **Trep|pe,** die Treppen, treppauf, treppab
der **Tre|sor,** die Tresore (Stahlschrank; englisch treasure = Schatz)
tre|ten, sie tritt, er trat, ist getreten; Tritt nicht daneben!, → W *gehen,* der Tritt
treu, die Treue, treulos
der/die **Tri|an|gel,** die Triangel/Triangeln
die **Tri|bü|ne,** die Tribünen
der **Trich|ter,** die Trichter
der **Trick,** die Tricks, tricksen
der **Trieb,** die Triebe
trie|fen, triefnass
das **Tri|kot** [sprich: trikoo], die Trikots
tril|lern
trin|ken, sie trank, hat getrunken
das **Trio,** die Trios (etwas für drei oder von dreien)
der **Trip,** die Trips (Ausflug)
trip|peln
der **Tritt,** die Tritte
der **Tri|umph,** die Triumphe, triumphieren, triumphal
tro|cken, trocknen, die Trockenheit
der **Trö|del** (kleine Sachen von wenig Wert)
trö|deln
sich **trol|len**
die **Trom|mel,** die Trommeln
das **Trom|mel|fell**
die **Trom|pe|te,** die Trompeten, trompeten
die **Tro|pen** (Gebiete am → Äquator, wo es immer warm oder heiß ist), tropisch
trop|fen, → W *fließen,* der Tropfen, tröpfeln
der **Trost,** trösten, tröstlich, trostlos
der **Trot|tel,** die Trottel (Dummkopf)
trot|ten (stumpfsinniges Fortbewegen), → W *gehen,* der Trott
trotz (trotz des Regens, trotz der Kälte)

der **Trotz,** zum Trotz, trotzen, trotzig
trotz|dem
trüb, trübe, trüben
der **Tru|bel**
tru|deln
trü|gen, der Schein trügt, trügerisch
die **Tru|he,** die Truhen
die **Trüm|mer**
der **Trumpf,** die Trümpfe
die **Trup|pe,** die Truppen
tschau (italienisch: ciao)
Tsche|chi|en, die Tschechen, tschechisch
tschüss
das **T-Shirt** [sprich: tieschöhrt], die T-Shirts
die **Tu|be,** die Tuben
das **Tuch,** die Tücher
tüch|tig, die Tüchtigkeit
die **Tü|cke,** die Tücken, tückisch
tüf|teln, der Tüftler
die **Tu|gend,** die Tugenden, tugendhaft
sich **tum|meln**
der **Tu|mor,** die Tumore (Geschwulst)
der **Tüm|pel,** die Tümpel
der **Tu|mult,** die Tumulte
tun, er tat, hat getan, das Tun
tun|ken, die Tunke
der **Tun|nel,** die Tunnel/Tunnels
tup|fen, der Tupfer
die **Tür,** die Türen, → W *Tür*
der **Tur|ban,** die Turbane
die **Tur|bi|ne,** die Turbinen
der **Tur|bo|mo|tor**
die **Tür|kei,** die Türken, türkisch
der **Turm,** die Türme, turmhoch
tur|nen, der Turner
das **Tur|nier,** die Turniere
die **Tu|sche,** die Tuschen
tu|scheln, → W *flüstern*
die **Tü|te,** die Tüten
das **TV** (Television)
der **Typ,** die Typen, → W *Mann,* typisch
der **Ty|rann,** die Tyrannen (Gewaltherrscher), die Tyrannin, tyrannisch, die Tyrannei

A B C D E F G H I J K L M N O P Q R S T **U** V W X Y Z

U u

die **U-Bahn,** die U-Bahnen (kurz für: Untergrundbahn)
übel, das Übel, die Übelkeit
üben, die Übung
über
über|all, überallhin
der **Über|blick,** die Überblicke
über|drüs|sig
über|ei|nan|der
über|fah|ren → fahren
über|fal|len → fallen, der Überfall
über|flüs|sig
über|ge|ben → geben
über|hand|neh|men → nehmen, es nahm überhand
über|haupt
über|ho|len, das Überholmanöver
über|las|sen → lassen
über|le|gen, → W *überlegen,* die Überlegung
über|lis|ten
über|mit|teln, die Übermittlung
über|mor|gen
über|mü|tig
über|nach|ten, die Übernachtung
über|que|ren, die Überquerung
über|ra|schen, die Überraschung
über|re|den, die Überredung
über|schwäng|lich
Über|see (Länder jenseits des Ozeans)
über|sicht|lich, die Übersicht
über|tref|fen → treffen
über|trei|ben → treiben
über|zeu|gen, die Überzeugung
üb|lich, üblicherweise
das **U-Boot,** die U-Boote (kurz für: Unterseeboot)
üb|rig (Es wird mir nichts anderes übrig bleiben / übrigbleiben, als ...)
üb|ri|gens
die **Übung,** die Übungen
das **Ufer,** die Ufer
die **Uhr,** die Uhren
der **Uhu,** die Uhus
UKW (Ultrakurzwelle)
der **Ulk,** ulkig
das **Ul|ti|ma|tum** (Er verlangte ultimativ das Geld bis 1 Uhr zurück.)

der **Ul|tra|schall** (sehr hohe Töne, die nur manche Tiere hören können)
ul|tra|vi|o|lett (→ UV-Strahlen)
um, um acht Uhr
um|brin|gen → bringen, → W *umbringen*
der **Um|fang,** die Umfänge
die **Um|ge|bung,** die Umgebungen
um|ge|kehrt
der **Um|hang,** die Umhänge
um|her
um|keh|ren, die Umkehr
die **Um|lei|tung,** die Umleitungen
der **Um|riss,** die Umrisse
sich **um|schau|en,** → W *sehen*
der **Um|schlag,** die Umschläge
um|so, umso besser
um|sonst
der **Um|stand,** die Umstände, umständlich
die **Um|welt** (die Welt um uns herum mit Wasser, Luft und Erdboden), der Umweltschutz
um|zie|hen → ziehen, der Umzug
un|ab|hän|gig
un|an|ge|nehm
un|aus|steh|lich
un|be|dingt
un|be|hol|fen
und
un|ei|gen|nüt|zig
un|end|lich, die Unendlichkeit
un|ent|gelt|lich (ohne Entgelt: kostenlos)
un|ent|schie|den
un|ent|wegt (Eine Stunde lang quasselte sie unentwegt.)
un|er|hört
un|er|läss|lich (Schlaf ist für uns unerlässlich.)
un|er|mess|lich (ein unermesslich großes Pech)
der **Un|fall,** die Unfälle
der **Un|fug**
un|ge|fähr
das **Un|ge|heu|er,** die Ungeheuer
un|ge|heu|er|lich
un|ge|niert (Er leckt ungeniert den Teller ab.)
un|ge|stüm (ein wilder, ungestümer Orkan)
das **Un|ge|tüm,** die Ungetüme
das **Un|ge|zie|fer** (Flöhe, Läuse, Wanzen usw.)
un|ge|zo|gen

das **Un|glück,** die Unglücke, unglücklich
das **Un|heil,** unheilvoll
die **Uni|form,** die Uniformen (Französisch „uniforme" heißt einheitlich.)
die **Uni|ver|si|tät,** die Universitäten
das **Uni|ver|sum** (→ Weltall)
das **Un|kraut,** die Unkräuter (→ Kraut)
die **UNO** (United Nations Organization; kurz auch: UN)
das **Un|recht**
uns, unser, unsere
die **Un|schuld,** unschuldig
der **Un|sinn,** unsinnig
un|ten, unter
die **Un|ter|bre|chung,** die Unterbrechungen
un|ter|ei|nan|der
die **Un|ter|füh|rung,** die Unterführungen
der **Un|ter|halt** (dauerhaft bestimmte Kosten tragen)
sich **un|ter|hal|ten** → halten, → W *unterhalten,* die Unterhaltung
die **Un|ter|kunft,** die Unterkünfte
un|ter|rich|ten, → W *unterrichten,* der Unterricht
un|ter|schei|den, er unterschied, hat unterschieden, der Unterschied
un|ter|stüt|zen, die Unterstützung
un|ter|su|chen, → W *prüfen,* die Untersuchung
un|ter|wegs
un|ter|wei|sen → weisen, → W *unterrichten*
un|ter|wer|fen, → werfen, unterwürfig
un|ver|schämt, die Unverschämtheit
un|ver|ständ|lich
das **Un|wet|ter,** die Unwetter
un|zäh|lig
die **Ur|groß|el|tern**
der **Urin**
die **Ur|kun|de,** die Urkunden
der **Ur|laub,** die Urlaube
die **Ur|sa|che,** die Ursachen
der **Ur|sprung,** die Ursprünge, ursprünglich
das **Ur|teil,** die Urteile, urteilen
der **Ur|wald,** die Urwälder
die **USA** (United States of America = Vereinigte Staaten von Amerika)
die **UV-Strahlen** (gefährliche Strahlen des Sonnenlichts, die bräunen)

V v

Wenn man das *V/v* am Anfang eines Wortes wie *w* spricht, steht hier [W].

der **Vam|pir** [W], die Vampire
die **Va|nil|le** [W]
die **Va|se** [W], die Vasen
der **Va|ter,** die Väter, väterlich, das Vaterunser
v. Chr. (vor Christus)
der **Ve|ge|ta|ri|er** [W], die Vegetarier (Ein Vegetarier isst weder Fleisch noch Fisch.), die Vegetarierin, vegetarisch
die **Ve|ge|ta|ti|on** [W] (Pflanzenwelt)
das **Veil|chen,** die Veilchen
die **Ve|ne** [W], die Venen (Adern, in denen das Blut zum Herzen zurückfließt)
das **Ven|til** [W], die Ventile
der **Ven|ti|la|tor** [W], die Ventilatoren
ver|ach|ten, die Verachtung
die **Ve|ran|da** [W], die Veranden
ver|än|dern, veränderlich
ver|an|stal|ten, die Veranstaltung
die **Ver|ant|wor|tung,** verantwortlich
das **Verb** [W] (Tunwort, Zeitwort), die Verben, verbal
der **Ver|band,** die Verbände
die **Ver|bes|se|rung,** die Verbesserungen, verbessern
ver|bie|ten, sie verbot, hat verboten, es ist verboten, das Verbot
ver|bin|den → binden, die Verbindung
ver|blüf|fen, verblüfft sein, → W *wundern*
ver|brau|chen, der Verbrauch
der **Ver|bre|cher,** die Verbrecher, die Verbrecherin, er hat etwas verbrochen
ver|bren|nen → brennen, die Verbrennung
der **Ver|dacht,** verdächtigen
ver|dau|en, die Verdauung
ver|der|ben, es verdirbt, es verdarb, ist verdorben, das Verderben

ver|die|nen, der Verdienst (Geld)
ver|dor|ren (Pflanzen verdorren in der Hitze.)
ver|drü|cken, → W *fressen*
ver|duns|ten
ver|dutzt (verblüfft)
der **Ver|ein,** die Vereine, vereinen
ver|ein|ba|ren, → W *vereinbaren,* die Vereinbarung
die **Ver|ei|nig|ten Staa|ten von Ame|ri|ka** (→ USA)
die **Ver|ein|ten Na|ti|o|nen** (→ UNO)
ver|ei|teln (verhindern)
ver|er|ben, die Vererbung
die **Ver|fas|sung** (oberstes Gesetz, das sagt, wie das Zusammenleben funktionieren soll)
ver|flixt
die **Ver|gan|gen|heit**
ver|ge|bens
ver|geb|lich (erfolglos, umsonst)
ver|ges|sen, sie vergisst, sie vergaß, hat vergessen; Vergiss es!, vergesslich
ver|geu|den (verschwenden)
sich **ver|ge|wis|sern** (Ich vergewissere mich, dass die Tür geschlossen ist.)
das **Ver|giss|mein|nicht,** die Vergissmeinnicht
ver|glei|chen, er verglich, hat verglichen, der Vergleich
ver|gnügt, vergnügt sein, → W *freuen,* das Vergnügen
ver|grö|ßern, → W *wachsen*
ver|haf|ten, die Verhaftung
das **Ver|hält|nis,** die Verhältnisse, verhältnismäßig
ver|hee|ren (verheerende Schäden durch Erdbeben)
ver|kau|fen, der Verkauf, der Verkäufer
der **Ver|kehr**
ver|kehrt
ver|kün|den, die Verkündung
ver|lan|gen, das Verlangen
ver|län|gern, die Verlängerung
ver|let|zen, die Verletzung

ver|lie|ren, er verlor, hat verloren, der Verlust
ver|lo|cken (Der See verlockt zum Baden.)
ver|lo|sen, die Verlosung
der **Ver|lust,** die Verluste
ver|mäh|len, die Vermählung
ver|mis|sen
das **Ver|mö|gen,** die Vermögen
ver|mu|ten, → W *glauben*
die **Ver|mu|tung,** die Vermutungen, → W *Gedanke*
ver|neh|men → nehmen, → W *hören,* die Vernehmung
ver|nich|ten, die Vernichtung
die **Ver|nunft,** vernünftig
die **Ver|ord|nung,** die Verordnungen
ver|pach|ten (Der Bauer mäht Gras für sein Vieh auf einer Wiese, die er vom Eigentümer gepachtet hat.)
ver|pa|cken, die Verpackung
ver|pet|zen
ver|ra|ten → raten, der Verrat, der Verräter
ver|rie|geln, → W *schließen*
ver|rot|ten (Die Möbel im Freien sind verrottet.)
ver|rückt, der Verrückte
der **Vers,** die Verse
ver|säu|men (Er hat den Unterricht versäumt.), das Versäumnis
ver|schie|den, die Verschiedenheit
ver|schlei|ßen, er verschliss, hat verschlissen (Wenn Kleidung verschleißt, ist sie verschlissen.)
ver|schlin|gen, er verschlang, hat verschlungen, → W *fressen*
ver|schmut|zen
ver|schnau|fen, → W *ausruhen*
ver|schwin|den, es verschwand, ist verschwunden, → W *weggehen*
das **Ver|se|hen,** aus Versehen, versehentlich
ver|set|zen, die Versetzung
ver|seu|chen (verseuchtes Wasser)
die **Ver|si|che|rung,** die Versicherungen

A B C D E F G H I J K L M N O P Q R S T U **V** W X Y Z

sich **ver|söh|nen,**
die Versöhnung
sich **ver|spä|ten,**
die Verspätung
ver|spei|sen, → W *essen*
der **Ver|stand,**
das Verständnis,
verständlich
ver|ste|hen → stehen,
→ W *verstehen*
die **Ver|stei|ne|rung,**
die Versteinerungen
(→ Fossil)
ver|stum|men,
→ W *schweigen*
ver|su|chen, der Versuch
ver|tei|di|gen,
die Verteidigung
ver|ti|kal[W] (senkrecht;
Gegensatz: → horizontal)
der **Ver|trag,** die Verträge
ver|tra|gen → tragen
ver|trei|ben → treiben
ver|tu|schen
(verbergen, verschleiern)
ver|un|glü|cken
ver|wah|ren
ver|wandt,
die Verwandtschaft
der **Ver|weis,** die Verweise
ver|we|sen (Nach ihrem
Tod verwesen Pflanzen,
Tiere und Menschen.
→ Fossil; → verrotten)
ver|wir|ren
(durcheinanderbringen)
die **Ver|wit|te|rung** (Sand-
krümel sind verwitterte
Steine.), verwittern
ver|wöh|nen
ver|zeh|ren, → W *essen*,
der Verzehr
ver|zeich|nen,
das Verzeichnis
ver|zei|hen, sie verzieh,
hat verziehen,
die Verzeihung
ver|zich|ten,
der Verzicht
die **Ver|zweif|lung,**
verzweifeln
die **Ves|per,** vespern
der **Ve|te|ri|när**[W],
die Veterinäre
(Tierarzt)
das **Ve|to**[W]
(Einspruch: Alle waren
für den Plan, nur eine
legte ihr Veto ein.)
der **Vet|ter,** die Vettern
das **Vi|deo**[W], die Videos
(Das lateinische Wort
„videre" heißt sehen.)
das **Vieh**
viel, vielmals, vielfach,
vielseitig, alle haben
gleich viel
viel|leicht

vier, vierzehn, vierzig, viereckig, um viertel acht, drei viertel Kilo, ein Viertel aller Kinder, das Viereck, eine Viertelstunde

die **Vil|la** [W], die Villen, → W *Haus*

vi|o|lett [W]

der/das **Vi|rus** [W], die Viren (Krankheitserreger, der in Körper eindringt), der Computer-Virus

die **Vi|si|te** [W], die Visiten

das **Vi|sum** [W], die Visa (Erlaubnis zum Besuch eines anderen Staates)

vi|tal [W] (Der Greis ist noch sehr vital.)

das **Vi|ta|min** [W], die Vitamine

der **Vo|gel,** die Vögel, die Vogelscheuche

der **Vo|kal** [W], die Vokale (Selbstlaut)

das **Volk,** die Völker

voll, vollbringen, völlig, vollkommen, vollständig

voll|en|den, die Vollendung

der **Vol|ley|ball** [W], Volleyball spielen

das **Voll|korn|brot**

die **Voll|wert|kost**

das **Vo|lu|men** [W], die Volumina, voluminös

vom, vom ersten Tag an

von, von Anfang an

von|ei|nan|der

von vorn|he|rein

vor, vor kurzer Zeit

vo|ran (Wir sind gut vorangekommen.)

vo|raus

vo|raus|sa|gen

vo|raus|set|zen, die Voraussetzung

vo|raus|sicht|lich

vor|bei

vor|beu|gen (Vorbeugen ist besser als Heilen.)

das **Vor|bild,** die Vorbilder, vorbildlich

vor|ei|lig (Er dachte nicht nach und fasste einen voreiligen Entschluss.)

der **Vor|fahr,** die Vorfahren

die **Vor|fahrt**

die **Vor|füh|rung**

der **Vor|gang,** die Vorgänge, der Vorgänger

vor|ges|tern

vor|ha|ben → haben, sie hatte etwas vor, → W *vorhaben*

vor|han|den

der **Vor|hang,** die Vorhänge

vor|her

vor|hin
vo|ri|ge, vorige Woche
vor|kom|men
→ kommen,
→ W *geschehen*
vor|läu|fig
der **Vor|mit|tag,** die Vormittage, vormittags
der **Vor|mund** (Er sorgt für ein Kind, wenn Eltern das nicht mehr können.)
vorn, vorn und hinten
vor|nehm
sich **vor|neh|men**
→ nehmen,
→ W *vorhaben*
vorn|he|rein, von vornherein
der **Vor|rat,** die Vorräte
vor|sätz|lich (mit Absicht), der Vorsatz
der **Vor|schlag,** die Vorschläge
vor|schrei|ben
→ schreiben, die Vorschrift
die **Vor|sicht,** vorsichtig, vorsichtshalber
der **Vor|sprung**
vor|stel|len, die Vorstellung
der **Vor|teil,** die Vorteile, vorteilhaft
der **Vor|trag,** die Vorträge, einen Vortrag halten
vor|treff|lich (Sie spielt vortrefflich Klavier und er ist ein vortrefflicher Koch.)
vo|rü|ber, vorübergehen, es ist vorübergehend
vor|wärts
vor|wer|fen → werfen, der Vorwurf
die **Vor|zeit**
der **Vul|kan** [W], die Vulkane (Ein Vulkan schleudert den glühenden Brei „Magma“ aus dem Inneren der Erde heraus. Er wird zu Lava-Gestein.)

W w

die **Waa|ge** (mit Waagen wiegen), waagerecht

die **Wa|be,** die Waben (der Bienen)

wa|chen, der Wächter, wach, Wache halten

das **Wachs,** die Wachse

wach|sen, es wächst, wuchs, ist gewachsen, → W *wachsen,* das Wachstum, der Wuchs

wa|ckeln, → W *schwanken,* wacklig/wackelig

die **Wa|de,** die Waden, das Wadenbein

die **Waf|fe,** die Waffen

die **Waf|fel,** die Waffeln

wa|gen, das Wagnis, wagemutig, waghalsig

der **Wa|gen,** die Wagen

der **Wag|gon**/Wa|gon, die Waggons/Wagons

die **Wahl,** die Wahlen, wählen, wählerisch, → R *Essen*

der **Wahn**

der **Wahn|sinn,** wahnsinnig

wahr, die Wahrheit

wäh|rend, währenddessen

wahr|schein|lich, die Wahrscheinlichkeit

die **Wäh|rung,** die Währungen

die **Wai|se,** die Waisen (Auch ein Junge ist die Waise. Kinder ohne beide Eltern sind Vollwaisen.)

der **Wal,** die Wale

der **Wald,** die Wälder, waldig

der **Wall,** die Wälle

die **Wal|nuss,** die Walnüsse

das **Wal|ross,** die Walrosse

die **Wal|ze,** die Walzen

(sich) **wäl|zen,** → W *rollen*

der **Wal|zer,** die Walzer

die **Wand,** die Wände

wan|deln, der Wandel

wan|dern, die Wanderung

die **Wan|ge,** die Wangen

wan|ken, → W *schwanken*

wann, dann und wann

die **Wan|ne,** die Wannen

die **Wan|ze,** die Wanzen

das **Wap|pen,** die Wappen

war, es war einmal

die **Wa|re,** die Waren

wä|re, es wäre schön

wä|ren, wir wären dumm

warm, wärmen, die Wärme

war|nen, die Warnung

A B C D E F G H I J K L M N O P Q R S T U V W X Y Z

A B C D E F G H I J K L M N O P Q R S T U V W X Y Z

war|st, du warst, ihr wart
war|ten, der Wärter, die Wartung
wa|rum
die **War|ze,** die Warzen
was; Was ist das?
wa|schen, er wäscht, er wusch, hat gewaschen, → W *waschen*
das **Was|ser,** wasserdicht, die Wasserleitung
wa|ten (Sie watete durch flaches Wasser.)
wat|scheln
das **Watt**
die **Wat|te**
das **WC,** die WCs (englisch: water closet)
we|ben, der Weber
wech|seln, wechselhaft, wechselwarm
we|cken, der Wecker
we|deln, der Wedel
we|der, weder kalt noch warm
weg; Geh weg!
der **Weg,** die Wege, → W *Straße*
we|gen (Wegen des Regens ist besser als wegen dem Regen.)
weg|ge|hen → gehen, → W *weggehen*
weg|neh|men → nehmen, → W *wegnehmen*
weh, es tut weh
we|hen, → W *wehen*
sich **weh|ren,** ich wehrte mich, wehrlos
weib|lich, das Weib
weich
wei|chen, sie wich, ist gewichen
die **Wei|de,** die Weiden
sich **wei|gern,** ich weigerte mich, die Weigerung
die **Wei|he,** die Weihen, weihen, einweihen
das **Weih|nach|ten**/ die Weih|nacht
weil, weil ich es will
die **Wei|le,** → W *Zeit*
der **Wein,** die Weine
wei|nen, → W *weinen*
die **Wei|se,** Art und Weise
wei|sen, sie wies den Weg, hat gewiesen, die Weisung
die **Weis|heit,** die Weisheiten, weise
weis|ma|chen (jemandem Falsches einreden)
weiß, die weiße Fahne hissen, eine weiße Weste haben, Weiße und Schwarze, die Farbe Weiß, das Weißbrot

der **Weiß|kohl,**
→ R *Weißkohl*
weit, weiter, die Weite, ohne weiteres/Weiteres, alles Weitere, weitsichtig
der **Wei|zen** (Getreideart)
wel|che (welche Katze)
wel|cher (welcher Kater)
wel|ken, welk
die **Wel|le,** die Wellen, wellig
der **Wel|len|sit|tich,** die Wellensittiche
der **Wel|pe,** die Welpen (Hundekind)
die **Welt,** die Welten, weltweit
das **Welt|all** (Merkmale: unvorstellbar groß, fast leer, totenstill, stockfinster, kälter als kalt)
der **Welt|raum** (→ Weltall)
wem; Wem vertraust du?
wen; Wen siehst du?
(sich) **wen|den,** sie wendete/wandte sich, hat sich gewendet/gewandt, die Wendung
we|nig, wenigstens
wenn, wenn du kommst
wer; Wer war das?
wer|ben, sie wirbt, er warb, hat geworben
die **Wer|bung**
wer|den, es wird, es wurde, ist geworden
wer|fen, sie wirft, sie warf, hat geworfen; Wirf!, → W *werfen*
die **Werft,** die Werften (Anlage für Schiffbau)
das **Werk,** die Werke, werken, die Werkstatt, das Werkzeug
wert, viel wert sein
der **Wert,** die Werte, wertvoll, wertlos
das **We|sen,** die Wesen
we|sent|lich
die **We|ser** (großer Strom)
wes|halb
die **Wes|pe,** die Wespen
wes|sen
der **Wes|ten,** westlich
West|fa|len (große deutsche Volksgruppe und Region in Nordrhein-Westfalen), die Westfalen, westfälisch
wes|we|gen
der **Wett|be|werb,** die Wettbewerbe
wet|ten, die Wette, der Wettkampf

A B C D E F G H I J K L M N O P Q R S T U V W X Y Z

das **Wet|ter** (Sonnenschein, Wind, Regen, Wolken Temperatur und Luftdruck wirken beim Wetter zusammen. → Klima)

wich|tig

wi|ckeln, die Wicklung, der Wickel

wi|der (= gegen), erwidern, widerlegen, widerrufen, widersprechen, der Widerstand, der Widerwille, die Widerworte, widerlich, widersinnig, widerwillig, wider Willen

wi|der|fah|ren → fahren, (geschehen)

wid|men, die Widmung

wie, wie ich und du

wie|der (noch einmal)

wie|der|ho|len, die Wiederholung

das **Wie|der|se|hen,** auf Wiedersehen

die **Wie|ge,** die Wiegen

wie|gen, sie wiegt, sie wog, hat gewogen

die **Wie|se,** die Wiesen

das **Wie|sel,** die Wiesel

wie|so

wie viel, wie viele

wild (Eine wilde Katze wildert in der Wildnis.), wildfremd

das **Wild** (Tiere, die von Jägern gejagt werden)

der **Wil|le,** ich tue es wider Willen, um Himmels willen, um meinetwillen

wil|lig

will|kom|men

will|kür|lich (nicht gerecht), die Willkür

wim|meln, das Gewimmel

wim|mern

der **Wim|pel,** die Wimpel

die **Wim|per,** die Wimpern

der **Wind,** die Winde, windig, windstill, die Windenergie

die **Win|del,** die Windeln

win|den, er wand, hat gewunden, die Windung

die **Wind|po|cken** (Wer diese ansteckende Krankheit hatte, ist dagegen → immun.)

der **Win|kel**, die Winkel

win|ken, sie winkte, hat gewinkt/gewunken, → W *winken*

win|seln

der **Win|ter,** die Winter, der Winterschlaf

der **Win|zer,** die Winzer (Weinbauer), die Winzerin
win|zig, → W *klein*
der **Wip|fel** (oberer Teil der Baumkrone)
wip|pen, die Wippe
wir
der **Wir|bel,** die Wirbel, die Wirbelsäule
wird (von werden), es wird gut
wir|ken, die Wirkung, wirksam
wirk|lich, die Wirklichkeit
wirr, der Wirrwarr
der **Wirt,** die Wirte, die Wirtin
die **Wirt|schaft** (Zur Wirtschaft gehören die Herstellung von Waren, ihre Verteilung durch Kaufen und Verkaufen und Geld.)
wi|schen, → W *waschen,* der Wischer
wis|pern
wis|sen, sie weiß, er wusste, hat gewusst, das Wissen, die Wissenschaft
die **Wit|te|rung**
die **Wit|we,** die Witwen
der **Wit|wer,** die Witwer

der **Witz,** die Witze, witzig
wo, wo wir leben
die **Wo|che,** wochenlang, wöchentlich
wo|für
die **Wo|ge,** die Wogen
wo|her, wohin
wohl, das Wohl, der Wohlstand, wohlfühlen
woh|nen, die Wohnung
wöl|ben, die Wölbung
der **Wolf,** die Wölfe
die **Wol|ke,** die Wolken
die **Wol|le**
wol|len, sie will, sie wollte, hat gewollt, → W *vorhaben*
wo|mit
wo|ran, worauf
das **Wort,** die Wörter/Worte, wortlos, wortkarg
wört|lich, wörtliche Rede
wo|rü|ber, worum
wo|von, wovor
wo|zu
das **Wrack,** die Wracks (altes oder zerstörtes Schiff, Auto oder Flugzeug)
wrin|gen, sie wringt, sie wrang, hat gewrungen (nasse Tücher zu einer Wurst drehen)

der **Wu|cher,** wuchern
die **Wucht,** wuchtig
wüh|len, die Wühlmaus
wund, wund sein,
die Wunde
das **Wun|der,** die Wunder
wun|der|bar,
→ W *schön*
sich **wun|dern,**
→ W *wundern*
der **Wunsch,** die Wünsche
wün|schen
wür|de, ich würde gern
die **Wür|de**
der **Wurf,** die Würfe
der **Wür|fel,** die Würfel,
würfeln
wür|gen
der **Wurm,** die Würmer
die **Wurst,** die Würste
Württ|tem|berg (Teil von
Baden-Württemberg),
die Württemberger,
württembergisch
die **Wür|ze,** die Würzen,
würzen, würzig
die **Wur|zel,** die Wurzeln
der **Wu|schel|kopf,**
→ W *Haar*
die **Wüs|te,** die Wüsten
die **Wut,** wütend

X x

x-be|lie|big
x-mal
das **Xy|lo|fon**/Xy|lo|phon,
die Xylofone/Xylophone

Y y

die **Yacht,** die Yachten
das **Yp|si|lon**

Z z

die **Za|cke**/der Zacken,
die Zacken, zackig
zag|haft
zäh, die Zähigkeit,
zähflüssig
die **Zahl,** die Zahlen
zah|len, die Zahlung
zäh|len, der Zähler,
zahlreich, zahllos
zahm, die Zähmung
der **Zahn,** die Zähne,
die Zahnschmerzen
die **Zan|ge,** die Zangen
zan|ken, der Zank
der **Zap|fen,** die Zapfen,
das Zäpfchen, zapfen
zap|peln,
der Zappelphilipp
zart, zärtlich
zau|bern, der Zauberer
zau|dern (zögern)
der **Zaun,** die Zäune
z. B. (zum Beispiel)
das **Ze|bra,** die Zebras
die **Ze|che,** die Zechen
die **Ze|cke,** die Zecken
die **Ze|he**/der Zeh, die Zehen
zehn, ein Zehntel
das **Zei|chen,** die Zeichen
zeich|nen, die Zeichnung
zei|gen, der Zeiger
die **Zei|le,** die Zeilen
die **Zeit,** die Zeiten,
→ **W** *Zeit*, eine Zeit lang/
Zeitlang, jederzeit,
zurzeit ist Winter,
zur Zeit unserer Eltern,
nach einiger Zeit
die **Zeit|schrift,**
die Zeitschriften
die **Zei|tung,** die Zeitungen
die **Zel|le,** die Zellen
das **Zelt,** die Zelte
der **Ze|ment,** zementieren
die **Zen|sur,** die Zensuren,
zensieren
der/das **Zen|ti|me|ter,**
die Zentimeter (cm)
der **Zent|ner,** die Zentner
zen|tral, die Zentrale
das **Zen|trum,** die Zentren
der **Zep|pe|lin,** die Zeppeline
(Luftschiff)
zer|bre|chen → brechen
zer|knirscht (Sie war
zerknirscht, weil sie
wieder zu spät kam.)
zer|rei|ßen → reißen
zer|ren, → **W** *ziehen*,
die Zerrung
zer|stö|ren,
die Zerstörung
zer|streut
(unaufmerksam)

A B C D E F G H I J K L M N O P Q R S T U V W X Y **Z**

ze|tern (laut jammern)
der **Zet|tel,** die Zettel
das **Zeug**
der **Zeu|ge,** die Zeugen (Ein Zeuge bezeugt, was er erlebt hat.), die Zeugin
zeu|gen, die Zeugung (Ein Lebewesen wird gezeugt.)
zeu|gen (Seine Tat zeugt von viel Mut.)
das **Zeug|nis,** die Zeugnisse
der **Zick|zack,** im Zickzack laufen
die **Zie|ge,** die Ziegen, → R *Ziege*
der **Zie|gel,** die Ziegel
der **Zie|gen|pe|ter** (→ Mumps)
zie|hen, sie zog, hat gezogen, → W *ziehen,* die Ziehung
das **Ziel,** die Ziele, zielen
ziem|lich
die **Zier,** die Zierde
sich **zie|ren** (Er möchte das Geschenk annehmen, aber er ziert sich noch.)
zier|lich (von kleiner und feiner Gestalt)
die **Zif|fer,** die Ziffern
zig, zigmal, zigtausend / Zigtausend

die **Zi|ga|ret|te,** die Zigaretten
die **Zi|gar|re,** die Zigarren
das **Zim|mer,** die Zimmer
der **Zim|mer|mann** (Zimmerleute zimmern ein Dachgerüst.)
zim|per|lich (Stell dich nicht so zimperlich an!)
der **Zimt**
das **Zink** (besonderes Metall)
das **Zinn** (sehr weiches Schwermetall)
der **Zins,** die Zinsen (Wer sich Geld leiht, muss es mit zusätzlichen Zinsen zurückzahlen.)
der **Zip|fel,** die Zipfel
zir|ka (ca. = ungefähr)
der **Zir|kel,** die Zirkel
der **Zir|kus,** die Zirkusse
zir|pen (Grillen zirpten.)
zi|schen, → W *flüstern*
das **Zi|tat,** die Zitate (Erich Kästner wird oft zitiert: „Es gibt nichts Gutes – außer: man tut es!")
die **Zi|tro|ne,** die Zitronen
zit|tern, → W *zittern*
die **Zit|ze,** die Zitzen (Brustwarze bei weiblichen → Säugetieren)

die **Zi|vil|cou|ra|ge** [sprich: ziwilkura~~sche~~], (Mut von Menschen, bei Unrecht einzugreifen)

die **Zi|vi|li|sa|ti|on** (unser Alltagsleben, das durch Technik und Forschung verändert und oft besser wurde)

der **Zi|vi|list,** die Zivilisten (Gegensatz: Soldat), die Zivilistin, zivil

der **Zoff**

zö|gern

der **Zoll,** die Zölle (Mit Zoll werden Waren teurer gemacht, die vom Ausland zu uns kommen. Nur zwischen Ländern der → Europäischen Union gibt es keinen Zoll.)

die **Zo|ne,** die Zonen

der **Zoo,** die Zoos, der zoologische Garten

die **Zoo|lo|gie** (Tierkunde)

der/das **Zoom** [sprich: dsuum], (Verkleinerung und Vergrößerung, z. B. mit der Kamera), zoomen

der **Zopf,** die Zöpfe

der **Zorn,** zornig

zu, zu viel, zu wenig

zu|al|ler|erst

zu|al|ler|letzt

das **Zu|be|hör**

die **Zuc|chi|ni** [sprich: zuckini], die Zucchini

die **Zucht** (Züchten heißt: Der Mensch lässt nur solche Tiere und Pflanzen Nachkommen kriegen, die er dafür ausgesucht hat.), züchten, der Züchter

zu|cken, → **W** *zittern*

der **Zu|cker,** zuckern, zuckersüß

zu|ei|nan|der

zu En|de

zu|erst

der **Zu|fall,** die Zufälle, zufällig

zu|frie|den, die Zufriedenheit

der **Zug,** die Züge

zu|ge|ben → geben, → **W** *zugeben*

der **Zü|gel,** die Zügel, zügeln

zü|gig (Die Arbeit wird ohne Pause zügig erledigt.)

zu|gleich

zu|gu|cken, → **W** *zusehen*

zu|guns|ten / zu Gun|sten (Der Verkäufer verrechnet sich zugunsten / zu Gunsten des Käufers.)

zu|gu|te (Der Irrtum kommt mir zugute.)

der **Zug|vo|gel,** die Zugvögel

zu|hau|se/zu Hau|se, zuhause/zu Hause sein, ich liebe mein Zuhause

zu|hö|ren, → W *zuhören*

zu|klap|pen, → W *schließen*

die **Zu|kunft,** zukünftig

zu|läs|sig (erlaubt)

zu|letzt

zu|lie|be, mir zuliebe

zum (zu dem Auto)

zu|meist (meistens)

zu|min|dest (mindestens)

zu|mu|te/zu Mu|te, zumute/zu Mute sein

die **Zu|mu|tung** (Kaugummi auf der Straße ist eine Zumutung für die Reinigungsleute.), zumuten, zumutbar

zu|nächst

der **Zu|na|me,** die Zunamen (Vorname: Hans, Zuname: Meier)

zün|den, die Zündung, die Zündkerze

die **Zun|ge,** die Zungen

zün|geln (Die Schlange züngelt.)

zu|nich|te (Seine Erkrankung machte alle Reisepläne zunichte.)

zu|nut|ze/zu Nut|ze (Er macht sich Sonderpreise zunutze/zu Nutze.)

zup|fen

zur (zu der Oma)

zu|rück, zurückkommen

zur|zeit (zurzeit verreist)

zu|sam|men, zusammenkneifen, → W *drücken*

zu|sätz|lich, der Zusatz

zu|schau|en, → W *zusehen*

zu|schul|den/zu Schul|den (Sie lässt sich nichts zuschulden/zu Schulden kommen.)

zu|se|hen → sehen, → W *zusehen*

der **Zu|stand,** die Zustände

zu|stan|de/zu Stan|de, zustande/zu Stande bringen, → W *gelingen*

zu|stim|men, → W *zustimmen*, die Zustimmung

zu|ta|ge/zu Ta|ge (Taut der Schnee, kommen Frostschäden zutage/zu Tage.)

zu|tiefst (Wegen der Fünf war er zutiefst niedergeschlagen.)
zu|trau|lich (Der fremde Hund war zutraulich.)
zu|ver|läs|sig
zu|ver|sicht|lich
zu viel
zu we|nig
zu|wi|der (Erbrochenes ist mir zuwider.)
zu|züg|lich (Der PC kostet 300 € zuzüglich Versandkosten.)
der **Zwang,** die Zwänge, zwanglos, zwangsläufig
zwan|zig
zwar
der **Zweck,** die Zwecke, zwecklos, zweckmäßig
zwei, zweimal, zweitens, zweihundert, zu zweit/zu zweien, zweistimmig
der **Zwei|fel,** die Zweifel, zweifeln, zweifellos
der **Zweig,** die Zweige
der **Zwei|te Welt|krieg**
der **Zwerg,** die Zwerge
die **Zwet|sche**/Zwetsch|ge, die Zwetschen/Zwetschgen
zwi|cken
der **Zwie|back,** die Zwiebäcke (zwiefach gebacken = zweifach gebacken)
die **Zwie|bel,** die Zwiebeln
der **Zwie|spalt** (Ich bin im Zwiespalt: Soll ich oder soll ich nicht?)
die **Zwie|tracht** (Gegensatz zu → Eintracht)
die **Zwil|le,** die Zwillen, → R *Zwille*
der **Zwil|ling,** die Zwillinge
zwin|gen, sie zwingt, sie zwang, hat gezwungen, der Zwang
der **Zwin|ger,** die Zwinger (Tierkäfig)
zwin|kern, → W *sehen*
der **Zwirn,** die Zwirne
zwi|schen, der Zwischenfall, zwischendurch
zwit|schern
zwölf
der **Zy|lin|der,** die Zylinder

4. Sprachschätze

Die wichtigsten Wortfelder W

In diesem Kapitel könnt ihr treffende Wörter finden.
Dazu findet ihr Sätze und Text von Leuten, die etwas vom Schreiben verstehen – nämlich Schriftsteller.
Die Sätze sind aus ihren Büchern.
Es sind:

Kirsten Boie: *Ich ganz cool*
Verlag Friedrich Oetinger, Hamburg 2001

Achim Bröger: *Pizza und Oskar gehen zur Schule*
Arena Verlag, Würzburg 1995

Cornelia Funke: *Zottelkralle*
Cecilie Dressler Verlag, Hamburg 2005

Peter Härtling: *Oma*
Beltz & Gelberg in der Verlagsgruppe Beltz, Weinheim & Basel 1992

Erich Kästner: *Emil und die Detektive*
Cecilie Dressler Verlag, Hamburg 2002

Ellis Kaut: *Meister Eder und sein Pumuckl*
Rowohlt Verlag, Reinbek 1997

Klaus Kordon: *Paula Kussmaul und Kater Knutschfleck*
Beltz & Gelberg in der Verlagsgruppe Beltz, Weinheim & Basel 2003

James Krüss: *Mein Urgroßvater und ich*
Ravensburger Buchverlag Otto Maier, Ravensburg 1987

Paul Maar: *Eine Woche voller Samstage*
Verlag Friedrich Oetinger, Hamburg 1986

Christine Nöstlinger: *Wir pfeifen auf den Gurkenkönig*
Rowohlt Verlag, Reinbek 1987

Mirjam Pressler: *Wenn das Glück kommt ...*
Beltz & Gelberg in der Verlagsgruppe Beltz, Weinheim & Basel 1995

Otfried Preußler: *Die kleine Hexe*
Thienemann Verlag, Stuttgart 1999

Ursula Wölfel: *Fliegender Stern*
Ravensburger Buchverlag Otto Maier, Ravensburg 1996

Angst haben

Angst haben Ich hätte Angst vor Wölfen. (Pressler)

fürchten Was machst denn du in dieser Gegend, Gamsbock Wastl? Du fürchtest doch die Menschen. (Krüss)

in Sorge sein Mein Bruder und seine Frau sind in großer Sorge. (Preussler)

angucken → W *sehen,* → W *zusehen*

angucken Kalle guckte sie erstaunt an. (Härtling)

beobachten Die Krabbeltiere eilten herbei, um den Tausendfüßler zu beobachten. (Krüss)

besichtigen Wir haben keine Lust, uns besichtigen zu lassen. (Nöstlinger)

anhalten / halten

bremsen Der zweite Wagen hatte rechtzeitig gebremst und wartete … (Kästner)

halten Die Autos hielten. (Bröger)

stoppen Da stoppten zwei Polizeiautos. (Maar)

ankommen

auftauchen Kallis Mutter tauchte samt Speer in der Haustür auf. (Funke)

eintreffen Wartet, bis Gustav eintrifft. (Kästner)

kommen Nach einer Weile kam seine Straßenbahn. (Maar)

antworten

antworten Keine sagt etwas. Was soll man auf diese blöde Bemerkung auch antworten? (Pressler)

entgegnen Abraxas entgegnete: „Muss das sein?“ (Preußler)

erwidern „Was essen Samse?“ „Alles, Papa, alles“, erwiderte das Sams. (Maar)

arbeiten

sich **abmühen** Ich mühte mich eine ganze Stunde lang ab. (Krüss)

arbeiten Sie hat zwei Wochen nicht arbeiten können, weil sie Grippe hatte. (Pressler)

schuften Seine Mutter hatte monatelang geschuftet, um das Geld zu sparen. (Kästner)

ausruhen → W *schlafen*

ausruhen Natürlich habe ich mich den ganzen Vormittag ausgeruht. (Pressler)

Beine ausstrecken Die kleine Hexe setzte sich auf den Gipfel und streckte die Beine aus. (Preußler)

verschnaufen „Der Korb ist so schwer, und ich muss mich ein wenig verschnaufen.“ (Preußler)

befehlen

befehlen „Gib das Buch her, Max“, befahl der Lehrer. (Kaut)

bestimmen „Entweder du bleibst im Zimmer, oder du gehst spielen“, bestimmte Herr Taschenbier. (Maar)

kommandieren „Nach links!“, kommandierte Abraxas. (Preußler)

beginnen

anfangen Wir hätten lieber gar nicht damit anfangen sollen. (Pressler)

beginnen Er begann sich zu langweilen. (Funke)

starten Sie würden gleich danach eine neue Suchaktion starten. (Kordon)

bekommen

bekommen Er bekam einen prächtigen Dolch mit Edelsteinen. (Krüss)

erhalten Kapitän Rickmers erhielt viele Orden und Plaketten. (Krüss)

kriegen Da habe ich einen Heidenschreck gekriegt. (Nöstlinger)

Iss deinen Teller leer, sonst kriegst du keine rote Grütze! (Krüss)

berichten

ausrichten Ich fliege sofort zu Kräxens und richte es ihnen aus. (Preußler)

benachrichtigen Man muss den Zoo benachrichtigen. Sicher ist das Tier dort ausgebrochen. (Maar)

berichten … als er ihnen von seinen Abenteuern im Menschenhaus berichtet hatte. (Funke)

das **Bett**

das **Bett** Mit einem Satz sprang Zottelkralle in Kallis Bett und zog sich die Decke über die Nase. (Funke)

die **Hängematte** Sie wiegten sich in den Hängematten. (Krüss)

die **Koje** Er verbrachte die letzte Nacht in seiner Koje. (Krüss)

W

R

G

V

RS

■ bitten

beschwören „Bitte, sei doch still", beschwor Herr Taschenbier das Sams. (Maar)

betteln Früher habe ich auch manchmal gebettelt, wenn ich Hunger hatte. (Pressler)

bitten Er hat mich gebeten, ich soll ihm die Schaukel im Nussbaum aufhängen. (Nöstlinger)

■ dick

dick Der nächste ist ein Mann mit einem dicken Bauch und Doppelkinn. (Pressler)

fett Tante Lous Spruch von der fetten Gans. (Pressler)

prall Ach, sein Bauch fühlte sich wunderbar an. Ganz prall und rund. (Funke)

■ drücken

drücken Ich drücke das Gesicht in meine Tagesdecke. (Pressler)

pressen Der Mann presste seine Hand. (Härtling)

zusammenkneifen Er kniff die Augen zusammen. (Krüss)

■ empfinden

empfinden Sie empfanden sich als erwachsene Männer. (Wölfel)

fühlen Er hat sich komisch angefühlt – wie roher Hefeteig. (Nöstlinger)

spüren Er spürt Hitze und Kälte. (Kaut)

■ entwischen → W *gehen,* → W *weggehen*

durchbrennen Zwei von uns passen auf, dass der Kerl nicht durchbrennt. (Kästner)

durch die Lappen gehen Wenn der Kerl uns durch die Lappen geht, seid ihr schuld. (Kästner)

entwischen Wenn wir den entwischen lassen, nennen wir uns alle nur noch Moritz. (Kästner)

■ essen → W *fressen*

essen Du wirst Eis kriegen, und ihr geht in ein Restaurant essen. (Pressler)

frühstücken Schließlich fanden sie den Kriminalwachtmeister Lurje. Der frühstückte gerade. (Kästner)

speisen Wir taten ihr die Ehre an, schweigend und mit Andacht zu speisen. (Krüss)

■ das **Essen**

das **Essen** Sie steht vor mir, das Tablett mit meinem Essen in der Hand. (Pressler)

das **Futter** Wenn Rehe und Hasen unter der weißen Schneedecke nach Futter suchen … (Krüss)

die **Mahlzeit** Der Sekretär hieß Nikolaus Pfeffer, weil er alle Mahlzeiten sehr kräftig würzte. (Krüss)

■ fallen

fallen „Aber machen Sie den Mund zu, und bitte nicht vom Stuhl fallen." (Bröger)

purzeln Er griff nach der Kegelkugel. „Passt auf, wie sie purzeln werden!" (Preußler)

stürzen Ich stolpere über ihre Beine und stürze. (Pressler)

finden

entdecken Nicht die kleinste Öffnung ließ sich entdecken. (Krüss)

finden Ich finde einfach das Schloss nicht. (Kaut)

herauskriegen Das wissen wir noch nicht. Aber wir kriegen's schon raus. (Kästner)

fliegen

flattern Er spreizte die Flügel und flatterte ihr entgegen. (Preußler)

fliegen Oft fliegen Schmetterlinge um sie herum. (Pressler)

schweben Die kleine Hexe gab dem Besen eins auf den Stiel – und sie schwebten gemächlich dem Wald zu. (Preußler)

fließen

fließen Die Tinte fließt über den Tisch und tropft auf den Boden. (Pressler)

rinnen Ich berühre das Warme, das mir über die Backe rinnt. (Pressler)

tropfen … der Schweiß tropft in den Sand. (Boie)

flüstern → W *sprechen*

flüstern Dann haben wir geflüstert, damit uns der Gurkinger nicht hören kann. (Nöstlinger)

tuscheln Wenn Katja und Jenny so miteinander tuschelten, wünschten sie keine Zuhörerin. (Kordon)

zischen „Ich werde ihr einen Schweinsrüssel anhexen", zischte die Hexe. (Preußler)

fragen

sich **erkundigen** Ich habe mich erkundigt, wie der Ausflug war. (Nöstlinger)

fragen „Wie war eigentlich mein Gedicht?", fragte das Sams. (Maar)

wissen wollen „Was hast du denn?", wollte der andere Junge wissen. (Kaut)

die **Frau**

die **Dame** Eines Tages lustwandelte eine Dame in dieser Gegend. (Krüss)

die **Frau** Was soll man von einem Lehrer lernen, der nicht einmal weiß, ob er ein Mann oder eine Frau ist? (Maar)

die **Tante** Übrigens ist Tante Lous kleine Schwester später meine Mutter geworden. (Pressler)

fressen → W *essen*

fressen Da hatte ihm das Sams schon den Kragen von der Jacke gefressen. (Maar)

verdrücken Schnell stopfte ich mir den ganzen Honigkuchen in den Mund und verdrückte ihn, so rasch es ging. (Krüss)

verschlingen Das kleine Wesen sperrte das Maul auf, dass man meinte, es wolle einen ganzen Laib Brot auf einmal verschlingen. (Maar)

W
R
G
V
RS

sich **freuen**

sich **freuen** Meister Eder freute sich selbst an der gut gelungenen Arbeit. (Kaut)

gefallen Der Einzige, dem das Gerülpse und Gestinke offenbar gefiel. (Funke)

vergnügt sein Vergnügt vor sich hin pfeifend kam er herangeschlendert. (Preußler)

geben

aushändigen Emil bat, sie möge ihm, bitte, Koffer und Blumen aushändigen. (Kästner)

geben Die Mama hat mir Geld gegeben. (Nöstlinger)

reichen Herr Taschenbier brachte ein Handtuch und reichte es ihr. (Maar)

der **Gedanke**

der **Einfall** Da hatte der Dieb einen Einfall. (Kästner)

der **Gedanke** Mit einem Mal war ihm ein Gedanke gekommen. (Maar)

die **Idee** Gute Idee. Kommt mit! (Bröger)

gehen → W *rennen*, → W *weggehen*

drängeln Alle drängelten aus dem Klassenraum. (Bröger)

gehen Damit setzte er das Sams in den Vorgarten hinter einen dichten Busch und ging zum Haus. (Maar)

treten Sie trat an den Wagen und griff nach der Peitsche. (Preußler)

gehen (langsam)

schlendern Laut und vergnügt vor sich hin pfeifend kam er herangeschlendert. (Preußler)

spazieren Sie spazierten nebeneinander den Gehsteig hinunter. (Bröger)

trotten Kalli trottete mit dem Korb hinter Zottelkralle her. (Funke)

gehorchen

befolgen Selbstverständlich werde ich deinen Rat befolgen. (Preußler)

gehorchen Das war das erste Mal überhaupt, dass keiner von uns Papas Befehl gehorcht hat. (Nöstlinger)

parieren „Los, hopp, hopp!“ Ich hielt es für geraten, gleich zu parieren. (Krüss)

gelingen

gelingen Es ist uns nicht gelungen, den Papa auf vernünftige Weise zu überreden. (Nöstlinger)

glücken Die Feuerwehr holte die beiden herunter. Das glückte nur, weil die Hexe sie wieder losgehext hatte. (Preußler)

klappen Es klappte mit ihrer Hexerei wie am Schnürchen. (Preußler)

genau

deutlich Ihr blaues Auge ist sogar auf diese Entfernung deutlich zu sehen. (Pressler)

genau Worauf er wartete? Das wusste Herr Taschenbier selber nicht genau. (Maar)

richtig … obwohl sie sich nicht mehr richtig erinnern konnte. (Pressler)

W
R
G
V
RS

Geräusche

→ S. 245

geschehen

geschehen Alles, was geschieht, kommt in die Zeitung. (Kästner)

passieren Diese Geschichte ist vor mehr als hundert Jahren passiert. (Krüss)

vorkommen Er machte Scherze, was früher nie vorgekommen war. (Krüss)

glauben → W *überlegen*

glauben „Hoffentlich gefällt es dir." „Ich glaube schon", sagte der kleine Elefant. (Bröger)

meinen Andreas meinte, dass er die Neugier der Neapolitaner errege. (Krüss)

vermuten Der Boy vermutete, der Dieb wohne auf Zimmer 61. (Kästner)

groß

gewaltig Da sprang er mit einem gewaltigen Satz aus dem Papierkorb ... (Kaut)

groß Jetzt bewegte der Elefant seine zwei großen Ohren. (Bröger)

riesig ... ein riesiger Mund, so groß, dass man fast Maul sagen musste. (Maar)

■ gut

gut Es ist gut, dass die Geschichte nun zu Ende ist. (Nöstlinger)

klasse Ich finde es klasse, dass du's gesagt hast. (Pressler)

prima Das hast du prima hingekriegt. (Pressler)

■ das **Haar**

das **Haar** Sie war ganz nass. Die Haare haben ihr im Gesicht geklebt. (Nöstlinger)

die **Locke** Helga schüttelte ihre rotblonden Locken. (Krüss)

der **Wuschelkopf** Sie fuhr ihm mit einem Finger über den Wuschelkopf. (Kaut)

■ die **Hand**

die **Hand** Das Schularbeitsheft hat er in der Hand gehalten und damit herumgefuchtelt. (Nöstlinger)

die **Pfote** Das kalte weiße Zeug, das an den Pfoten so merkwürdig prickelte. (Krüss)

die **Pranke** Er legte seine magere Hand in die mächtige Pranke des Pastors. (Krüss)

■ hängen → W *schwanken*

baumeln Vergnügt ließ die kleine Hexe die Beine baumeln. (Preußler)

hängen Sie sieht schlecht, weil ihr die Stirnfransen über die Augen hängen. (Nöstlinger)

pendeln Er setzte sich und pendelte mit seinen dünnen Beinen. (Kaut)

W
R
G
V
RS

■ hart

hart Ich habe auf dem harten Gepäckträger gesessen. (Pressler)

starr Kalli, der immer noch stumm und starr im klebrigen Honig saß. (Funke)

steif Pumuckl setzte sich so steif hin, als wäre er aus Holz. (Kaut)

■ das **Haus**

das **Haus** Schließlich standen sie vor dem Haus, in dem Pizza wohnte. (Bröger)

der **Kiosk** Emil entdeckte an der Ecke einen Zeitungskiosk. (Kästner)

die **Villa** … Villen mit bunten Gärten. (Kästner)

■ Häuser auf dem Bauernhof

die **Scheune** … wie die Bauern und ihre Knechte in den Scheunen das Korn droschen. (Preußler)

der **Schuppen** Gleich rechts findest du seinen offenen Schuppen, in dem Heu liegt. (Krüss)

der **Stall** Die Kühe sind unten im Dorf in den Ställen. (Krüss)

■ hören

horchen Ich stehe auf und horche an der Tür. (Pressler)

hören „Ah – wumm!", hörten sie. (Bröger)

vernehmen Auf einmal vernahmen sie Kinderstimmen. (Preußler)

husten

hüsteln Der Opa hat in sein Taschentuch gehüstelt, damit man nicht merkt, wie er grinst. (Nöstlinger)

husten Sägemehl flog hoch, sodass Pumuckl husten musste. (Kaut)

sich **räuspern** Mein Urgroßvater räusperte sich und sagte dann das Gedicht auf. (Krüss)

der Junge

der **Bengel** Da kamen die sieben Bengel mit lautem Geschrei aus dem Wald gelaufen. (Preussler)

der **Junge** Oskar sah einen großen Jungen, mindestens aus der vierten Klasse. (Bröger)

der **Knabe** Er holte aus seiner Tasche Schokolade und hielt sie dem Knaben hin. (Kästner)

klein

klein Niki ist unser kleiner Bruder. (Nöstlinger)

kurz Wir können sein Fell ganz kurz schneiden! (Funke)

winzig Das Dach hat zwei winzige Klappfensterchen. (Pressler)

kochen

backen Sie hat gleich gestern Apfelkuchen gebacken. (Kästner)

braten Die hatte noch nie gesehen, wie man Geflügel brät. (Kästner)

kochen Emil kochte in der Küche für sie und sich. (Kästner)

lachen

kichern Sie kicherte: „Weil es mir Spaß macht! Hihi!" (Preußler)

lächeln Sie lächelte zu ihm hinauf. (Bröger)

strahlen „Na, was sagst du nun?", fragte Gustav und strahlte übers ganze Gesicht. (Kästner)

läuten

läuten Die nächste Strophe wurde nicht mehr gelesen, weil die Schulglocke zur Pause läutete. (Kaut)

klingeln Emil stieg in die dritte Etage und klingelte bei Heimbolds. (Kästner)

schellen Die Glocke schellte. (Härtling)

lernen

lernen Mama hat mir versprochen, dass sie mit mir Mathe lernen wird. (Nöstlinger)

sich **merken** Die Seen in Bayern wird man sich doch merken können! (Kaut)

studieren Seite für Seite muss er das Hexenbuch durchstudieren. (Preußler)

leuchten

glitzern Mitten in einem Haufen Sägespäne sah sie etwas glitzern. (Kaut)

leuchten Ich leuchtete die Wände mit der Taschenlampe ab. (Nöstlinger)

schimmern … dass aus der aufgeplatzten Schale weißes Fruchtfleisch hervorschimmerte … (Krüss)

■ das **Loch**

die **Höhle** — Alle Kinder, die in den Höhlen des Waldes wohnten … (Krüss)

das **Loch** — Dort ist alles aus Beton. Man kann sich kein Loch graben. (Nöstlinger)

der **Schlitz** — … ein Markstück, das sie in den Schlitz meiner Sammelbüchse steckt. (Pressler)

■ **lügen**

Ausrede erfinden — Er erfindet eine faule Ausrede. (Kaut)

lügen — Ich lüge sie zwar nicht gerne an, aber wenn die Wahrheit sie traurig macht … (Pressler)

schwindeln — Wenn du geschwindelt hast, werde ich dich auffressen! (Preußler)

■ der **Mann**

der **Herr** — Der Herr im steifen Hut … (Kästner)

der **Mann** — „Was, um Himmels Willen, ist hier los?" Verdutzt erkannte sie ihren Mann. (Funke)

der **Typ** — Und da sagt der Typ: „Also denn mal los." (Boie)

■ der **Mund**

das **Maul** — … ein riesiger Mund, so groß, dass man fast Maul sagen musste. (Maar)

der **Mund** — Tränen liefen ihm in den Mund, sie liefen an seinem Hals entlang. (Wölfel)

die **Schnauze** — Krieg ich doch nur den Ärger, nä, also halt ich lieber die Schnauze. (Boie)

nehmen

nehmen Ich habe mir auch einen Becher Milch genommen. (Nöstlinger)

packen Die Nacktschnecke packte Zottelkralles Schwanz. (Funke)

schnappen Ich schnappe die Würstchen so schnell, wie es geht. (Pressler)

öffnen

aufmachen So oft ich meine Schultasche genommen habe und sie aufmachen wollte … (Nöstlinger)

aufreißen Er rannte durch den Raum, riss die Tür auf und war weg. (Kästner)

öffnen Sie schloss die Augen und öffnete sie lange Zeit nicht wieder. (Krüss)

prüfen

ausprobieren Er wollte ausprobieren, ob man ihn verstehe, wenn er italienisch spräche. (Krüss)

prüfen Die Oberhexe will dich prüfen. Die Prüfung wird aber nicht leicht sein. (Preußler)

untersuchen Besorgt untersuchte Kalli sein Lieblingsauto. (Funke)

reinigen → W *waschen*

putzen Ich soll die Heckscheibe vom Auto putzen. (Nöstlinger)

reinigen Meine Wunde reinigt er mit Jod. (Pressler)

sauber machen „Könnten Sie nicht, bitte, mein Zimmer etwas später sauber machen?“ (Maar)

■ rennen → W *gehen*

flitzen Die kleine Hexe flitzte zum Schornstein hinaus. (Preußler)

rasen Dann raste er in den Flur und erreichte die Haustür. (Funke)

rennen Dann spuckten sie noch ein paar Mal auf den Teppich und rannten aus dem Zimmer. (Funke)

■ rollen

kullern Sie kullerte die braunen Kugeln hin und her wie Murmeln. (Krüss)

rollen Kichernd ließ Kalli den Schrumpfkopf über den Schreibtisch rollen. (Funke)

sich **wälzen** Hohe Wellen wälzten sich heran. (Krüss)

■ schimpfen → W *schreien*, → W *sprechen*

fluchen „Verdammt noch mal!“, fluchte der Kutscher. (Preußler)

schimpfen „Pfui Mäusedreck!“, schimpfte Zottelkralle. (Funke)

schnauzen „Wenn ich sage, Sie sollen gehen, dann gehen Sie, verstanden!“, schnauzte Herr Oberstein. (Maar)

schlafen → W *ausruhen*

einschlafen Ich kann erst dann einschlafen, wenn die anderen schlafen. (Pressler)

pennen He, wach auf! Du kannst doch nicht den ganzen Abend pennen! (Pressler)

schnarchen Ärgerlich sah er zum Bett, wo Zottelkralle friedlich und faul vor sich hin schnarchte. (Funke)

schlagen

hauen Dem ersten haute er eins mit dem Besenstiel über die Pudelmütze. (Preußler)

eine **'runterhauen** Der Papa hat mir schon beim letzten Fünfer eine 'runtergehauen. (Nöstlinger)

schlagen Pumuckl hatte ihn mit aller Kraft auf die Hand geschlagen. (Kaut)

schließen

schließen Sie schloss die Augen und öffnete sie lange Zeit nicht wieder. (Krüss)

verriegeln Er ... verriegelte die Tür und knipste das Licht an. (Maar)

zuklappen Sie klappte an allen Fenstern die Läden zu. (Preußler)

schlimm

schlecht Man kann sie einfach rufen, wenn man sich schlecht fühlt. (Pressler)

schlimm „Ist es eigentlich schlimm, blind zu sein?" (Kordon)

schrecklich Wenn man allein weint, ist es schrecklich. (Pressler)

■ schön

herrlich Hier kleidete man ihn in herrliche Gewänder. (Krüss)

schick ... eine ganz besonders schicke, pinkfarben angezogene Lady. (Kordon)

schön Es ist schön, wieder zu Hause zu sein, dachte Zottelkralle. (Funke)

■ schreien → W schimpfen, → W sprechen

brüllen Er brüllte: „Los! Hinter ihm her!" (Kästner)

johlen Kaum hatte er das Wort ausgesprochen, brach die ganze Klasse in johlendes Lachen aus. (Härtling)

schreien „Na warte, na warte!", schrie Kallis Mutter. (Funke)

■ der Schuh

der **Pantoffel** Ihre Schuhe steckten in dicken Filzpantoffeln. (Preußler)

der **Schuh** Sie zog sich die Jacke aus und gleich danach die Schuhe. (Kordon)

der **Stiefel** Er steckte das Taschentuch in seinen Stiefel. (Maar)

■ schwanken

schwanken ... dass der Zug von der Erschütterung leicht zu schwanken begann. (Krüss)

wackeln Das Männlein nieste so herzzerreißend, dass die Holzbude wackelte. (Preußler)

wanken Ich bin mit den Tüten die Straße hinuntergewankt. (Nöstlinger)

W
R
G
V
RS

■ schweigen

den Mund halten Er dachte daran, dass das Sams nie den Mund halten konnte. (Maar)

schweigen Eine ganze Weile schweigen wir. (Pressler)

verstummen „Du darfst mich nicht stören." Abraxas verstummte. (Preußler)

■ sehen → W *zusehen*, → W *angucken*

blicken Manchmal blickte er zur Mutter hinüber. (Kästner)

gucken „Guck mal, es schneit!" (Funke)

sehen Fliegender Stern dachte: Nun kann mich niemand mehr sehen und hören. (Wölfel)

■ sich **setzen**

sich **bequem machen** Wir machten es uns auf den Korkmatten bequem. (Krüss)

Platz nehmen Er nahm zwischen der Obergroßmutter und der Präsidenten-Helga Platz. (Krüss)

sich **setzen** Dann wankte er die Treppe hinunter und setzte sich mit bleichem Gesicht ins Wohnzimmer. (Funke)

■ singen

grölen Besoffene grölen. (Härtling)

singen In den Büschen und Bäumen haben die Vögel angefangen zu singen. (Pressler)

summen Unhörbar, nur in meinem Kopf, summe ich die Melodie vor mich hin. (Pressler)

■ sprechen → W *flüstern*, → W *unterhalten*

äußern Sie scheint sich wirklich zu freuen, wenn ich einen Wunsch äußere. (Pressler)

sagen „Weg ist sie", sagte Jonathan seufzend. (Krüss)

sprechen/ reden Friesisch sprach ich zu Hause, und Deutsch redete ich in der Schule. (Krüss)

■ sprechen (ungewöhnlich)

nuscheln Dann nuschelt er etwas Unverständliches. (Pressler)

stammeln „Da! Da!", stammelte sie. (Kästner)

stottern „N...n...nicht reden!", stotterte Jonathan. (Krüss)

■ springen

hopsen Die Kaninchen hopsten dem Fuchs vor dem Schnabel herum. (Preußler)

hüpfen Er hüpfte von einem Bein auf das andere. (Preußler)

springen „Hm", grunzte Zottelkralle. Er sprang aufs Fensterbrett. (Funke)

■ der **Stock**

der **Besenstiel** Sie steckte den Putzlappen an einem Besenstiel durch den Türspalt. (Maar)

der **Knüppel** Ich wüsste viele, auf die ich meinen Knüppel loslassen würde. (Pressler)

der **Stock** Grasvogel schlug mit einem Stock auf das seltsame Ding. (Wölfel)

die **Straße**

die **Gasse** – Im Herbst war der Wind in den Gassen so stark … (Krüss)

die **Straße** – Du darfst die Uhr niemals tragen, wenn du auf die Straße gehst. (Kaut)

der **Weg** – Den Weg zu meinem Geheimplatz würde ich im Schlaf finden. (Pressler)

suchen

Ausschau halten – Die kleine Hexe hielt Ausschau nach Thomas und Vroni. (Preußler)

fahnden – Vielleicht fahnden die Polizisten nach streunenden Kindern. (Härtling)

suchen – Kallis Mutter tauchte samt Speer in der Haustür auf und sah sich suchend um. (Funke)

der **Tisch**

das **Pult** – Hinter dem Pult des Lehrers saß ein kleines Mädchen. (Maar)

die **Theke** – Er stellte die Glasschüssel auf die Theke. (Krüss)

der **Tisch** – Fünf Bananen holt sie heraus und legt sie auf den Tisch. (Pressler)

tragen

schleppen – „Von morgen an wird euch der Förster Holz sammeln lassen, so viel ihr schleppen könnt." (Preußler)

schultern – Sie schulterte den Besen. (Preußler)

tragen – Ich bin stark, ich kann auch großes Geld tragen." (Kaut)

träumen

sich **ausmalen**: Ich habe mir ausgemalt, wie ich in der Sonne liegen und Eis essen werde. (Nöstlinger)

sich **einbilden**: Ich versuche mir einzubilden, dass es hier nicht nach Wurst riecht. (Pressler)

träumen: Und Kalli lag auf dem Sofa, schlief und träumte von Klavier spielenden Monstern. (Funke)

die **Tür**

der **Eingang**: Die Gesellschaft fand aber nirgends einen Eingang. (Krüss)

die **Pforte**: Am Eingang verhandelt Frau Lehmann mit dem Mann an der Pforte. (Pressler)

die **Tür**: Und – schwups – war er durch die Tür verschwunden. (Funke)

überlegen → W *glauben*

sich **den Kopf zerbrechen**: Ich habe mir den Kopf zerbrochen, warum der Opa so gezuckt und gezittert hat. (Nöstlinger)

nachdenken: Da wusste ich, dass er über eine neue Geschichte nachdachte. (Krüss)

überlegen: Ich kenne die Stimme und überlege fieberhaft, zu wem sie gehört. (Pressler)

W R G V RS

umbringen

erschießen „Gib mir die Adresse, und ich erschieße den Kerl.“ (Kästner)

schlachten Der wird den Ochsen schlachten und braten lassen. (Preußler)

umbringen Ich hätte ihn umbringen können, den Sauhund! (Nöstlinger)

sich **unterhalten** → W *sprechen*

erzählen Niemand wollte Abenteuergeschichten erzählen. (Wölfel)

schwätzen Bis in die Nacht hinein saßen die beiden und erzählten und schwätzten. (Krüss)

sich **unterhalten** „Da unterhalt ich mich doch lieber mit 'nem Kaktus.“ (Kordon)

unterrichten → W *lernen*

beibringen Er benutzte diesen Ausflug, um seinem Sohn die Kunst der Dichter beizubringen. (Krüss)

unterrichten … eine Klasse, in der gerade Heimat unterrichtet wurde. (Kaut)

unterweisen Der Vater, der seinen Sohn nicht nur im Reiten und Fechten unterwies … (

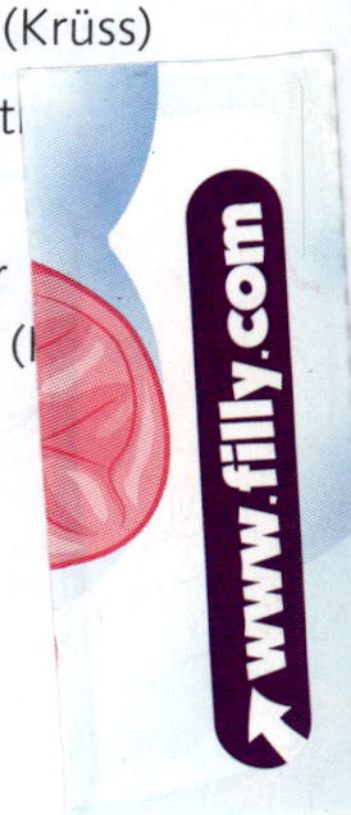

vereinbaren → W *vorhaben*

abmachen „Sonntag in vierzehn Tagen!“, schlug Thomas vor. „Abgemacht!“, sagte die kleine Hexe. (Preußler)

sich **einigen** Wenn sie sich einmal nicht einigen konnten … (Krüss)

vereinbaren Das hast du aber mit mir vereinbart! (Kaut)

verstehen

begreifen Andreas begriff nicht recht, was das alles bedeuten solle. (Krüss)

gescheit werden „Ich werde daraus nicht gescheit“, behauptete Pony. (Kästner)

verstehen „Sei still. Du verstehst nichts davon“, sagte Schneller Hirsch. (Wölfel)

vorhaben → W *vereinbaren*

vorhaben Der Rabe Abraxas bestürmte die Hexe mit tausend Fragen. Was sie denn vorhabe, wollte er wissen. (Preußler)

sich **vornehmen** Ich habe mir vorgenommen, an etwas ganz Schönes zu denken. (Nöstlinger)

wollen Zottelkralles Plan war ganz einfach. Er wollte zu den Menschen ziehen. (Funke)

wachsen

steigen Die Angst des Kobolds stieg und stieg. (Kaut)

steigern Das steigerte Pumuckls Angst derart, dass er Riesenkräfte bekam. (Kaut)

wachsen Wir werden satt vom Büffelfleisch und von den Früchten und Wurzeln, die überall wachsen. (Wölfel)

waschen

baden Er badet leidenschaftlich gern. (Funke)

duschen „Du wirst jetzt erst mal duschen!“ (Funke)

waschen Die Mütter wuschen ihre Kinder. (Wölfel)

weggehen → W *gehen*, → W *rennen*

abhauen „Haut gefälligst ab!“ (Kästner)

verschwinden Sie nahm ihren Eimer auf und verschwand in der Küche. (Maar)

weggehen Beide gingen weg, und der Kobold konnte wieder in den Hof hinausspringen. (Kaut)

wegnehmen

klauen Da drüben sitzt der Schweinehund, der ihm das Geld geklaut hat. (Kästner)

stehlen „Einen Moment! … Das Geld ist gestohlen!“ (Kästner)

wegnehmen Sie wollten ihren Müttern nicht heimlich etwas von den Vorräten wegnehmen. (Wölfel)

■ wehen (Wind)

blasen Inzwischen hatte ein Wind zu blasen angefangen. (Krüss)

brausen In der Krone des Baumes brauste der Novemberwind. (Krüss)

wehen … aber woher der Wind weht, hab' ich mir denken können. (Nöstlinger)

■ weinen → W *sprechen*, → W *schreien*

heulen Ich war richtig verzweifelt. Ich habe Löcher in die Wand gestarrt. Am liebsten hätte ich geheult. (Nöstlinger)

schluchzen Und dann bin ich der Mama um den Hals gefallen und habe geschluchzt. (Nöstlinger)

weinen „Eure Mütter haben geweint, weil ihr fortgeritten seid, ohne ein Wort zu sagen." (Wölfel)

■ werfen

schleudern Da gab es einen Sturm, bei dem Andreas auf die spitze Ecke des Kajütendaches geschleudert wurde. (Krüss)

schmeißen Die Mama hat die Kartoffeln mit den Trieben in den Abfalleimer geschmissen. (Nöstlinger)

werfen Die Kleinen hockten hinter Bergadlers Zelt und warfen mit Steinen nach einem alten Topf. (Wölfel)

winken

fuchteln – Und als Kalli vor seiner Tür stand, fuchtelten ihm zwei haarige Arme vor dem Gesicht herum. (Funke)

gestikulieren – Man schrie, sprang herum und gestikulierte mit Händen und Füßen. (Krüss)

winken – Jetzt rufen die schon und winken. (Boie)

sich **wundern**

staunen – Die Menge staunte und wollte es zuerst nicht glauben. (Krüss)

verblüfft sein – „Halt endlich mal dein dreckiges Maul!" Sie starrt mich verblüfft an. (Pressler)

sich **wundern** – Fliegender Stern wunderte sich immer darüber, dass die Männer die flinken Fische mit dem Speer treffen konnten. (Wölfel)

die **Zeit**

der **Augenblick** – Leider passte Pizza im Augenblick wieder nicht auf. (Bröger)

die **Weile** – Wenn nicht die Oberhexe nach einer Weile gerufen hätte … (Preußler)

die **Zeit** – Zum Jagen hatten sie keine Zeit. (Wölfel)

ziehen

reißen – Er riss sich drei Schwanzhaare aus und reichte sie Kallis Vater. (Funke)

zerren – Herr Taschenbier versuchte, das Sams vom Schrank zu zerren. (Maar)

ziehen – Jetzt packten ihn Grau-Hengst und sein Freund Großer Felsen. Sie zogen ihn ans Ufer. (Wölfel)

■ zittern

beben Es donnerte, und er hatte den Eindruck, die Erde bebte. (Härtling)

zittern Fliegender Stern zitterte vor Zorn. (Wölfel)

zucken Und sein schiefer Mund hat gezuckt. (Nöstlinger)

■ zugeben

Geständnis ablegen Der Dieb hat auch schon ein Geständnis abgelegt. (Kästner)

gestehen Ich gestand ihr, dass wir auf die Bretter des Bettes zwei Gedichte geschrieben hätten. (Krüss)

zugeben Er gab ja zu, Zottelkralle war eine furchtbare Plage gewesen. (Funke)

■ zuhören

aufpassen Sie muss tierisch aufpassen und alles so machen, wie er das will. (Boie)

lauschen Ich lauschte dem Gedicht. (Krüss)

zuhören Gespannt hörten die Leute ihnen zu. (Wölfel)

■ zusehen → W *sehen*, → W *angucken*

zugucken Eine halbe Stunde lang guckte ich den beiden zu. (Krüss)

zuschauen Emil schaute interessiert zu. (Kästner)

zusehen Sie sahen dem Wettschwimmen zu. (Wölfel)

zustimmen

einverstanden sein	Das ist eine lustige Idee. Ich bin einverstanden. (Krüss)
recht geben	Da hat sie zwar ein bisschen übertrieben, aber ich habe ihr trotzdem recht gegeben. (Krüss)
zustimmen	Wir haben ihr nicht widersprochen, aber zugestimmt haben wir auch nicht. (Nöstlinger)

Wortfeld Geräusch

Manche Geräusche heißen so, wie sie sich anhören.
Wer die Wörter leise spricht, hört das.
Trotzdem sind die Geräuschverben im Deutschen und Englischen unterschiedlich.
Welche „Lautmalerei" ist besonders gut?

Wer? Wo?	deutsch	englisch
an Türen	klopfen	knock
Nüsse	knacken	crack
Pfeile	schwirren	whizz
Mägen	knurren	rumble
Hunde	knurren	growl
Schläfer	schnarchen	snore
Hühner	gackern	cackle
Frösche	quaken	croak
Babys	plärren	bawl
Kleinkinder	plappern	prattle
Gewichtheber	schnaufen	puff
Hände	klatschen	clap
Schuhabsätze	klappern	clack
Teller	klappern	clatter
Türen	knallen	bang
Motorräder	knattern	roar
ins Wasser	platschen	splash

Regionalsprachen R

Landschaftliche Unterschiede in der Sprache

Claudia aus Stuttgart sagt: „Ich muss heute gelbe Rüben und Blaukraut einkaufen."
Cornelia aus Oldenburg sagt: „Ich muss Möhren und Rotkohl einholen."
Beide meinen dasselbe. In jeder Region gibt es viele unterschiedliche Wörter. Früher waren die Unterschiede viel größer. Da nannte man das Deutsch in den verschiedenen Regionen Mundart, Dialekt oder Platt.

Wie sagt man bei euch?

das **Abendessen**	Abendbrot, Nachtessen, zur Nacht essen, Vesper, Tee trinken
des **Apfels Kerngehäuse**	Kitsche, Ketsche, Griebs, Butzen
arbeiten	schaffen
die **Beule** (durch einen Stoß oder Schlag)	Brausche, Brusche, Brüsche, Binkel, Delle, Dübel, Dutzel, Dotz, Horn, Hübel, Bause, Batzen, Knubbel, Knuppe, Kneul, Knuppen, Knorren, Knörzche, Wehne
das **Brötchen**	Rundstück, Kipfl, Schrippe, Weck, Wecken, Weckla, Semmel
die **Brotscheibe**	Brot, Schnitte, Stück Brot, Stückl Brot, Fladen, Schmiere, Butteram, Botteram, Stulle, Bemme, Schnitte
das **Brotende**	Knäppchen, Knust, Kanten, Knaust, Rand, Scherzl, Ranft, Ränftel

bummeln	trödeln, drömeln, mären, dampern
einsames **Dorf**	Posemuckel, Hintertupfingen, Hintertupfing, Kleinkleckersdorf
sich **erkälten**	sich verkälten, sich verkühlen
beim **Essen** wählerisch sein	verschnuckt, käbsch, schleckig, mäkelig, krüsch
Fangen spielen	Fangerl, Fangerles, Fangermandl, Fangetlis, Fangis, Fango, Fangus, Fangsterl, Tick, Kriegen, Einkriegen, Packen, Haschen, Nachlaufen, Nachlauf
die **Ferse**	die Ferscht, der Fersen, die Hacke, der Hacken
der **Fleischer**	Schlachter, Metzger, Fleischhauer
die **Harke**	der Harken, der Rechen, die Rief
die **Hausschuhe**	Babuschen, Pampuschen, Puschen, Finken, Latschen, Schluffen, Schlapfen, Pantoffeln
die **Heidelbeere**	Blaubeere, Bickbeere, Waldbeere, Worbel, Schwarzbeere, Schwarzebeere
die **Heuschrecke**	Heuschreck, Grashüpfer, Springhahn, Heupferdchen, Graspferd, Heuschnecke, Heubock, Heugumper, Heuhupfer, Heuhüpper, Heuhopper, Heuhopser
kleiner **Junge**	Knirps, Stöpsel, Butz, Steppke, Butt, Buttje, Knäckes, Lütter, Büawei
die **Kartoffel**	Erdapfel, Erpel, Tüffel, Grumbeere, Bumser
der **Klempner**	Spengler, Spangler, Flaschner, Blechner

Regionalsprachen R

das **Mädchen**	Mädel, Mäderl, Mädle, Madel, Madle, Maitli, Dirndl, Deern
der **Marienkäfer**	Muttergotteskäfer, Sonnenkäfer, Johanniskäfer, Mutschekiebchen, Herrgottskäfer, Glückskäfer
die **Mohrrübe**	Möhre, gelbe Rübe, Gelbrübe, Wurzel, Karotte
naschen	schlecken, schnökern, schlötzen, schnuckern, schnopen
nicht wahr?	nicht? gell? gelle? gelt? nä? woll? oder?
die **Ohrfeige**	Ohrfiech, Backpfeife, Backs, Schelle, Watsche, Dachtel, Backfeige
das **Pferd**	das Pferd, der Gaul, der Ackergaul, das Ross, der Globe, der Zossen
fein, leise **regnen**	nieseln, fisseln, siefern, sprenzen, nibeln schmuddern, stippern, trippern, drippeln, pritschen, sprisseln, schmuddeln
heftig **regnen**	gallern, plaastern, plästern, pladdern, drahschen
der **Rotkohl**	Rotkappes, roter Kappes, Blaukappes, Rotkraut, Blaukraut
die **Rutschbahn** (auf dem Eis)	Rutschebahn, Rutsche, Glitsche, Glitschbahn, Schlitterbahn, Schlickerbahn, Schlinderbahn, Schurrbahn, Eisbahn, Bahn, Glenner, Schleifbahn, Schleif, Schleife, Schliefe, Kachelbahn

rutschen (auf dem Eis)	glitschen, schlittern, schliddern, schlickern, schlindern, schindern, schurren, schusseln, Bahn schlagen, glennen, schleifen, schliefere, schliefitzen, schleimern, schliefe
das **Scheuertuch**	Aufnehmer, Feudel, Putzlumpen, Botzlabbe, Botzlombe, Hader
der **Schluckauf**	Schluckuck, Schlucken, Schlucker, Schluckser, Schlucks, Hetscher, Höscher, Hickser, Hecker, Hick, Gluggsi, Schnackler, Schnackel, Gluggser
der **Schulranzen**	der Ranzel, der Ränzel, der Tornister, die Schultasche, die Büchertasche, der Schulranzen, der Schulsack, die Schulmappe, die Schultonne, der Schulkalier
der **Sonnabend**	Samstag, Satertag, Sunnowend, Samstich
das **Springseil**	Sprungseil, Seil, Seilchen, Hüpfseil, Hopfseil, Hupfseil, Juckseil, Tau, Springtau, Springschnur, Strick
der **Tischler**	Schreiner, Schriener, Discher
der **Weißkohl**	Wittkohl, Kappes, weißer Kappes, Weißkraut, Kraut
die **Ziege**	Geiß, Hippe, Zicke, Ziech
die **Zwille**	Fletsche, Katschi, Zwiesel, Zwistel, Steinschleuder

Regionalsprachen R

Wie sagt man zum Beispiel in …

Frankfurt am Main
babbeln: reden
Bobbes: Hintern
dabbisch: ungeschickt
Dutt: Tüte
enuff: hinauf

Stuttgart
Buggel: Rücken
bäbba: kleben
hudla: schnell machen
dädschig: sehr weich
äbbes: etwas

Münster (Westfalen)
Büxen: Hosen
Fleesk: Fleisch
Smacht: Hunger
küern: sprechen
grienen: weinen

Mainz
Kinnerschääs: Kinderwagen
Babbe: Vater
Schnääkes: Süßigkeiten
Zores: Streit
Sackduch: Taschentuch

Hamburg
vertellen: erzählen
lütt: klein
Diern: Mädchen
Klönschnack: Gespräch
Bangbüx: Angsthase

Dresden/Leipzig
Nischl: Kopf
Musschbridze: Regenschirm
dikschn: beleidigt sein
ditschn: eintunken
gaagsch: blass

Köln
jeck sein: verrückt sein
Tröröt: Trompete
Penz/Pänz: Kinder
Bütt: Wanne
Sabbelschnüß: Vielredner

Ingolstadt
Busserl: Kuss
damisch: dumm
Gaudi: Spaß
graislig: hässlich
Dusl: Glück

Nürnberg
Ärwet: Arbeit
Barasoll: Regenschirm
Dsohdogda: Zahnarzt
ball: demnächst

Berlin
ick: ich
uff eenmal: auf einmal
kieken: kucken
pimpeln: empfindlich sein
affig: albern
bramsig: prahlerisch

Deutsche Sprichwörter und Redensarten

Früher gab es kein allgemeines Hochdeutsch. Die Menschen sprachen zwar Deutsch, aber das war in jeder Gegend anders. Unterschiede gab es oft sogar zwischen Nachbarorten. Sehr viele Urgroßeltern haben in Norddeutschland als Kinder zu Hause zuerst Platt gelernt. Im Münsterland sagt man:
De meesten Kinner häbt to Huus toeerst Platt lernt.
Heutige Kinder müssen Sprachdetektive sein, um diese Texte zu verstehen:

Hessen:
Owends wean die Faule fleißig.

Schwaben:
Ein Dicker ka vom eigene Speck zehre.

Sachsen:
Gugge nur, da schdehtr, so ä Schdrubbelbeder!

Mecklenburg:
Handwark hett güllen Boden.

Altbayern:
A so a Loas kinn ma bei üns it braucha.

Hannover:
Komm, wenn de wat wutt! Hast woll keine Purre!

Berlin:
Det jeht een durch un durch!

Erzgebirge:
Iech bie e klaanr Dickr.

Allgäu:
Wenn des stimmt, dann friss i an Beasa.

Braunschweig:
Datt is mich aans!

Eifel:
Mier kalle platt.

Odenwald:
Bäise Buwwe gitts schun imme – Max und Moritz sin noch schlimme!

Rheingau:
Wie uns de Schnawwel steht.

Niederrhein:
Nou bös do draan!

Hamburg:
Das wird ab sofoht anners.

Verben (Tunwörter)	Beispiele
Viele Wörter sagen, was man tut oder was geschieht. Wir nennen sie **Verben.**	
In Wörterbüchern stehen Verben immer erst in der Grundform. Fachname: **Infinitiv.**	malen sinken
Verben sagen oft, zu welcher Zeit das passiert, wovon im Satz die Rede ist: Sie stehen in verschiedenen Zeitformen:	
Manchmal passiert etwas jetzt gerade. Das heißt Gegenwart. Fachname: **Präsens**	er malt es sinkt
Manchmal wird es erst später passieren. Das heißt Zukunft. Fachname: **Futur.**	er wird malen es wird sinken
Manchmal ist es bereits passiert. Das heißt Vergangenheit. Da gibt es zwei Zeitformen: Die eine nennen wir Erste Vergangenheit. Fachname: **Präteritum.**	er malte es sank
Die Zweite Vergangenheit ist eine Zwei-Wort-Vergangenheit. Fachname: **Perfekt.**	er hat gemalt es ist gesunken

Nomen (Namenwörter, Substantive)	
Nomen sind Namen. Es gibt Namen für:	
Menschen	Lisa, Meier, Kind
Tiere	Hund, Mimi
Dinge	Tisch, Hose, Eis
Gefühle	Liebe, Wut

Manche Nomen sind nur schwer als Namen zu erkennen.	Luft, Zeit, Meinung
Manchmal nennt ein Nomen nur eine einzige Sache. Wir sagen: Es steht in der Einzahl. Fachname: der **Singular.**	Kuh, Ast, Angst
Manchmal nennt es mehrere Sachen. Wir sagen: Es steht in der Mehrzahl. Fachname: der **Plural.**	Kühe, Äste, Ängste

Artikel (Begleiter)

Nomen können Begleiter haben. Es sind: *der, die, das, ein, eine.* Fachname: der **Artikel.**	*die* Kuh, *der* Ast *eine* Kuh, *ein* Ast

Pronomen (Fürwörter)

Für Nomen kann man auch Stellvertreter einsetzen. Diese Stellvertreter-Wörter heißen Fürwörter.	*Die Frau* singt. *Sie* singt.
„Für" heißt lateinisch „pro". Darum nennen wir diese Wörter auch **Pronomen.**	Es gefällt *der Frau.* Es gefällt *ihr.*

Adjektive (Wiewörter)

Viele Wörter sagen, wie die Dinge sind oder wie du sie findest. Sie heißen Wiewörter. Fachsprache: **Adjektive.**	klein, rot, laut frech, lieb, schön
So gut wie alle Adjektive lassen sich „steigern".	klein, kleiner, am kleinsten

die Marie | der Max | schreiben | ein Brief

Wenn aus diesem Wörter-Salat ein Satz werden soll, müssen die Wörter „zusammenspielen".
Zuerst ist ein „Spielführer" nötig. Der sagt, was in dem Satz getan wird und was passiert. Spielführer kann immer nur ein Verb sein. Als Spielführer heißt es **Prädikat** oder **Satzaussage.**

„Spielführer" ist diesmal schreiben

Prädikat
(Satzaussage)

Der Spielführer braucht Mitspieler.
Die heißen **Satzglieder.**

Satzglieder

Zuerst fragt man natürlich: WER schreibt denn da? Wir brauchen also einen Mitspieler, der Antwort gibt auf die Frage: WER tut etwas?

Antwort, zum Beispiel: die Marie
Dieser Mitspieler heißt **Subjekt** oder **Satzgegenstand.**

Subjekt
(Satz-gegenstand)

Jetzt sind sie zu zweit, aber das ist noch kein Satz: schreiben die Marie

Ein Satz wird das erst, wenn die beiden zusammenspielen:

Die Marie	schreibt.
Mitspieler Subjekt	Spielführer Prädikat

Wir wollen natürlich mehr wissen: WEN ODER WAS schreibt die Marie? Der neue Mitspieler ist eine Ergänzung: ein Brief. Der Fachname für dieses Satzglied ist **Objekt.**

Objekt (Ergänzung)

Das Objekt muss sich auf seine Mitspieler einstellen: ein**en** Brief.

Nun heißt der Satz:
Die Marie schreibt einen Brief.

WEM schreibt die Marie einen Brief?
Wir brauchen eine weitere Ergänzung:
Die hat ebenfalls den Fachnamen **Objekt:**
der Max.

Für ein sinnvolles Zusammenspiel muss sich auch der neue Mitspieler anpassen:
de**m** Max.
Und dann muss er sich an geeigneter Stelle einordnen. Nun kann der Satz heißen:

Die Marie schreibt dem Max einen Brief.

Aber die Satzglieder können sich auch ganz anders ordnen. Das kann man ausprobieren. Dann überlegt man: Was klingt am besten? Was ist am leichtesten zu verstehen? Stellen wir die Satzglieder mal um.

Zum Beispiel so:

Dem Max schreibt die Marie einen Brief.

W R G V RS

oder so:
Schreibt die Marie dem Max einen Brief ?

Die näheren Umstände des Schreibens sind ja noch nicht bekannt. Wir wüssten gern mehr.

Zum Beispiel: WO, an welchem Ort, schreibt denn die Marie? Aha: in der Klasse . Das ist eine **Ortsangabe.**

Ortsangabe

Und WANN schreibt sie? Das wollen wir jetzt aber auch noch wissen. Was stellt sich heraus: Während der Pause .
Na so was!
Das ist eine **Zeitangabe.**
Jetzt ist wohl alles geregelt. Aber nein!
Was ist denn hier passiert?

Zeitangabe

Die Marie schreibt Pause ...

Das Wort Pause hat sich aus seinem Satzglied herausgeschoben. So geht das aber nicht! Ein vernünftiger Satz ist so unmöglich geworden. Zurück mit der Pause an ihren Platz!

Nur **ganze** Satzglieder können verschoben werden.
Anders gesagt:
Satzglieder erkennt man daran, dass sie gemeinsam verschoben werden können.

Jetzt können wir ein paar Umstellungen probieren. Wir fragen:
Wie versteht es der Leser am leichtesten?
Probieren wir mal ein bisschen!
(Fachleute nennen das Umstellprobe.)

Umstellprobe

Die Marie schreibt während ...

Während der Pause schreibt ...

In der Klasse schreibt die Marie ...

Die vier Fälle

Der Name „Max" musste sich mehrmals seinen Mitspielern anpassen. Mal hieß es DER MAX und mal DEM MAX.
Man sagt: Es sind verschiedene Fälle des Namens Max.
Alle Nomen und Artikel können sich so verändern, damit sie sich anpassen kännen. Hier folgt ein anderes Beispiel.

Eine schlecht bekömmliche Mahlzeit

	Frage	Antwort
Einst überfiel **der Wolf** sieben kleine Ziegen.	**WER** überfiel die kleinen Ziegen?	**der Wolf** 1. Fall (Nominativ)
Sechs Ziegen landeten im Bauch **des Wolfes**.	In **WESSEN** Bauch landeten sie?	**des Wolfes** Bauch 2. Fall (Genitiv)
Aber die Mahlzeit bekam **dem Wolf** nicht.	**WEM** bekam die Mahlzeit nicht?	**dem Wolf** 3. Fall (Dativ)
Mama Ziege erledigte nämlich **den Wolf**.	**WEN** erledigte Mama Ziege?	**den Wolf** 4. Fall (Akkusativ)

Häufige unregelmäßige Verben

anbieten	sie bot an, sie hat angeboten
anfangen	es fängt an, es fing an, es hat angefangen
anrufen	er rief an, er hat angerufen
beginnen	er begann, er hat begonnen
bitten	sie bat, sie hat gebeten
bleiben	ich blieb, ich bin geblieben
brennen	es brannte, es hat gebrannt
bringen	er brachte, er hat gebracht
denken	sie dachte, sie hat gedacht
erhalten	du erhältst, du erhieltest, du hast erhalten
erkennen	er erkannte, er hat erkannt
essen	du isst, du aßest, ich aß, ich habe gegessen; Iss!
fahren	sie fährt, sie fuhr, sie ist gefahren
fallen	er fällt, er fiel, er ist gefallen
finden	sie fand, sie hat gefunden
fliegen	er flog, er ist geflogen
fressen	sie frisst, sie fraß, sie hat gefressen
frieren	ich fror, ich habe gefroren
geben	er gibt, er gab, er hat gegeben; Gib!
gehen	er ging, er ist gegangen; Geh!
geschehen	es geschieht, es geschah, es ist geschehen
gewinnen	er gewann, er hat gewonnen
halten	es hält, es hielt, es hat gehalten
heißen	es hieß, es hat geheißen
helfen	sie hilft, sie half, sie hat geholfen
kennen	er kannte, er hat gekannt
kommen	ich kam, ich bin gekommen
können	ich kann, ich konnte, ich habe gekonnt
lassen	sie lässt, sie ließ, sie hat gelassen
laufen	er läuft, er lief, er ist gelaufen
lesen	sie liest, sie las, sie hat gelesen; Lies!
lügen	sie log, sie hat gelogen
mögen	ich mag, ich mochte, ich habe gemocht

müssen	ich muss, ich musste, ich habe gemusst
nehmen	er nimmt, er nahm, er hat genommen; Nimm!
rennen	sie rannte, sie ist gerannt
rufen	sie rief, sie hat gerufen
schlafen	er schläft, er schlief, er hat geschlafen
schließen	sie schloss, sie hat geschlossen
schneiden	er schnitt, er hat geschnitten
schreiben	sie schrieb, sie hat geschrieben
schreien	er schrie, er hat geschrien
schwimmen	ich schwamm, ich habe/bin geschwommen
sehen	er sieht, er sah, er hat gesehen; Sieh!
singen	sie sang, sie hat gesungen
sitzen	er sitzt, er saß, er hat gesessen
sprechen	er spricht, er sprach, er hat gesprochen; Sprich!
springen	er sprang, er ist gesprungen
stehen	sie stand, sie hat/ist gestanden
sterben	er stirbt, er starb, er ist gestorben; Stirb!
streiten	sie stritt, sie hat gestritten
tragen	sie trägt, sie trug, sie hat getragen
treffen	er trifft, er traf, er hat getroffen; Triff!
trinken	sie trank, sie hat getrunken
tun	ich tue, ich tat, ich habe getan
verbieten	sie verbat, sie hat verboten
vergessen	er vergisst, er vergaß, er hat vergessen; Vergiss!
vergleichen	er verglich, er hat verglichen
verlieren	er verlor, er hat verloren
verstehen	er verstand, er hat verstanden
waschen	er wäscht, er wusch, er hat gewaschen
werden	es wird, es wurde, es ist geworden
werfen	sie wirft, sie warf, sie hat geworfen; Wirf!
wissen	sie weiß, sie wusste, sie hat gewusst
wollen	ich will, ich wollte, ich habe gewollt
ziehen	er zog, er hat gezogen

Klasse 1/2: Mitsprechwörter

Ich horche ein Wort Laut für Laut ab.
Dann schreibe ich Buchstabe für Buchstabe.

Zahlwörter: *5, 8, 11, 12, 100*

Kalender-Wörter: *Juni, Januar, Juli, Oktober, Februar, Dezember, September, Ostern, Freizeit*

Körper-Wörter: *Körper, Finger, Schenkel, Arm, Hals, Nase, Fingernagel, Gesicht*

Familien-Wörter: *Familie, Onkel, Eltern, Schwester, Tochter, Kusine, Opa, Bruder*

Pflanzen-Wörter: *Gras, Busch, Licht, Ast, Blume, Blüte, Gemüse, Wurzel, Pflaume, Frucht, Birne, Apfel, Fichte*

Aufgaben mit Kontrolle

1. Ein Familien-Wort steht nicht auf den blauen Seiten. Schreibe alle anderen auf.
2. Drei Pflanzen-Wörter stehen nicht auf den blauen Seiten. Schreibe alle anderen auf.
3. Schreibe die fünf Zahlen als Wörter in dein Heft. Partnerkontrolle!
4. Ein Kalender-Wort steht nicht auf den blauen Seiten. Schreibe alle anderen in dein Heft.
5. Schreibe alle Familien-Wörter und Kalender-Wörter mit der Endung **-er.**

6. Zwei Körper-Wörter stehen nicht auf den blauen Seiten. Schreibe alle anderen in dein Heft. Partnerkontrolle.

7. Diktiert einander Wörter aus allen Aufgaben. Wechselt nach jedem Wort.

8. Raten mit Wörtern aus dem Wörterbuch: Mindestens drei Kinder spielen zusammen. Ein Kind beginnt zum Beispiel so: „Mein Zahlwort fängt mit **f** an." Das nächste Kind muss den nächsten Laut nennen: **ü.** Dann das nächste: **n.** Wer den letzten Laut sagt, darf danach das ganze Wort nennen: „Fünf!" Dann schreiben alle Kinder das Wort in ihr Heft. Wer das ganze Wort nannte, darf die nächste Rätselfrage stellen. Erfindet eure eigenen Spielregeln.

9. Schreibe alle Monatsnamen in der richtigen Reihenfolge.

warm kalt	*Körper Winter*
hart alt	*Ast Onkel*

10. Nimm immer ein Wort von links und eins von rechts: ein warmer Körper, ein …

bunt frisch schön	*Blume Frucht Blüte*

11. Mache es genauso auch mit diesen Wörtern.

W R G V RS

Klasse 2: Wörter mit eu, ei, st, sp, ie, qu und verstecktem r

Eu/eu, nicht e-u!

die Eule / neun Euro / neue Leute / freuen / die Freude / heute / der Freund / die Freundin

1. Schreibe die Wörter mit **Eu/eu** in der Reihenfolge, wie sie auf den blauen Seiten stehen.

Ei/ei, nicht e-i!

eins, zwei, drei / bleiben, schreiben / Freitag / leise arbeiten / weit reisen / ein leichtes Kleid / zeigen / Eier schneiden / scheinen / schreien

2. Partnerdiktat. Immer bis zum Strich.

St/st, nicht scht!

stehen / die Stange / der Stift, der Strauch / stellen, die Stirn / das Gestell, die Stunde

3. Diktat: Immer bis zum Strich. Unterstreicht das verwandte Wortpaar im Heft.

Sp/sp, nicht schp!

sparen, ein Spiel spielen, der Sport

Qu/qu, nicht kw!

quaken, das Quadrat

4. Schreibe alle Wörter auswendig. Zu welchem der Nomen (Namenwörter) steht auf den blauen Seiten keine Mehrzahl? Unterstreiche!

-ar-, -er-, -ir-, -or-, -ur
Wer genau spricht, hört das r!

im Garten arbeiten / Birnen im Herbst / Wurzeln in der Erde / ein hartes Wort / Es war gestern warm.

5. Diktat: Immer bis zum Strich.
Sprecht dazu übertrieben deutlich.

-ie
Das lang gesprochene **i** schreibt man meist **ie**.

Viele Bienen fliegen auf der Wiese. / Ein Brief kommt am Dienstag. / Papier liegt auf dem Weg. / spielen, das Spiel / sieben Tiere / vier Zwiebeln

6. Schreibe von jedem Nomen (Namenwort) erst die Einzahl dann die Mehrzahl:
die Biene – die Bienen, die ...

7. Partnerdiktat: Immer bis zum Strich.

-auen -lafen -ehen -aren -reiben -ließen -neiden -ielen -ellen -lagen

8. Am Anfang fehlt **sch** oder **st** oder **sp.**
Probiert flüsternd, wie die Wörter heißen.
Manchmal gibt es mehrere Möglichkeiten.

9. Diktat: Wort für Wort wechselnd.
Der Partner kontrolliert nicht erst hinterher, sondern schon beim Schreiben.

10. Welche der Verben (Tunwörter) stehen nicht auf den blauen Seiten?

Nomen (Namenwörter)

Nomen (Namenwörter) schreiben wir groß.

BRUDER / BAUM / BLUME / HASE / BIENE / WACHSEN / EULE / MANN / KRAUT / SPRECHEN / HUND / IGEL / FREUNDIN / RAUPE / FLIEGEN / MUTTER / BUSCH / GRAS

1. Drei Wörter sind keine Nomen (Namenwörter). Welche? (Nicht ins Buch schreiben!)

2. Diktat: Ein Kind diktiert die Namen von Menschen, das andere diktiert die Namen von Tieren. Kontrolliert sofort.
3. Schreibe die fünf Pflanzennamen auswendig. Kontrolliere mit den Wörtern auf den blauen Seiten.
4. Drei der Nomen (Namenwörter) stehen auf einer einzigen blauen Seite. Schreibe sie auf.

ein harter Stängel / neun neue Kleider / gestern, heute, morgen / Sport, Wort / Birnen im Garten / reiche Leute / eine heiße Stirn / ein kleiner Stift / eins, zwei, drei / weiß, heißen / gehen, stehen

5. Partnerdiktat. Wechselt bei jedem Strich.

Sche-	*-ter*	*Schwes-*	*-de*	*Stän-*	*-re*	*Stun-*	*-gel*

6. Schreibe die Wörter richtig in dein Heft. Schreibe zu jedem Nomen (Namenwort) seinen Artikel (Begleiter).

Doppelte Mitlaute, Dehnungs-h, tz, ß, langes i, aa, ee, ck und v

Merkstelle: doppelte Mitlaute

immer im Zimmer / wollen, rollen, sollen / alle Bälle / Wasser, flüssig / füllen, der Füller / kommen, können

1. Schreibe die Wörter mit getrennten Silben:
   im-mer, ...

Teddy und Puppe / still, ich will / hell, schnell / ein Blatt fällt, Blätter fallen / müssen, ich muss / wann, dann

2. Schreibe immer bis zum Strich. Kontrolliere.

Mutter nimmt Pommes. / Pizza und Spagetti essen / Sommer, Sonne, Sonntag / ein Mann, der alles kann / das Wetter am Donnerstag / ein Schmetterling in der Klasse

3. Sucht euch zwei Wortgruppen aus. Schreibt zu jeder einen Satz. Benutzt nur Wörter von den blauen Seiten.

Merkstelle: Dehnungs-h

fahren, sie fährt, die Fähre / früh, der Frühling, das Jahr / die Kuh, die Kühe / wohnen, nehmen, ein Sohn / Zahlen zählen, bezahlen / zehn Zähne / Weihnachten

4. Diktiert einander. Wechselt bei jedem Strich.

Merkstelle: tz

Mit einem Satz sitzt die Katze auf ihrem Platz am Fenster.

5. Schreibe auswendig. Unterstreiche alle Merkstellen. Kontrolliere.

Merkstelle: ß

Ein Indianer mit großen Füßen heißt Großfuß-Indianer!

6. Schreibe auswendig. Kontrolliere.

Merkstelle: lang gesprochenes I / i

IM JUNI UND JULI GIBT ES IGEL-KINDER.

7. Schreibe in deiner Schrift. Achtung beim Satzanfang und bei Nomen (Namenwörtern).

Merkstelle: aa, ee

Schnee im Haar, Haare im Tee

8. Schreibe auswendig. Kontrolliere.

Merkstelle: ck

Rü-, He-, Ro-, Zu-

9. Schreibt die Nomen (Namenwörter) ganz. Markiert Merkstellen.

Merkstelle: V, v

Vater versucht mit vier Vögeln durch den Verkehr zu kommen.

10. Schreibe auswendig. Unterstreiche die Merkstellen. Kontrolliere!

Klasse 3: Wörter verändern

danken, denken / bewegen, bringen / fangen, legen / pflegen, sagen / schlagen, singen / sinken, tragen / trinken, fegen

1. Schreibe jede Gruppe auswendig. Unterstreiche im Heft mit Stift und Lineal immer den Wortstamm:
danken, ...

2. Schreibe immer die Du-Form und unterstreiche mit Stift und Lineal den Wortstamm:
du dankst, ...

leben, heben, kleben / bleiben, schreiben / üben

3. Schreibe von Strich bis Strich so in dein Heft:
leben, du lebst, ... Kontrolliere.

Ente, Gemüse, Telefon, Hose, Blume, Fenster, Garten, Familie, Bein, Buch, Flügel, Wurzel

4. Setze neue Wörter zusammen, immer eins von oben und eins von unten. Schreibe die zusammengesetzten Nomen in dein Heft:
Entenfamilie, ... Vergiss die Kontrolle nicht.

gehen, geben, haben, lesen, sehen

5. Bilde neue Wörter mit den Vorsilben **ver-** und **vor-** (aber nur Wörter, die du wirklich kennst).

6. Schreibe zu drei Wörtern einen vernünftigen Satz, in dem nur Wörter aus dem 3. Wörterverzeichnis vorkommen. Lass ein Partnerkind kontrollieren.

grün, blau, braun, grau, rot

7. Eine sehr schwache grüne Farbe nennt man grünlich. Schreibe so von allen Farben:
Ein grünlicher Schimmer, ...
Schreibe dann nur die fünf Adjektive.

Auslaute: d/t, g/ch/k, silbentrennendes h; Verlängern von Wörtern

wild, blind, bunt, rund, fremd, gelb, verbrannt, hart
Hund, Land, Paket, Magnet, Wald, Strand, Hemd

1. Suche zu jedem Nomen ein passendes Adjektiv. Du kannst ein Adjektiv auch mehrmals verwenden. Schreibe dann so:
tausende von harten Magneten ...
oder: hunderte von harten Magneten ...
(Hundert-Tausend-Trick)

laut, lieb, tot, rot, kalt, fremd, gesund, dreckig,
Kleid, Nacht, Pferd, Text, Hand, Brot, Abend

2. Sucht zu jedem Nomen ein passendes Adjektiv. Schreibt dann mit dem Trick aus Aufgabe 1.

gefährlich, schrecklich, stürmisch, richtig, wichtig
Flugzeug, Käfig, Fabrik, Tag, Weg, Krieg, Bank

3. Suche zu jedem Adjektiv ein passendes Nomen. Schreibe dann mit dem Hundert-Tausend-Trick aus Aufgabe 1. Kontrolliere selbst: Wort für Wort.

gehen, stehen / drehen, wehen / blühen, glühen /
Schuhe, Ruhe / ziehen, fliehen

4. Schreibe mit getrennten Silben, immer von Strich bis Strich auswendig: ge-hen, ... Kontrolliere.

Übung: Anne auf dem Schrank

Die Kinder spielen. Eigentlich sind sie richtig lieb, aber leider auch ziemlich wild. Es geht ordentlich rund. Und was macht Anne auf dem Schrank?

Die sei krank, sagen sie, und wurde zur Kur ins Gebirge geschickt.

28 Wörter + 12 Wörter = 40 Wörter

ä und äu

Apfel, Ast, Bank, Bauch, Blatt, Hals, Hand, Haut, Land, Mann, Maus, Pass, Platz, Satz, Strauch

1. Schreibe jedes Nomen mit seiner Mehrzahl:
der Apfel, die Äpfel, der …

Garten, Hase, Bahn, Straße, Strauß, Baum, Haus

2. Eine kleine Maus ist ein Mäuschen oder Mäuslein. Schreibe diese Nomen auch so.

Wörter mit **ä** und **äu** haben fast immer Verwandte mit **a** und **au**. Ausnahmen: während, Lärm, Träne, Käfig

fahren, falten / fangen, halten / laufen, schlagen / tragen, waschen / lassen, weglaufen

3. Lies noch einmal auf S. 260 oben über die Mitsprechwörter nach. Schreibe dann von jedem Verb die Du-Form – immer zwei Wörter auswendig:
Du fährst, du …

bauen, backen, der Haufen, der Hang, das Gebäude, das Gebäck, aufhängen, Kartoffeln häufeln, der Bäcker, die Hängematte, häufiger Regen, abhängig sein, der Anhänger, Reichtum anhäufen

4. Diese Wörter gehören zu vier Wortfamilien: **bauen, Haufen, hängen, backen.** Sucht die Familienmitglieder. Schreibt sie hintereinander.

packen, scharf, stark, laut

5. Schreibe jedes dieser Wörter mit zwei Verwandten. Wenn du Probleme hast: Partnerhilfe!

alt, hart, kalt, warm, stark

6. Schreibe so: alt, am ältesten – … Lass kontrollieren.

Wörter mit ie und zehn Ausnahmen

fließen, gießen / biegen, fliegen, wiegen / kriegen, liegen, siegen / der Krieg, sie schwieg / kriechen, riechen / ziemlich viel, das Beispiel / die Familie / das Tier, vier

1. Partnerdiktat: Diktiert einander immer von Strich bis Strich.

Das lang gesprochene **i** schreibt man meistens **ie.**
Aber es gibt Ausnahmen.
Die ersten fünf Ausnahmewörter:
Igel, Giraffe, Kaninchen, Krokodil, Tiger.
Die zweiten fünf Ausnahmewörter:
Ein altes Wort für „gegen“ ist wider:
Widerstand, widersprechen, erwidern, Widerwille, widerlich.

2. Schreibt auswendig so viele dieser zehn Wörter mit **i**, wie ihr behalten könnt. Kontrolliert.

3. Schreibe auswendig die drei Sätze von den Nachdenkwörtern mit **ie** von Seite 263.

4. Suche in diesem Buch Reimwörter zu *Lied* mit *Gl-*, zu *schwierig* mit *g-*, zu *friedlich* mit *n-* , zu *Spiegel* mit *S-*, zu *Miete* mit *N-*, zu *lieben* mit *sch-*.

Übung: Besuch im Zoo

Am Dienstag geht die Familie im Zoo spazieren.
Es ist ziemlich kalt und alle frieren. Papa überlegt, ob wohl viele Tiere sich erkälten können.
„Sicherlich die aus Afrika“, meint Tino, „wie zum Beispiel Krokodile.“

Da lacht Tina: „Aber die Giraffen kriegen Schnupfen erst vier Wochen später!“

37 Wörter + 12 Wörter = 49 Wörter

Doppelte Mitlaute, Silbentrennung, Vorsilbe ver-, Großschreibung: Nomen

er fällt, sie rennt, sie stellt, es beginnt, es brennt, sie kennt, er hofft, sie gewinnt, er packt, es passt, sie nennt, sie schwimmt, es stimmt, er trifft, er pennt

1. Schreibe so mit Silbentrennung:
   fal-len – er fällt, ...

lassen, stellen, brennen, passen, messen, schütten

2. Zu welchen dieser Verben findest du andere mit der Vorsilbe **ver-**? Schreibe nur Wörter, die du kennst.

3. Unterstreiche in deinem Heft alle gefundenen Wörter, die nicht in diesem Buch stehen.

GEWISSEN, DUMM, VERBRENNUNG, LASSEN, FLÜSSIG, STÖREN, DONNER, DUMMHEIT, FLÜSSIGKEIT, STAMM, SCHALL, PROGRAMM, HOFFENTLICH, INTERESSANT, SOLLEN, NUMMER, MESSER, PASSEN, MITTAG, NASS

4. Überlege: Welches sind die elf Nomen?

5. Schreibe in deiner Schrift: erst die Nomen, dann alle anderen Wörter in einer anderen Farbe.

Übung: Die Rechthaberin

Im Kinderzimmer gibt es oft Streit zwischen Tommi und Anna. Er jammert: „Das kommt daher, weil du immer alles besser wissen willst! Allen Bekannten fällt auf, dass du stets eine andere Meinung haben musst als ich."

Da antwortet sie: „Das ist doch toll! Wäre es anders, dann hätten wir ja immer alle beide unrecht!"

38 Wörter + 18 Wörter = 56 Wörter

W R G V RS

tz und ck

Der Bäcker backt Geb-. / Keine Brü- ohne Lü-! / mit Sack und Pack / verpacken, Verpackung / schrecklich, erschrecken entwi-, Entwi- / Leckeres schmecken / dreck-, speck-

1. Überlege: Was ist schwierig? Schlage nach. Schreibe auswendig immer bis zum Strich.

Abzählvers:
Ecke, eckig, Decke, dreckig, / Pech und Glück kommt oft zurück, / du kriegst Druck, raus, ruck, zuck!

2. Schreibe Zeile für Zeile auswendig. Kontrolliere.

Aus unserer Sprache
Eine Decke bedeckt oder verdeckt etwas. Wer sie aufdeckt, entdeckt, was darunter versteckt ist. – Gesetze setzen fest, nach welchen Regeln wir zusammenleben.

3. Schreibe Satz für Satz auswendig und kontrolliere.

Bei dieser schrecklichen Hitze ist ein Sonnenschutz nützlich. / Wer zuletzt lacht, lacht am besten. / Leider sind Katzen nicht nur nützlich. / Schmutz in offenen Wunden kann schreckliche Folgen haben.

4. Schreibe Satz für Satz auswendig und kontrolliere.

Übung: Rätsel ohne Lösung

Der Schmutz verschmutzt. / Ein Putzer putzt. / Ein Kratzer kratzt. / Ein Schmatzer schmatzt. / Der Gucker guckt. / Der Drucker druckt. / Die Decke deckt. / Der Wecker weckt. / Der Blitz, der blitzt. / Ein Spitzer spitzt. Warum die Hitze wohl nicht hitzt?

Und wer bei dieser Frage schwitzt, merkt schnell, dass ihm das gar nichts nützt.

40 Wörter + 14 Wörter = 54 Wörter

V/v, Dehnungs-h, ß, -ig, -lich, -isch

die Vase, verbieten, verbrauchen, verbrennen, der Verein, verpacken, verletzen, verlieren, verschmutzen, die Vorfahrt, vorsichtig, die Vorsicht

1. Schreibe diese Wörter geordnet nach dem ABC. Kontrolliere mit diesem Buch.

Leben, Mitleid, Afrika, Gefahr, Bayern, Tag

2. Schreibe jedes Wort zusammen mit einem Adjektiv aus seiner Wortfamilie. (Vorsicht: Schlag nach!)

Gefühl, Lohn, Bohnen, Kahn, wählen, kühlen, Gefahr
kühl, Sohn, wohnen, Bahn, zählen, fühlen, wahr

3. Zu den Wörtern in der 1. Zeile gibt es Reimwörter in der 2. Zeile. Schreibe die Reimwörter immer nacheinander. (Merkst du etwas?)

heiß, heißen / weiß, beißen / Fleiß, reißen / draußen, außen / schließen, schließlich / fließen, gießen / Straße, Strauß / groß, bloß / Maß, Spaß / süß, Fuß

4. Schreibe auswendig, immer von Strich bis Strich.

5. Zu zwei Nomen stehen in diesem Buch als Nebenstichwörter Adjektive. Schreibe sie ins Heft.

Übung: Fritzchens Rechtschreiben

Fritzchen ist sehr fleißig, aber mehr als zehn Fehler in jedem Diktat machen der Lehrerin große Sorgen. Schließlich sagt sie: „Wenn du ein unsicheres Gefühl hast, schlage während der Arbeit im Wörterbuch nach."

Fritzchen antwortet ehrlich: „Ja, ich weiß. Ich fühle mich bloß nie unsicher!"

35 Wörter + 12 Wörter = 47 Wörter

Klasse 4: Schwierige Namen, Stamm und Endung, Wortfamilien

blicken, untersuchen, mieten, mischen, unterrichten, informieren, berichten, quälen, entfernen, jubeln

1. Schreibe zu jedem Verb sein Nomen.
   Unterstreiche bei den Verben den Wortstamm.
   blicken – der Blick, …

2. Bei der Du-Form wird meist **-st** an den Stamm gehängt.
   Schreibe alle Du-Formen:
   du blickst, …
   Unterstreiche die Wörter, bei denen du gezögert hast.

brennen, donnern, Lebensmittel, Erlebnis, Brand, Druck, lebhaft, Brennnessel, Brandanschlag, Donnerstag, drucken, Donner, Druckerei, leben, drücken, lebendig

3. Diese Wörter gehören zu vier Familien.
   Schreibe alle vier nacheinander.

Übung: Nur keine Angst

Mister Miller hat Glück im Lotto gehabt. Nun will er sich einen Traum erfüllen und ein altes Schloss in der Nähe kaufen. Aber er hat noch Bedenken und kein gutes Gefühl. Am Tor empfängt ihn ein alter, grauer Mann mit muffigem Geruch und stechendem Blick. Mister Miller sagt, er möchte das Schloss kaufen. Aber nach seinen Informationen gebe es ein Geheimnis: Ein Geist spuke darin.

Da lacht der Alte mit heiserer Stimme:
„Ich habe hier noch nie ein Gespenst gesehen, und ich wohne hier schon seit zweihundert Jahren!“

68 Wörter + 23 Wörter = 91 Wörter

Auslaute -d/-t und -g/-k, schwierige Namen, Wortfamilien

***-d** oder **-t, -g** oder **-k**?*

wichti-, Zeitun- / gesun-, Saf- / hungri-, Hun- / zuverlässi-, Freun- / kran-, Pfer- / lau-, Flugzeu- / kal-, Nach- / frem-, Lan- / schwieri-, Geschäf-

1. Bei jedem Wort fehlt der letzte Buchstabe. Du findest alle, wenn du mit dem Hundert-Tausend-Trick von Seite 268 schreibst.
Zum Beispiel so: Hundert wichtige Zeitungen, …

ANGST, WÜTEND, HUNGRIG, ÄRGER, SCHMERZHAFT, GLÜCK, DURST, HUNGER, ÄNGSTLICH, WUT, GLÜCKLICH, ÄRGERLICH, SCHMERZ, DURSTIG

2. Immer ein Nomen und ein Adjektiv gehören zusammen.

Schreibe sie paarweise: Angst – ängstlich, …
Kontrolle: Sind alle Nomen großgeschrieben?

Übung: Überraschung beim Einkauf

Am Freitag kurz vor Mittag steht eine Kundin vor einem Marktstand. Nur noch sechs Hähnchen liegen im Korb auf einer Bank. Die Tiere sehen alle nicht mehr jung, gesund und frisch genug aus, eher alt und krank und reichlich abgelagert. Die Kundin bittet darum, die fünf ältesten Hähnchen zur Seite zu legen. Die Marktfrau denkt an ein richtig gutes Geschäft und fragt, ob sie diese fünf gleich fertig einpacken dürfe.

Die Kundin hat das Geld schon in der Hand und sagt ruhig: „Nein, nicht diese fünf, ich möchte nämlich das sechste da."

73 Wörter + 22 Wörter = 95 Wörter

ä, eu/äu, silbentrennendes h

dr-, dr-, ge-, kr-, se-, nä-, ste-, verst-, mä-, we-

1. Hier stehen die Anfänge von zehn Verben. Jedes endet mit der Silbe **-hen**. Schreibt alle zehn Verben und dazu je eine Form mit sie: drehen, sie dreht, …

Ast, Apfel, Ball, Bank, Blatt, Gras, Hals, Hand, Haus, Haut, Maul, Lokal, Magd, Maus, Nacht, Pfau, Platz

2. Schreibe die Nomen der ersten Reihe mit ihrer Mehrzahl: der Ast, die Äste, … (Bei einem der Nomen sind zwei Mehrzahlformen möglich.)

3. Bei den meisten Nomen der zweiten Reihe wird in der Mehrzahl aus a **ä** und aus au **äu**. Schreibe nur diese.

Achtung: **äu** gibt es nur in Wörtern, die Verwandte mit **au** haben. Sonst schreibt man immer **eu**.

B_che, B_me, h_te, n_, n_n, f_cht, H_ser, F_er, Kr_z, St_er, Kr_ter, M_se, l_chten, tr_men, Str_cher, h_fig

4. Hier fehlt immer **eu** oder **äu**. Sprich jedes Wort. Gibt es ein verwandtes Wort mit **au**?

Übung: Wörterliste

Eule, Blumensträuße, träumen, Euro, aufräumen, Verkäufer, Feuchtigkeit, Kreuzung, Räuber, häufig, Bäumchen, steuern, Freundin, Gebäude, Geräusch, Häuser, Mäuschen, deutsch, Häuptling, säubern, leuchten, neun, feuern, Zeuge, Kerzenleuchter, verleugnen, bläulich,

---

sich verbeugen, erneuern, sich freuen, bereuen, Zäune, säubern, läuten, Heuhaufen, Schleuder, heulen

27 Wörter + 10 Wörter = 37 Wörter

Lang gesprochenes i

Für das lange **i** gibt es vier Schreibweisen. Wer sie durcheinander übt, macht mehr Fehler als vorher.

Gruppe 1: **ie** – so schreibt man es meistens:
Biene, Brief / Dienstag, sieben / vier, fließen / frieren, Kiefer / kriechen, Lieder / Miete, niemals / niemand, riechen / schieben, schief / produzieren, schließen / schließlich, Spiegel / Stiel, wiegen / Ziel, zielen / Spaziergang, verbieten / Spiel, schwierig / gießen, genießen / verlieren, in der Tiefe / Frieden, friedlich / spielen, Spiel, Krieg

Gruppe 2: **i** – so schreibt man es manchmal:
Igel, Tiger, Apfelsine, / auch Familie und Fabrik, / Widerstand und Margarine, / Kino, Kilo und Musik, / prima, Linie, Schreibmaschine, / lila, dir und mir, Gardine, / Widerstand, Berlin und Schi / schreibt man ebenso mit i / wie Kaninchen und im Nil / das berühmte Krokodil.

1. Partnerdiktat:
Immer Wörter der ersten Gruppe.

2. Eigendiktat:
Präge dir Wörter der zweiten Gruppe immer von Strich bis Strich ein und schreibe sie dann auswendig. Wer spricht das Ganze wie ein Rap-Gedicht auswendig?

Gruppe 3: **ieh** – So schreibt man es selten:
fliehen, ziehen, es geschieht, sie sieht

Gruppe 4: **ih** – so schreibt man sehr selten:
ihm, ihn, ihr

W R G V RS

Doppelte Mitlaute ll, mm, schwierige Namen, Wortfamilien, zusammengesetzte Wörter

„Heit-ung-keit"-Wörter
Hier stehen Verben und Adjektive. Wenn du die Endung **-ung**, **-heit** oder **-keit** benutzt, werden Nomen daraus. Bei diesen Nomen übersieht man leicht, dass sie – wie alle anderen Nomen auch – großgeschrieben werden.

dumm, schnell, hell, sammeln, einfach, ordnen, hoffen, füllen, abstimmen, bestellen

1. Schreibt diese Wörter und dazu ihre Nomen mit Artikel – aber nur die, die ihr kennt:

dumm – die Dummheit, …
Unterstreiche das Nomen, das nicht im Wörterbuch steht.

Gürtel / Maurer / Kuh / Auto / Abfall / Teller
Eimer / Stall / Kelle / Rand / Schnalle / Unfall

2. Setze neue Nomen zusammen, immer eins von oben und eins von unten: Gürtelschnalle, …

Übung: Pelle

Herr Müller hat / einen neuen Hund bekommen. / Der hat zwar / ein schönes, / hell geflammtes Fell, / aber er ist / noch nicht erzogen. / Nun soll er lernen / zu bellen, / wenn er Futter will. / Damit er das schnell lernt, / bellt Herr Müller immer, / wenn er ihm / seinen Topf voll Futter hinstellt.

Eine tolle Idee / war das bestimmt nicht. / Denn jetzt / frisst Pelle nur noch, / wenn Herr Müller / vorher bellt.

49 Wörter + 18 Wörter = 67 Wörter

Doppelte Mitlaute ff, ll, mm; Sprech- und Schreibsilben

Kummer, Hammer, Schlummer, Sommer, Hummer, Nummer
Trümmer, Semmel, Kümmel, Brummer, Schimmer, Summer

1. Es gibt sechs Reimwörter. Versuche sie dir einzuprägen und schreibe sie auswendig. Kontrolliere.
Welche der Wörter stehen im 3. Wörterverzeichnis?
Schreibe sie auf: der Kummer, ...

Knall auf Fall / in Hülle und Fülle / eine billige Brille / schrill schreien / laut brüllen / ein tolles Holland-Rad / volle Pulle / helles Metall / Krawall im Schweinestall

2. Partnerdiktat: Wechselt bei jedem Strich.

ab- be- weg- herbei- zurück- an- er- ver- fort- recht-
+ schaffen

3. Setze neun Verben zusammen. (Achtung: nur Verben!)
Schreibe sie mit getrennten Silben: ab-schaf-fen, ...

Übung: Ein dummer Köter

Frau Pammel trifft den Verkäufer aus dem Zoogeschäft. Mit schriller Stimme lässt sie einen Wortschwall los. Der Verkäufer steht still und stumm vor Schreck. Einen solchen Lümmel von Verkäufer sollte man anzeigen! Der Hund aus seinem Geschäft sei ganz bestimmt ein billiger, dummer Köter, vollkommen unfähig, eine Null! Sie habe einen Wachhund fürs Geschäft anschaffen wollen. Aber nun habe sie begriffen, wie man sie betrogen habe!

Gestern habe ein Dieb ihr ganzes Geschäft ausgenommen. Sie habe das nicht hören können, weil der Köter so einen höllischen Krawall gemacht habe!

69 Wörter + 23 Wörter = 92 Wörter

Doppelte Mitlaute mit pp, ss, tt; Schreibsilben

kippen, schlapp, klappen, die Lippe, die Puppe, klappern, hoppeln, die Suppe, der Teppich, die Treppe, schnappen

1. Schreibe mit getrennten Silben: kip-pen, …

Zu welchem Verb steht in diesem Buch ein Nomen als Nebenstichwort? Schreibe dieses eine.

Regen-Rap im Wolkenbruch:
Nicht zu fassen: Wassermassen / gossen, flossen in die Gassen / von den Häusern auf Terrassen!

2. Sprecht flüsternd im Rap-Rhythmus. Diktiert einander, wechselt bei den Strichen.
Wer kann das ganze Gedicht auswendig schreiben?

BETTBITTERBLATTWETTENBRETTGLATTBUTTERKAPUTT
FUTTERBITTENGITTERKLETTERNHÜTTESCHÜTTELNKETTE
MITTAGNETTMITTESATTPLATTERETTENHIMMEL

3. Schreibe alle Wörter in deiner Schrift. (Vorsicht: Nomen!)

Übung: Dumm gelaufen

Herr Brösel ist stolz, denn er hat in seiner Firma ein eigenes Büro bekommen. Kurz vor Mittag wird die Tür geöffnet und ein junger Mann betritt das Zimmer. Schnell nimmt Herr Brösel den Hörer des Telefons und wählt eine Nummer. Dann spricht er mit wichtiger Stimme in den Hörer.

Endlich legt Herr Brösel auf und will wissen, was er für den Mann tun könne. Der schüttelt den Kopf, nennt seinen Namen und antwortet: „Ich soll Ihr kaputtes Telefon reparieren."

51 Wörter + 30 Wörter = 81 Wörter

tz, ck

Redensarten
Lass die Katze aus dem Sack. / Es kam wie ein Blitz aus heiterem Himmel. / Er sitzt zwischen den Stühlen. / Das ist nur die Spitze eines Eisbergs.

1. Was bedeuten die Redensarten? Erforscht es.

2. Schreibe eine Redensart nach der anderen auswendig.

Rap-Spruch für Wutanfälle
Schicke, schacke, dicke Backe! / Mückenpickel, Ochsenglocke! / Eiterpocke, Stinkesocke! / Wütend gucken, zweimal jucken, / runterschlucken, dreimal spucken! / Lauthals brüllen tut ganz gut. / Und zum Kuckuck mit der Wut! / So ein Glück: Sie geht zurück, / leider langsam, Stück für Stück! / Weg mit ihr nach Trallala, / nach Afri- und Amerika!

3. Lies den Spruch flüsternd im Rap-Rhythmus.

4. Merkt euch immer zwei Zeilen, schreibt sie auswendig und kontrolliert sofort.

Übung: Zweitsprache

Mutter Katze geht mit ihren drei jungen Kätzchen spazieren. Plötzlich sehen sie hinter sich einen dicken Hund heranflitzen. Die Katzenkinder schreien entsetzt. Gegen den Köter gibt es für sie keinen Schutz. Aber im letzten Augenblick blickt sich die Katze um und bellt laut. Der Hund duckt sich erschrocken und trabt zurück. Da spricht Mutter Katze:

„Look, this is the advantage of a second language!"

56 Wörter + 9 englische Wörter

Dehnungs-h, Wortfamilien

Verwandte und Fremde

fahren – die Erfahrung, fühlen – der Fühler, nehmen – die Ausnahme, der Lehrer – der Lehrling, überzeugen – der Zeuge, nah – die Nahrung, waagerecht – richtig, barfuß – bar zahlen, früh – das Frühstück, müssen – das Gemüse, der Mann – niemand

1. Immer zwei Wörter gehören zu einer Familie. Aber die Wörter zweier Paare haben nichts miteinander zu tun. Schreibe nur die neun Verwandten.

Schuh, Sohn, Uhr, Zahn, Lehrerin, Draht, Stuhl, Wahl

2. Schreibe nur das Nomen, zu dem im Wörterbuch ein Adjektiv als Nebenstichwort steht.

Übung: Deutscher Meister Berri

Im Frühling vorigen Jahres nahm Berri an der Meisterschaft für Wachhunde teil. Er musste zehn sehr schwierige und sogar gefährliche Aufgaben lösen, schien aber Gefahren geradezu zu ahnen und vorherzufühlen und löste alle Aufgaben fehlerfrei. Deshalb wurde er zum besten Wachhund gewählt und mit zehn Dosen Hundenahrung belohnt. Die Wahl machte seinen Besitzer sehr stolz und froh. Wer Berri jetzt hätte kaufen wollen, hätte ungefähr doppelt so viel für ihn bezahlen müssen wie vorher.

Am nächsten Tag fehlte Berri in seinem Käfig. Ein Besucher fragte nach ihm. Sein Besitzer antwortete: „Keine Ahnung, wo er ist! Während der Nacht wurde er gestohlen!"

77 Wörter + 27 Wörter = 104 Wörter

ss, ß; lange und kurze Vokale

Ein **ß** steht nur noch langem Selbstlaut.

Draßen – drassen / bassen – baßen / klessen – kleßen / lußen – lussen / zissen – zießen / krassen – kraßen / brüßen – brüssen / kosselig – koßelig / lässig – läßig

1. Lest leise. Achtet auf die kurzen und langen Selbstlaute.
Ein Kind liest, das andere sagt: **ss** oder **ß.**
Nur eines dieser Wörter gibt es. Welches?

das Fass, sie <u>flossen</u>, der Fluss / fressen, sie frisst / gesessen, sie goss / interessant, das <u>Kissen</u> / die <u>Klasse</u>, lass das!, das Messer / müssen, du musst, nass / passen, das <u>Schloss</u> / ein bisschen, wir bissen, wir essen

2. Lest einander diese Wörter vor und sprecht den kurzen Selbstlaut so kurz wie möglich.

wir <u>aßen</u>, außen, außerdem, beißen, <u>bloß</u> / draußen, <u>dreißig</u> / <u>fließen</u>, sie fraßen / der Fuß, gießen, groß, der Gruß / heißen, sie ließ, wir saßen, ich <u>vergaß</u>

3. Präge dir jeweils die Wörter bis zum Strich ein und schreibe sie auswendig. Kontrolliere sofort.

4. Schreibe jedes unterstrichene Wort aus Aufgabe 2 und 3 mit einem Reimwort.

gießen, fließen, beißen, essen, fassen

5. Schreibe jedes Verb und dazu zwei Verbformen und zwei Nomen:
gießen, er goss, sie gießt, der Guss, die Gosse

interessant, vergesslich, spaßig, verfressen

6. Schreibe zu jedem dieser Adjektive ein Verb und ein Nomen aus derselben Wortfamilie.

Vorsilbe ent-, „Heit-ung-keit"-Wörter

binden, kommen, lassen, stehen, werfen, wickeln

1. Schreibe jedes Verb und sein verwandtes Verb mit der Vorsilbe **ent-**: binden – entbinden, …

Die Wörter endgültig, endlos und endlich sind mit Ende verwandt.

Wörtern mit den Endungen **-heit**, **-ung** und **-keit** merkt man nicht leicht an, dass sie Nomen sind.

frei, gesund, leisten, leiten, geschwind, betrachten, fähig, selig, zäh, frech, krank, achten, faul, dumm, heizen, fröhlich, fromm, kreuzen

2. Schreibe jedes Wort und sein Nomen mit **-heit**, **-ung** oder **-keit**: frei, die Freiheit, …

Übung: Merkwürdiger Einbruch

Dass bei der Polizei Leute anrufen, deren Stimme sich vor Aufregung überschlägt, ist keine Seltenheit. Dem Londoner Polizisten Miller aber ist ein Anruf wegen seiner Merkwürdigkeit und Einmaligkeit in bleibender Erinnerung. Eine Stimme krächzte: „Einbruch! Eine Katze ist eingebrochen!" Mister Miller, der viel Erfahrung hatte, antwortete, die Polizei übernehme für Katzen keine Verantwortung.

Weil Katzen nicht in die Zuständigkeit der Polizei fielen, sehe er weder eine Möglichkeit noch die Notwendigkeit, einen Streifenwagen zu schicken. Da krächzte die Stimme: „Hilfe! Es geht um Leben und Tod! Hier spricht der Papagei!"

55 Wörter + 36 Wörter = 91 Wörter

chs/x, Fremdwörter, Problemwörter, Doppelvokale, ie

die Hexe, der Lexikon-Text, extra, mixen, boxen / der kleine Fuchs wuchs, sechs Gewächse wachsen, wechseln, der nächste Tag / das sympathische Theater, das Thermometer

1. Schreibe jede Wörtergruppe auswendig. Kontrolliere.

Recycling
Die Griechen nannten Kreis und Kreislauf cyclos. Daraus wurde bei den Römern cyclus und bei den Engländern cycle. – Die Vorsilbe re- bedeutet oft: zurück. Wenn ich etwas zurück in den Kreislauf bringe, heißt das auf Englisch: I recycle.

2. Erforsche: Was bedeutet recyceln? Warum heißt ☆ Fahrrad im Englischen bicycle und Radfahren cycling?

Wörter, die mit Flüssigkeiten zu tun haben:
Tee, Ka-, See, Meer, Moo-, Moo-, Schn-, Boot

3. Schreibe diese Wörter vollständig und mit Artikel.

doof, ein Paar Schuhe, ein paar Tage, die Idee, der Zoo, brav, Vase, Konserve / überqueren, quälen, Qual, Quelle / Christ, Chance, Charakter, Charterflug / Handy, Clown

4. Denkt euch selbst Übungen aus.

ie-Rap
Fließen, schließen und genießen, / fliegen, siegen, wiegen, gießen, / subtrahieren, schief addieren, / Ärger kriegen, Vier kassieren, / Besenstiel und Fußballspiel. / Beispiel, Schauspiel, ziemlich viel, / biegen, fliegen und verlieren, / liegen, kriegen und blamieren, / schrieb Mariechen Wiesenklee / noch im Halbschlaf mit i-e!

5. Sprich im Rap-Rhythmus.

6. Eigendiktat: Immer von Strich bis Strich.

5. Englisch

My family

grandfather
(grandpa)

grandmother
(grandma)

father
(dad)

parents

mother
(mum)

son

daughter

My face and my body

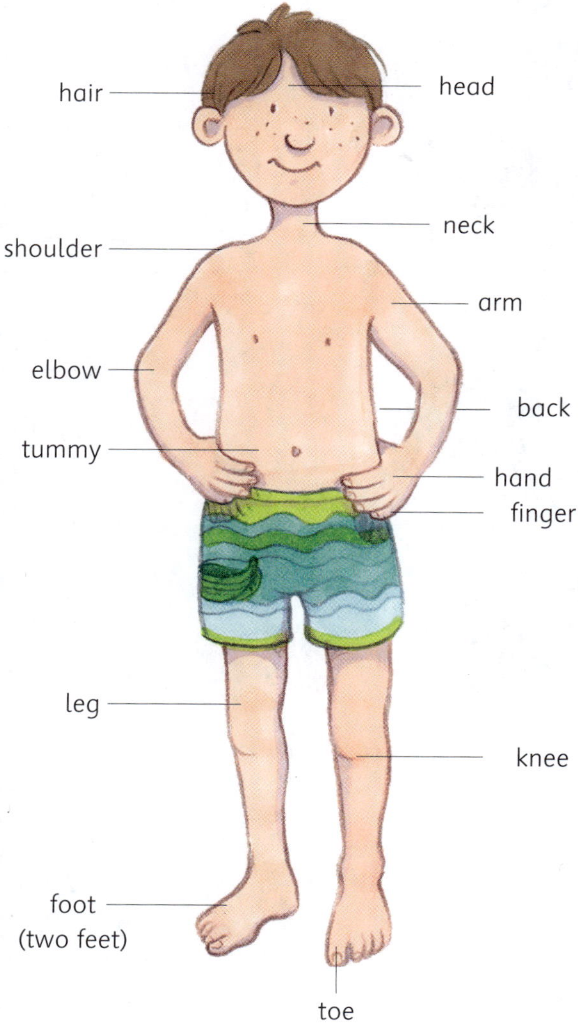

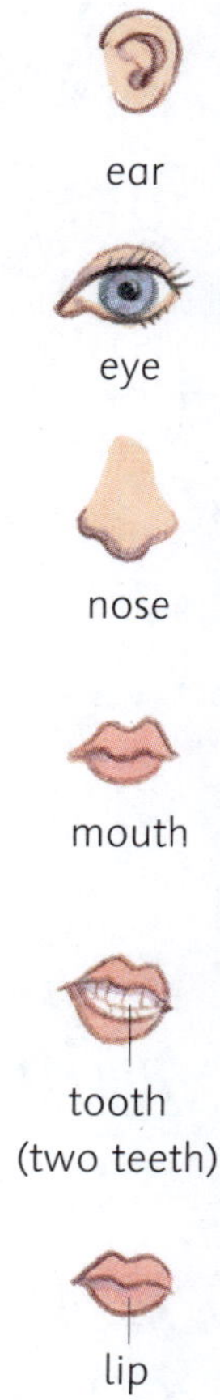

Colours and clothes

yellow red brown orange green blue white black grey

pullover

T-shirt

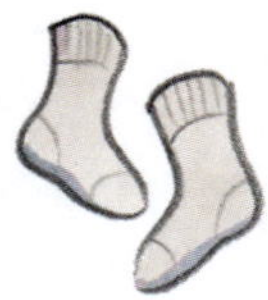

socks

dress

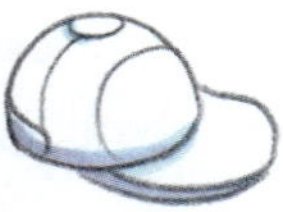

cap

anorak

jeans

jacket

skirt

sweatshirt

shoes

trousers

putting on a dress

taking off shoes

Opposites and feelings

a happy boy

a sad boy

a new car

an old car

a big pig

a little pig

good news

bad news

a cold drink

a hot drink

a wet dog

a dry dog

the left side

the right side

a tall girl

a small girl

I'm sick.

I'm tired.

I'm fine.

At school

one foot
two feet
Great Britain
Ireland
Can you give me this book, please?
Thank you!
Here you are.

board

chalk

picture

table

chair

schoolbag

book

exercise book

pen

pencil

felt tip

scissors

pencil sharpener

ruler

glue stick

rubber

pencil case

pupil

teacher

desk

Numbers

1 one
2 two
3 three
4 four
5 five
6 six
7 seven
8 eight
9 nine
10 ten
11 eleven
12 twelve
13 thirteen
14 fourteen
15 fifteen
16 sixteen
17 seventeen
18 eighteen
19 nineteen
20 twenty
21 twenty-one
30 thirty
40 forty
50 fifty
60 sixty
70 seventy
80 eighty
90 ninety
100 one hundred

Time

clock 

get up.

have breakfast.

go to school.

have lunch.

do my homework.

play football.

have supper.

go to bed.

 two o'clock

 a quarter past two

 half past two

 a quarter to three

 ten to four

 ten past four

Days of the week and my hobbies

cycling

going to the cinema

playing cards

in-line skating

playing football

meeting friends

playing the guitar

reading books

ballet dancing

Monday	Tuesday	Wednesday	Thursday	Friday	Saturday	Sunday
Peter		16^{00} football				

At the playground

My town

motorbike

bike

car

bus

tram

taxi

train

At home

window

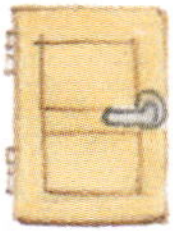
door

chair

table

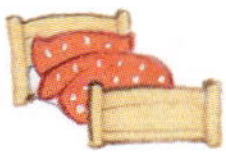
bed

fridge

calendar

lamp

television

computer

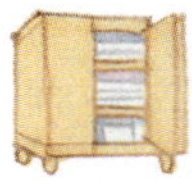
wardrobe

bookshelf

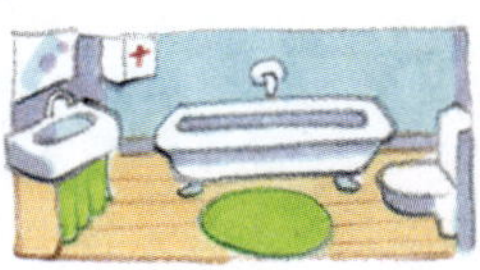
bathroom

living room

kitchen

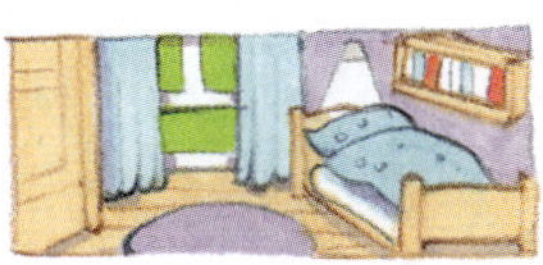
bedroom

stairs

garden

Food and drink

Would you like some juice?
Yes, please.

Would you like a cup of tea?
No, thank you. I'd like a glass of milk.

teapot
cup
bottle
bowl
spoon
frying pan
glass
pepper
salt
fork
plate
knife

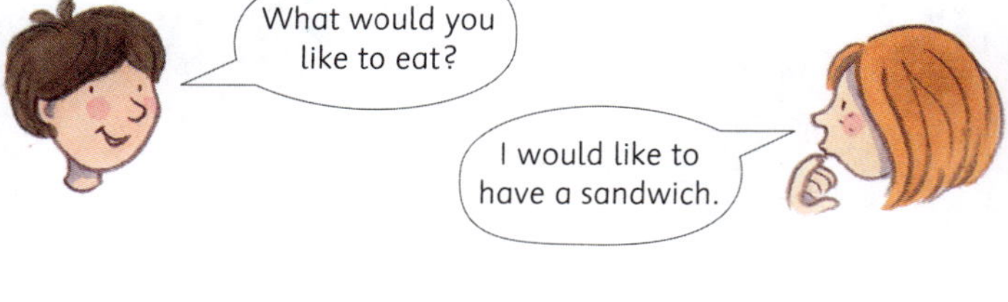
What would you like to eat?
I would like to have a sandwich.

At the zoo

hippo
elephant
seal
dolphin
tiger
bear
penguin
lion
kangaroo
Let's go to the lions now.
I like the monkeys best. They're funny.
monkey
Monkeys can climb, but they can't fly.

Pets and farm animals

cat

rabbit

fish

mouse

hamster

guinea pig

budgie

dog

Seasons

spring March • April • May *Easter*

summer June • July • August *holidays*

autumn September • October • November *Halloween*

winter December • January • February *Christmas*

Hello and goodbye

Questions and answers

A a

Abend	evening
Abendbrot essen	to have supper
acht	eight
achtzehn	eighteen
achtzig	eighty
Affe	monkey
alle	everybody
alt	old
Ampel	traffic lights
Ananas	pineapple
Anorak	anorak
anrufen	to call
Antwort	answer
anziehen	to put on
Apfel	apple
Apfelsine	orange
April	April
Arbeitsstelle	job
Arm	arm
auch	too, also
auf	on
aufstehen (morgens)	to get up
aufstehen (vom Stuhl)	to stand up
auf Wiedersehen	goodbye
Auge	eye
August	August
ausgezeichnet	fine
ausziehen	to take off
Auto	car

B b

Badezimmer	bathroom
Bahnhof	station
Ball	ball
Ballett	ballet
Banane	banana
Bär	bear
Bauch	tummy
Bauernhof	farm
Baum	tree
Bein	leg
Bett	bed
bezahlen	to pay
Bild	picture
Birne	pear
bitte	please
Blatt (Blätter)	leaf (leaves)
blau	blue
Bleistift	pencil
Blume	flower
braun	brown
Brief	letter
Brot	bread
Bruder	brother
Buch	book
Bus	bus
Bushaltestelle	bus stop
Butter	butter

C c

Computer	computer
Cornflakes	cornflakes

D d

danke	thank you
dein (e)	your
Delfin	dolphin
deutsch	German
Dezember	December
Dienstag	Tuesday
Donnerstag	Thursday
Drachen	kite
drei	three
dreiβig	thirty
dreizehn	thirteen
du	you
durch	through
durstig	thirsty

E e

Ei	egg
einhundert	one hundred
eins	one
Eis	ice
Eiscrem	ice cream
Elefant	elephant
elf	eleven
Ellenbogen	elbow
Eltern	parents
englisch	English
Ente	duck
er	he
es	it
essen	to eat
euer / eure	your

F f

Fahrrad	bike
Fahrrad fahren	to ride a bike
Familie	family
Farbe	colour
Farm	farm
Februar	February
Federmappe	pencil case
fein	fine
Fenster	window
Ferien	holidays
Fernseher	television
Filzstift	felt tip
Finger	finger
Fisch	fish
Flasche	bottle
fliegen	to fly
Flugzeug	(air) plane
Fluss	river
Frage	question
Frau	woman
Freitag	Friday
Freund	friend
Frucht	fruit
Frühling	spring
Frühstück	breakfast
frühstücken	to have breakfast
Füller	pen
fünf	five
fünfzehn	fifteen
fünfzig	fifty
Fuβ (Füβe)	foot (feet)
Fuβball	football

G g

Gabel	fork
Garten	garden
Geburtstag	birthday
Gefühl	feeling
Gegensatz	opposite
gehen	to go
gelb	yellow
Geld	money
Gemüse	vegetable
Geschichte	story
Gesicht	face
Getränk	drink
Gitarre	guitar
Glas	glass
glücklich	happy
Gras	grass
grau	grey
groß	big, tall
Großmutter	grandmother (grandma)
Großvater	grandfather (grandpa)
grün	green
Gurke	cucumber
gut	good, well

H h

Haar	hair
haben	to have
Hals	neck
Hamster	hamster
Hand	hand
Haus	house
Haus-aufgaben	homework
Haustier	pet
Heft	exercise book
heiß	hot
helfen	to help
Hemd	shirt
Herbst	autumn
heute	today
hinauf	up
hinter	behind
hinunter	down
Hobby	hobby
Honig	honey
Hose	trousers
Hügel	hill
Huhn	chicken
Hund	dog
hundert	a hundred
hungrig	hungry

I i

ich	I
ihr	you
ihr(e)	her/their
in	in

J j

ja	yes
Jacke	jacket
Jahr	year
Jahreszeit	season
Januar	January
Jeans	jeans
jetzt	now
Juli	July
Junge	boy
Juni	June

K k

Kaffee	coffee
Kalender	calendar
kalt	cold
Känguru	kangaroo
Kaninchen	rabbit
Karte	card
Kartoffel	potato
Käse	cheese
Katze	cat
kaufen	to buy
Kino	cinema
Kirche	church
Klasse	class
Kleber	glue stick
Kleid	dress
Kleider-schrank	wardrobe
Kleidung	clothes
klein	little, small
klettern	to climb
Knie	knee
Kopf	head
Körper	body
krank	ill, sick
Kreide	chalk
Küche	kitchen
Kuchen	cake
Kuh	cow
Kühlschrank	fridge
Kürbis	pumpkin

L l

Lampe	lamp
leben	to live
Lebens-mittel	food
Lehrer(in)	teacher
Leiter	ladder
lernen	to learn
lesen	to read
Lied	song
Lineal	ruler
links	left
Lippe	lip
Löffel	spoon
Löwe	lion
lustig	funny

M m

Mädchen	girl
Mai	May
Mann	man
Markt	market
Marmelade	jam
März	March
Maus (Mäuse)	mouse (mice)
Meer	sea
Meerschweinchen	guinea pig
mein, meine	my
Messer	knife
Milch	milk
Mineralwasser	mineral water
Mittagessen	lunch
Mittwoch	Wednesday
mögen	to like
Möhre, Rübe	carrot
Monat	month
Mond	moon
Montag	monday
Morgen	morning
morgen	tomorrow
Motorrad	motorbike
müde	tired
Mund	mouth
Mutter	mother (mum)
Mütze	cap

N n

Nachmittag	afternoon
Nacht	night
Name	name
Nase	nose
nass	wet
Nebel	fog
neblig	foggy
nein	no
Nest	nest
nett	nice
neu	new
neun	nine
neunzehn	nineteen
neunzig	ninety
Nilpferd	hippo
November	November

O o

Obst	fruit
Ohr	ear
Oktober	October
Oma	grandma
Opa	grandpa
orange	orange
Osterei	Easter egg
Ostern	Easter

P p

Paprika (grün)	green pepper
Park	park
Pfanne	frying pan
Pfeffer	pepper
Pferd	horse
Pflaume	plum
Pinguin	penguin
Post	post office
Pullover	pullover

R r

Radiergummi	rubber
rechts	right
Regal	shelf
Regen	rain
Regenschauer	shower
regnerisch	rainy
Rock	skirt
rot	red
Rücken	back
Rutsche	slide

S s

Saft	juice
Salat	lettuce
Salz	salt
Sandkasten	sandpit
Sandwich	sandwich
Schachtel	box
Schaf	sheep
Schaukel	swing
Schere	scissors
Schiff	ship
Schinken	ham
Schlafzimmer	bedroom
schlecht	bad
Schlitten	sledge
Schmetterling	butterfly
Schnee	snow
Schneeball	snowball
Schneeflocke	snowflake
Schneemann	snowman
Schokolade	chocolate
Schrank	wardrobe
schreiben	to write
Schreibtisch	desk
Schuhe	shoes
Schule	school
Schüler(in)	pupil
Schultasche	schoolbag
Schulter	shoulder
Schüssel	bowl
schwarz	black
Schwein	pig
Schwester	sister
Schwimm-becken	swimming pool

schwimmen	to swim
sechs	six
sechzehn	sixteen
sechzig	sixty
See	lake
Seehund	seal
sein(e)	his
September	September
sie (eine)	she
sie (mehrere)	they
sieben	seven
siebzehn	seventeen
siebzig	seventy
singen	to sing
Socken	socks
Sohn	son
Sommer	summer
Sonnabend	Saturday
Sonne	sun
sonnig	sunny
Sonntag	Sunday
Spiel	game
spielen	to play
Spitzer	pencil sharpener
Stadt	town
Stadtzentrum	city
Stern	star
Strand	beach
Straße	street, road
Straßenbahn	tram
Stuhl	chair
Supermarkt	supermarket
süß/Süßigkeit	sweet
Sweatshirt	sweatshirt

T t

Tafel	board
Tag	day
tanzen	to dance
Tasse	cup
Taxi	taxi
Tee	tea
Teekanne	teapot
Teller	plate
Tier	animal
Tiger	tiger
Tisch	table
Tochter	daughter
Tomate	tomato
traurig	sad
treffen	to meet
Treppe	stairs
trinken	to drink
trocken	dry
T-Shirt	T-shirt
tun	to do
Tunnel	tunnel
Tür	door

U u

Übung	exercise
Uhr	clock, watch
und	and
unser(e)	our
unter	under
Urlaub	holidays

V v

Vater	father (dad)
vier	four
vierzehn	fourteen
vierzig	forty
Vogel	bird
vor	in front of

W w

warm	warm
was	what
Wasser	water
Weihnachten	Christmas
Weihnachtsbaum	Christmas tree
weiß	white
Wellensittich	budgie
Wetter	weather
wie	how
Wind	wind
windig	windy
Winter	winter
wir	we
wissen	to know
wo	where
Woche	week
Wohnzimmer	living room
Wolke	cloud
wolkig	cloudy
Wort	word

Z z

Zahl	number
Zahn (Zähne)	tooth (teeth)
Zehe	toe
zehn	ten
zeichnen	to draw
Zeit	time
Zimmer	room
Zitrone	lemon
Zucker	sugar
Zug	train
zwanzig	twenty
zwei	two
Zwiebel	onion
zwölf	twelve

Wie man auf Englisch …

Wie man sich auf Englisch freut:

Das macht mir Spaß.	That's fun.
Das ist ja super!	That's really good.
Darüber freue ich mich.	I'm really pleased about that.
Das gefällt mir total gut.	I really like that.

Wie man sich auf Englisch ärgert:

Ich halte das nicht mehr aus.	I can't stand it any longer.
Das ist die Höhe.	That really takes the biscuit.
Das muss anders werden.	We'll have to do it differently next time.
Ich bin wütend.	I'm really annoyed.
Das gefällt mir überhaupt nicht.	I don't like that at all.

Wie man sich auf Englisch wundert:

Komisch. / Merkwürdig.	That's strange.
Na, so was!	I'm quite shocked.
Unglaublich!	I don't believe it.
Wirklich?	Really?

Wie man jemanden auf Englisch ermahnt:

Das geht nicht.	You can't do that.
Mach keine Dummheiten.	Don't do anything silly.
Mach keinen Unsinn.	Stop messing about.
Sei vorsichtig.	Be careful.
Lass das lieber.	Stop it.
Hände weg!	Don't touch that.

Wie man auf Englisch unfreundlich ist:

Das geht dich nichts an.	Mind your own business.
Lass mich in Ruhe.	Leave me alone.
Du gehst mir auf die Nerven.	You're getting on my nerves.

Wie man jemandem auf Englisch etwas Gutes sagt:

Ich liebe dich!	I love you.
Das ist nett von dir!	That's very nice of you.
Gut gemacht!	Well done.
Das war Klasse!	That was really great.
Das ist nett/freundlich von dir.	That's very kind of you.

Wie man jemanden auf Englisch abwimmelt:

Ich habe keine Zeit.	I'm late already./ I don´t have time.
Ich hab´s eilig.	I'm in a hurry.
Komm morgen wieder!	Come back tomorrow.
Ich muss weg.	I have to go.

Wie man sich auf Englisch verabschiedet:

Viel Spaß!	Have a good time.
Bis dann!	Till (the) next time.
Schönen Tag noch!	Have a nice day.
Auf Wiedersehen!	See you again.
Alles Gute!	All the best.
Viel Glück!	Good luck.

Englisch in unserer Sprache

abtörnen, das törnt mich ab	ich bin enttäuscht oder sehr gelangweilt, schlechter Stimmung (turn = sich verwandeln)
Action, da ist Action	da passiert etwas, da ist was los (action = Tat, Handlung)
boomen, die Sache boomt	das entwickelt sich rasant (boom = Aufschwung)
checken, das ist gecheckt	untersucht (check = Kontrolle)
Connections haben	Beziehungen haben (connection = Verbindung)
cool, er ist cool	der ist ruhig, gelassen; besonders gut (cool = kühl, gelassen)
easy, das ist easy	leicht, bequem, unkompliziert (feeling = Gefühl)
fit, ich bin fit	gut in Form (fit = gut in Form)
geschockt, er ist geschockt	erschrocken (schock = Schreck)
gestylt, sie ist gestylt	sie hat sich schick gemacht (style = Stil, Mode)
happy, ich bin happy	ich bin glücklich (happy = glücklich)
heavy, das ist heavy	das ist schwer, ein „starkes Stück" (heavy = schwer)
in, das ist in	das ist Mode (in = in Mode)
joggen, ich gehe joggen	ich laufe (jogging = Dauerlauf)
knockout, ko., ich bin k.o.	(knocked out = bewusstlos geschlagen)
Power, der hat viel Power	jemand hat viel Kraft und Energie (power = Kraft)
relaxed, ich bin relaxed	ich bin ruhig, gelassen, entspannt (relaxed = entspannt)
Story, erzähl keine Storys	erzähl keine Lügengeschichten (story = Geschichte, Erzählung)
Sound	(sound = Klang)
top, das ist top	das ist eine Spitzensache (top = Spitze)
Trouble, er hat Trouble	(trouble = Probleme, Ärger, Schwierigkeiten)

Zu den Aufgaben der Seiten 20–25

17. müde, Rücken, wünschen / spät, Stängel / böse, Brötchen, hören, können, plötzlich, zwölf
5. Anna, Emma, Hanna, Lena, Sofie
14. A**a**l, A**b**end, a**c**ht, A**d**er, A**f**fe
    Oder:
    O**b**st, O**f**en, O**h**r, O**k**tober, O**m**a, O**n**kel, O**p**a, O**r**t, O**s**ten, O**z**ean
6. David, Felix, Jonas, Murat, Paul
15. Pizza, Pommes, Puppe, Quatsch, Ring
7. Lehmann, Meier, Posser, Seiler, Wagner
    Oder:
    Anna, David, Emma, Felix, Hanna, Jonas, Lena, Murat, Paul, Sofie

Zu den Aufgaben der Seiten 54–61

5. Kasse
4. passen, quer, Rübe, Rücken, rudern, rufen, ruhig, Rummel, rund, schwarz, schwer
1. Ba**c**ke, ba**d**en, Ba**g**ger, Ba**h**n, ba**l**d
    Oder:
    Ba**c**ke, Ba**g**ger, ba**l**d, Ba**n**ane, Ba**r**ren, Ba**s**t, Ba**y**ern
3. Anna, Anton, Marie, Martin, Sofie, Sonja
6. Stern
2. lachen, Lack, laden, Lager, lahm, Lampe, lang, Lappen, lassen, Latte
    Oder:
    kochen, lachen, laden, lahm, lang, Latte, Mut, Mutter

Von A bis Zett

Wörterbuch für Grundschulkinder
von Gerhard Sennlaub

Redaktion: Redaktion Primarstufe
Umschlaggestaltung und Layoutkonzept: Corinna Babylon
unter Beratung von Katharina Wolff-Steininger
Layout und technische Umsetzung: Corinna Babylon
Illustration: Eve Jacob

www.cornelsen.de

1. Auflage, 2. Druck 2014

Alle Drucke dieser Auflage sind inhaltlich unverändert
und können im Unterricht nebeneinander verwendet werden.

Druck: Parzeller print & media GmbH & Co. KG, Fulda

ISBN 978-3-06-083218-7 (kartoniert)
ISBN 978-3-06-083101-2 (flexibler Kunststoff-Einband)

Inhalt gedruckt auf säurefreiem Papier aus nachhaltiger Forstwirtschaft.

ABCDEFGHIJKLM